Ihr Pferd ist tot? Steigen Sie ab!

Tom Diesbrock blickt heute selbst auf eine kurvenreiche »Patchwork-Karriere« zurück: Angefangen mit einem Medizinstudium über die Arbeit in einem Musikprojekt und als Fotoredakteur, studierte er Psychologie und gründete eine Praxis für Psychotherapie. Heute arbeitet er in Hamburg als Coach und psychologischer Berater. Ein Schwerpunkt seiner Tätigkeit ist die Begleitung von Menschen bei ihrer beruflichen Neuorientierung – von der Ideenfindung bis zum Weg in den neuen Job oder zur Gründung des eigenen Unternehmens. www.diesbrock.de

Tom Diesbrock

Ihr Pferd ist tot? Steigen Sie ab!

Wie Sie sich die innere Freiheit nehmen, beruflich umzusatteln

Mit Illustrationen von Oliver Weiss

Campus Verlag
Frankfurt/New York

Für die bessere Lesbarkeit verwende ich in diesem Buch nur die männliche Form, spreche aber selbstverständlich auch die weiblichen Leser damit an.

Für Heidi.

ISBN 978-3-593-39124-3

Copyright © 2011 Campus Verlag GmbH, Frankfurt am Main
Umschlaggestaltung: Guido Klütsch, Köln
Umschlagmotiv: getty images
Satz: Campus Verlag GmbH, Frankfurt am Main
Druck und Bindung: Beltz Bad Langensalza
Gedruckt auf säurefreiem und chlorfrei gebleichtem Papier.
Printed in Germany

Dieses Buch ist auch als Ebook erschienen
www.campus.de

Mein Pferd ist tot?

Na ja, eigentlich hat es schon lange

kein Lebenszeichen mehr von sich gegeben.

Es sitzt sich auch nicht wirklich bequem darauf.

Es ist langweilig.

Aber es ist nun einmal mein Pferd.

Ja, ich könnte absteigen –

aber was, wenn ich dann kein anderes Pferd finde?

Das Risiko ist mir zu groß.

Ob ich hier noch Monate oder Jahre sitzen bleiben möchte?

Um Himmels willen, nein!

Nur warum sollte ich ausgerechnet jetzt absteigen?

Vielleicht steht mein Pferd doch noch auf.

Könnte ja sein.

Und so unbequem ist es auch wieder nicht.

Eine Weile bleib ich lieber noch sitzen.

Blödes Pferd.

Inhalt

Teil 3: Absteigen! Umsteigen! Aufsteigen!

Das erste tote Pferd meiner Karriere

… war ein Medizinstudium. Ich hielt mich fünf Semester tapfer im Sattel, absolvierte sogar das Physikum – bis ich nicht mehr ignorieren konnte, dass die Medizin einfach nie mein Ding war. Die ganze Zeit hatte ich lieber meine Unzufriedenheit ertragen, als mich zu fragen, was ich denn wirklich tun wollte.

Dann folgten noch einige Versuche auf anderen toten Job-Pferden. Aber irgendwie brachten auch die mich nicht voran. Warum ich mir damals kein lebendigeres Reittier gesucht habe? Weil mir nichts Besseres einfiel. Weil ich glaubte, gar keine Alternativen zu haben. Weil ich meinte, dass mein totes Pferd das vertrauteste und damit sicherste Transportmittel sei.

Als (endlich sehr zufriedener!) Coach arbeite ich heute mit Menschen, denen es so geht wir mir damals: Sie wollen einerseits nichts lieber, als endlich frischen Wind in ihr Berufsleben zu bringen – und trotzdem klammern sie sich an einen Job, der sie langweilt und nervt. Klar, wir finden dafür immer »gute Gründe«. Aber die sind meistens von Ängsten und einem negativen Selbstbild motiviert – und bestimmt nicht so »vernünftig«, wie wir es gern glauben würden.

Halten Sie dieses Buch gerade in der Hand, weil Ihr Job möglicherweise so ein totes Pferd ist? Wünschen Sie sich von Herzen einen beruflichen Neustart? Und halten Sie diesen Wunsch gleichzeitig für »unrealistisch«? Herzlich willkommen! Vielleicht werden Sie nach dieser Lektüre nicht gleich auf ein Rennpferd umsatteln – aber Sie werden Ihre Möglichkeiten bestimmt in einem anderen, positiveren Licht betrachten.

Tom Diesbrock

Teil 1
Gute Gründe, ein totes Pferd zu reiten?

Was hat ein totes Pferd
mit mir zu tun?

Stellen Sie sich diese Szene einmal vor: Da liegt ein offensichtlich totes Pferd. Es sieht nicht so aus, als sei es gerade eben erst zusammengebrochen; es scheint schon eine Weile nicht mehr am Leben zu sein. Auf dem Pferd sitzt ein Mensch. Er hält sich anscheinend mit großer Anstrengung im Sattel, was natürlich kein leichtes Unterfangen ist, wenn das Reittier reglos auf dem Boden liegt. Der Reiter scheint an der Situation nichts Ungewöhnliches zu finden – obwohl er es ganz offensichtlich nicht bequem hat, schaut er unbeteiligt um sich. Als sei alles ganz normal und in bester Ordnung. Vielleicht gibt er dem Tier ab und zu die Sporen und zieht gelegentlich am Zügel, als würde er meinen, es damit in Bewegung bringen zu können. Es fällt schwer, ihm abzunehmen, dass er wirklich noch nicht gemerkt hat, dass sein Pferd ganz sicher nicht mehr aufstehen wird.

Eine absurde und unangenehme Vorstellung! Warum sollte jemand so etwas tun? Jeder vernünftige Mensch würde doch absteigen, sich ein neues, lebendiges Pferd suchen oder zumindest lieber zu Fuß gehen. Oder?

So einfach funktionieren wir leider nicht, denn was »psycho-logisch« ganz normal ist, erscheint von außen betrachtet nicht unbedingt logisch. Unserem Reiter ist möglicherweise gar nicht bewusst, dass sein Pferd tot ist. Oder er mag es zwar ahnen, aber nicht wirklich akzeptieren. Doch selbst wenn: Er wird trotzdem nicht absteigen, solange ihm die Nachteile seines toten Pferdes kleiner erscheinen als mögliche Nachteile, die er befürchtet, wenn er tatsächlich absteigt. Schließlich bietet ihm seine jetzige Situation ein hohes Maß an Sicherheit – er kennt sie gut, kann sie einschätzen und kontrollieren. Dagegen könnte die Suche nach einem neuen Pferd anstrengend sein, er könnte mit einem neuen Tier Schwierigkeiten haben oder gar keines finden. Vielleicht weiß er nicht, wo und wie er suchen könnte. Und was wäre, wenn andere Menschen merken, dass es mit seinen Reitkünsten nicht weit her ist? Das wäre doch wirklich peinlich und schlimm.

Um etwas »nicht mehr Lebendiges« in unserem Leben hinter uns zu lassen, brauchen wir Mut, eine Vorstellung unserer Wünsche und Ziele und ein gewisses Maß an Vertrauen in uns und die Welt. Ist es da nicht verständlich, dass wir so lange wie möglich am Vertrauten festhalten – auch wenn wir ahnen, dass seine Zeit längst abgelaufen ist?

Deshalb tun wir es alle und immer wieder! Viele Menschen haben es zur wahren Meisterschaft darin gebracht und bleiben unbeirrt Monate und Jahre auf ihrem toten Pferd sitzen. Manche behaupten stur und steif, dass es noch Lebenszeichen von sich gibt und ganz sicher bald wieder aufstehen wird. Und andere sind fest davon überzeugt, dass ein totes Pferd immer noch das für sie bestmögliche Transportmittel ist.

Das erscheint Ihnen ein bisschen übertrieben? Ich gebe zu, dass dieses von mir gewählte Bild nicht gerade ästhetisch ist. Es ist sicher nicht angenehm, sich ein totes Tier vorzustellen. Aber ich habe mich dafür entschieden, weil es in meinen Augen etwas beschreibt, was wir alle kennen. Lassen Sie mich Ihnen einige Beispiele von ganz alltäglichen toten Pferden geben:

- Wir treffen regelmäßig Menschen, mit denen wir uns schon lange nichts mehr zu sagen haben – weil wir sie seit Ewigkeiten als Freunde betrachten und uns nicht trauen, daran zu rütteln.
- Wir verbringen seit vielen Jahren unseren Urlaub an ein und demselben Ort und haben schon lange aufgehört, es dort interessant zu finden.
- Wir kaufen uns seit Ewigkeiten dieselben Zigaretten- und Biermarken, Marmeladensorten, Zeitungen, Möbel, Krawatten, Blumen oder Brillen in denselben Läden. Aber ist es immer noch unsere liebste Wahl? Oder eher Gewöhnung, und in Wirklichkeit sind wir nur viel zu träge, um einmal etwas anderes auszuprobieren?

- Wir erwarten Anerkennung und Zuneigung von Menschen, von denen wir wissen, dass wir genau dies *nicht* von ihnen bekommen. Wir sind dann trotzdem immer wieder zutiefst enttäuscht.
- Wir haben ein Lieblingsrestaurant – hauptsächlich weil wir zu bequem sind, häufiger mal ein neues auszuprobieren. Wir bestellen dort meist dasselbe Gericht.
- Wir halten an einer Partnerschaft fest, die inzwischen vor allem von Langeweile geprägt ist.
- Wir gehen seit Jahren zu einem Zahnarzt, obwohl wir das Gefühl haben, dass er seine Sache nicht wirklich optimal macht.

Was uns motiviert, festzuhalten

Wir halten uns an vielen Dingen und Verhaltensweisen fest, die nicht mehr zu uns passen und uns wenig Freude und keine neuen, lebendigen Erfahrungen vermitteln. Warum lassen wir es so weit kommen? Wir fahren doch unser Auto auch nicht so lange, bis der Tank leer ist, sondern machen uns vorher Gedanken und halten rechtzeitig an einer Tankstelle. Was motiviert uns, an toten Pferden festzuhalten?

Irgendwann starten wir auf einem sehr lebendigen Pferd: Wir lernen einen Menschen kennen und lieben, kaufen uns einen schicken Pullover oder reisen zum ersten Mal an einen wunderschönen Urlaubsort. Wir fühlen uns lebendig und glücklich. Aber jedes Glück lässt irgendwann nach. Langsam tritt Gewöhnung ein, oder die Umstände (wie die Mode) ändern sich. Was eben noch perfekt war, ist jetzt höchstens noch gut. Es wird Zeit, kleine Anpassungen vorzunehmen: mit dem geliebten Menschen Gespräche zu führen und die Beziehung aktiv zu gestalten. Andere Seiten meines Urlaubsortes kennen zu lernen. Und den Pullover eher für die Gartenarbeit zu tragen. Dies alles wäre jetzt konstruktiv.

Wir spüren aber einen inneren Widerstand. Vielleicht haben wir Angst, die Beziehung zu riskieren, wenn wir uns eingestehen, dass die Flitterwochen vorbei sind. Oder wir sind schlichtweg zu träge, um

Alternativen für den Urlaub oder den Pullover zu suchen. Es gibt viele Gründe und Strategien, Widerstand gegen Veränderungen zu leisten. Anfangs wollen wir nicht wahrhaben, dass etwas nicht mehr stimmt, und wir versuchen, unser Unbehagen zu ignorieren. Wir erklären uns und anderen mithilfe von scheinbar ganz vernünftigen Argumenten, dass es besser ist, beim Alten zu bleiben und neue Wege gar nicht erst zu suchen, geschweige denn zu gehen. »Die Trauben sind sowieso viel zu sauer«, sagt der Fuchs in der Fabel von Äsop, als er merkt, dass er sie so einfach nicht erreichen kann.

So bleiben wir, wo wir sind, und folgen nicht dem Bedürfnis und dem Druck nach Veränderung. Erst spüren wir gar nicht, dass ein solches Bedürfnis da ist, dann vermeiden wir, uns damit auseinanderzusetzen, und machen weiter wie bisher. Mit der Zeit wird der Graben zwischen den Erfordernissen der Situation (»Ich bin unzufrieden!«) und unseren alten, nicht mehr passenden Antworten, Denk- und Verhaltensweisen immer größer. Und so kommt es, dass wir uns eines Tages eingestehen müssen, dass unser Pferd, auf dem wir sitzen, tot ist – wo es doch scheinbar gestern noch so lebendig war. Das ist allerdings nicht die volle Wahrheit – denn wir haben uns nur so lange geweigert anzuerkennen, dass es im Sterben lag ...

Wir können nur eine gewisse Zeit unbeschwert weitermachen wie bisher, bis wir nicht mehr ignorieren können, welchen Preis wir dafür zahlen. Sicherlich: Wir bekommen Veränderungen auch nicht umsonst – aber der Preis für das Festhalten ist meistens höher. Denn wir zahlen mit Unzufriedenheit und mit Langeweile, und wir schränken unsere Lebensqualität ein, indem wir neue, befriedigende Erfahrungen verhindern. Im Moment mag dies für den einen oder anderen ein erträglicher Handel sein. Wenn ich mir aber vorstelle, wie ich am Ende meines Lebens zurückblicken würde auf eine Zeit, die ich sehenden Auges *nicht* für mein Glück genutzt habe, erscheint es mir keine gute Idee, noch ein wenig auf meinem toten Pferd sitzen zu bleiben.

Erscheint Ihnen das Bild vom toten Pferd jetzt vielleicht etwas weniger absurd?

Wenn mein Job ein totes Pferd ist ...

Solange es sich nur um die immer gleiche Käsesorte zum Frühstück handelt, ist die Strategie des Festhaltens kein großes Problem. Viel komplizierter und schwerwiegender ist es, wenn unser Job schon viel zu lange ein totes Pferd ist. Und so geht es einer Menge von Menschen: Seit 2001 untersucht das Forschungsinstitut Gallup jährlich den Grad der emotionalen Bindung an die berufliche Tätigkeit. Die Zahl der Deutschen, die angeben, nur eine geringe Bindung zu spüren, lag bisher konstant bei über 60 Prozent – und über 20 Prozent sagen von sich, dass sie schon innerlich gekündigt haben. Unzufriedenheit mit dem Job scheint eher die Regel als eine Ausnahme zu sein.

In meiner Coachingarbeit habe ich aber nicht den Eindruck gewonnen, dass die meisten beruflich unzufriedenen Menschen sich von Anfang an einen völlig falschen Job ausgesucht haben. So, wie tote Pferde einmal jung und dynamisch waren, kann eine berufliche Tätigkeit viele Jahre genau die richtige gewesen sein. Aber wir verändern uns glücklicherweise, und damit wandeln sich auch unsere Interessen, Ziele und Werte. Mit Ende dreißig motivieren uns andere Ziele und Ideen als mit Anfang zwanzig.

Die wenigsten Menschen fragen sich täglich, ob ihre Tätigkeit noch stimmig ist. Häufiger funktioniert es nach dem Prinzip der Tektonik: Wie sich Erdplatten aneinander reiben, Druck aufbauen und irgendwann in Form eines Erdbebens ganz plötzlich entladen, baut sich in vielen Menschen Veränderungsdruck durch schleichende Unzufriedenheit auf. Je länger sie ihn ignorieren und nichts tun, desto stärker wird das »innere und äußere Beben« sein und ihr Leben erschüttern, wenn ihnen eines Tages klar wird, dass es nicht mehr weitergehen kann wie bisher.

Dummerweise ist es deutlich einfacher, die Käsesorte zu wechseln als den Beruf, das Unternehmen, die Abteilung oder die Form der Berufstätigkeit. Jede größere Veränderung erfordert Mut, Entschlossenheit und die Auseinandersetzung mit unseren Fähigkeiten und Wünschen. Unser Drang nach Veränderung ist der natürliche Gegenspieler unseres Bedürfnisses nach Sicherheit. Wir bekommen Angst, wenn wir merken, dass unser beruflicher Status quo nicht mehr zu halten ist.

Deshalb löst jeder Veränderungsdruck, von innen wie von außen, auch Widerstand in uns aus. Wie ein Sofa, das wir verschieben wollen, weil uns sein alter Platz nicht mehr gefällt: Wir benötigen viel Kraft, um es zu bewegen, weil Masse immer träge ist. Unsere Psyche kann ähnlich träge sein! Immer wenn wir etwas in uns verändern möchten und wir innerlich nicht hundertprozentig dazu stehen, leistet ein Teil von uns Widerstand. Und um Widerstand gegen etwas Neues zu leisten, haben wir ein großes Repertoire von Strategien zur Verfügung, die uns oft gar nicht bewusst sind – die sich möglichen Veränderungen aber sehr effizient entgegenstellen.

Um innere Widerstände soll es jetzt gehen: Ich möchte Ihnen in den folgenden Kapiteln zehn Strategien vorstellen, die Menschen gern und oft verwenden, um sich und anderen weiszumachen, dass sie keinesfalls von ihrem toten (Job-)Pferd absteigen sollten und können. In einigen davon werden Sie sich (oder Menschen, die Sie kennen) höchstwahrscheinlich wiederfinden.

Meine Bitte an Sie, bevor Sie weiterlesen

Sollten Sie sich hier und da ertappt fühlen, versuchen Sie bitte, es so entspannt wie möglich zur Kenntnis zu nehmen, ohne sich zu kritisieren (oder gar zu schämen). Je mehr Sie über Ihre bisherigen Vermeidungsstrategien gegen Veränderungen herausfinden, desto besser! Jeder nachhaltige Veränderungsprozess benötigt zu Beginn Selbsterkenntnis und -verständnis – auch wenn dies nicht immer angenehm ist.

Zehn »gute« Gründe, auf einem toten Pferd sitzen zu bleiben

1. Leugnung
»Mein Pferd ist gar nicht so tot, wie es aussieht.«

»Mein Job ist ganz okay. Sicher, ich bin manchmal etwas unmotiviert und schon länger nicht gerade zufrieden. Es ist eben eine schwierige Zeit. Aber warum sollte ich mir einen anderen Arbeitsplatz suchen? Nein, nein, mein Job ist schon ganz okay.«

Unser Gehirn verfügt über einen sehr wirkungsvollen Mechanismus, den es oft einsetzt, wenn es mit einer Tatsache konfrontiert wird, die im Widerspruch zu elementaren Überzeugungen und Bedürfnissen steht: Es blendet sie aus und nimmt sie nicht zur Kenntnis. Die inneren und äußeren Anzeichen, die mir sagen, dass ich ganz dringend über berufliche Veränderungen nachdenken sollte, kollidieren vielleicht mit meinem Bedürfnis nach Sicherheit oder meiner Überzeugung, dass ich niemals einen anderen Job finden werde. Die Lösung: Ich bin doch gar nicht so unzufrieden. Mein Pferd ist gar nicht so tot.

Diese Strategie hat nur einen Nachteil: Da meine Unzufriedenheit die Tendenz hat, eher größer als kleiner zu werden, steigt der Veränderungsdruck in mir. Mein inneres Gleichgewicht zwischen »Tu endlich was!« und »Lass lieber alles, wie es ist!« droht zu kippen – dann könnte ich nicht mehr daran vorbeischauen, dass ich wirklich ein Problem habe. Wenn es mir aber gelingt, den Druck auf ungefährliche Weise abzulassen (wie durch das Überdruckventil eines Dampfkochtopfs), könnte ich diesen Zustand bis zum Jüngsten Tag aufrechterhalten. Dafür gibt es zwei einfache und recht beliebte Lösungen, die da heißen: Grübeln und Klagen.

Das Grübeln ist eine äußerst unproduktive Form des Denkens. Dabei bewege ich Gedanken, Träume, Wünsche, Ideen wie einen zähflüssigen Brei in meinem Gehirn herum; von links nach rechts und wieder zurück. Alles habe ich schon unendlich oft bedacht – aber ich gewinne keine neuen Aspekte, dringe nicht tiefer ein und komme immer wieder zum gedanklichen Ausgangspunkt zurück. Eine innere Blockade wird durch andauerndes Grübeln verfestigt, da keine Lösungen entstehen, denn dazu müsste der Denkprozess sich öffnen und sich mit neuen Aspekten beschäftigen. Der Grübler hat das Gefühl, seine Situation sei ausweglos. Aber Grübeln verbraucht psychische Energie und vermindert den inneren Druck. Je länger ich grüble, desto kleiner wird die Wahrscheinlichkeit, dass ich handle.

Das Klagen könnte man als »nach außen gerichtetes Grübeln« bezeichnen: Ich äußere immer wieder dieselben, negativen Gedanken über meine Situation. Andere Menschen könnten sich aufgefordert fühlen, mir mit guten Ratschlägen helfen zu wollen. Aber da ich durch mein Grübeln ja glaube, jede nur mögliche Lösung zu kennen, akzeptiere ich natürlich nichts, was meine eingeschliffenen Denkbahnen stören könnte. Wer klagt, möchte ja noch lange nicht hören, dass es Auswege gibt! Aber es baut Druck ab. Und alles bleibt, wie es ist, denn ich konzentriere mich weiterhin ganz auf meine miese Situation und halte daran fest, sie nicht ändern zu können. Eine sehr »wirkungsvolle« Strategie.

Kennen Sie Menschen, die sich häufig über ihren Job beschweren, aber scheinbar niemals Anstalten machen, sich um einen besseren zu kümmern? Sind Sie sich nicht so sicher, was Ihren eigenen Job angeht? Fragen Sie sich, wie tot *Ihr* Pferd womöglich ist? Vielleicht haben Sie es bisher vermieden, sich auf diese Frage eine ehrliche Antwort zu geben?

Es gibt typische Anzeichen, die darauf hindeuten, dass ein Job-Pferd nicht mehr am Leben ist:

Woran merke ich überhaupt, dass ich ein totes Pferd reite?

Lesen Sie sich die folgenden Aussagen durch und kreuzen Sie an, wie stark sie auf Sie persönlich und auf Ihren Job zutreffen. 0 bedeutet »trifft gar nicht auf mich zu«, 6 »trifft sehr zu«.

1. Schleichende und anhaltende Unzufriedenheit

Vielleicht gibt es auch Zeiten, die sich ganz okay anfühlen, aber über einen Zeitraum von Monaten und Jahren bin ich eher unzufrieden mit meiner Arbeit. Ich grüble und/oder klage häufig darüber. Meine Lebensqualität wird dadurch stark eingeschränkt.

1	2	3	4	5	6

2. Unlustgefühle

Ich sehne mich nach Wochenenden und Urlauben. Ich fiebere dem Feierabend, dem Freitag oder dem Urlaubsbeginn entgegen. Am Montagmorgen muss ich mich förmlich zwingen, das Haus zu verlassen.

1	2	3	4	5	6

3. Gefühle von Sinnlosigkeit

Mein Job erscheint mir für mich persönlich sinnlos. Ich kann nicht (mehr) sagen, warum ich ihn noch mache. Ich sehne mich nach einer befriedigenden und sinnvollen Tätigkeit.

1	2	3	4	5	6

4. Negative Work-Life-Balance

Ich habe den Eindruck, dass mein Leben völlig von meiner Arbeit dominiert wird. Mir bleibt viel zu wenig Zeit für private Interessen. Ich *bin* mein Job

1	2	3	4	5	6

5. Energie- und Antriebslosigkeit

Meine Arbeit verschlingt meine gesamte Energie oder sogar mehr, als ich habe. Ich fühle mich antriebslos. Ich arbeite, weil ich muss, aber ich spüre keinen inneren Antrieb, meinen Job zu tun.

1	2	3	4	5	6

6. Körperliche Symptome

Ich glaube, dass meine Arbeit meine Gesundheit und körperliche Fitness beeinträchtigt, und befürchte, dass sie mich auf Dauer krank machen wird. Möglicherweise bin ich bereits gesundheitlich beeinträchtigt.

1	2	3	4	5	6

7. Feedback von anderen

Menschen aus meinem Umfeld raten mir schon lange eindringlich, mich beruflich zu verändern.

1	2	3	4	5	6

8. Rationalisierungen

Ich nenne mir und anderen ständig Gründe, warum ich jetzt unmöglich aussteigen kann – und ich bin mir eigentlich bewusst, dass diese vorgeschoben sind.

1	2	3	4	5	6

9. Stoffliche Helferlein

Ich nehme häufig Alkohol, andere Drogen oder Medikamente zu mir, die mir helfen, meine Arbeit zu schaffen, mich zu entspannen und meinen Alltag überhaupt durchzuhalten.

1	2	3	4	5	6

10. Mangel an Perspektive

Ich kann mir unmöglich vorstellen, meine Arbeit in der jetzigen Form in zehn Jahren noch zu machen.

1	2	3	4	5	6

Addieren Sie jetzt Ihre Punktzahlen und tragen die Summe in diese – zugegeben unwissenschaftliche – Skala ein. Liegt Ihr Ergebnis eher im unteren oder oberen Bereich? Bedenken Sie bitte, dass unabhängig von Ihrer Gesamtpunktzahl jeder Themenbereich, dem Sie fünf oder sogar sechs Punkte gegeben haben, auf ein echtes Problem hinweist, das Sie nicht auf die leichte Schulter nehmen sollten!

Wie tot ist mein (Job-)Pferd wirklich?

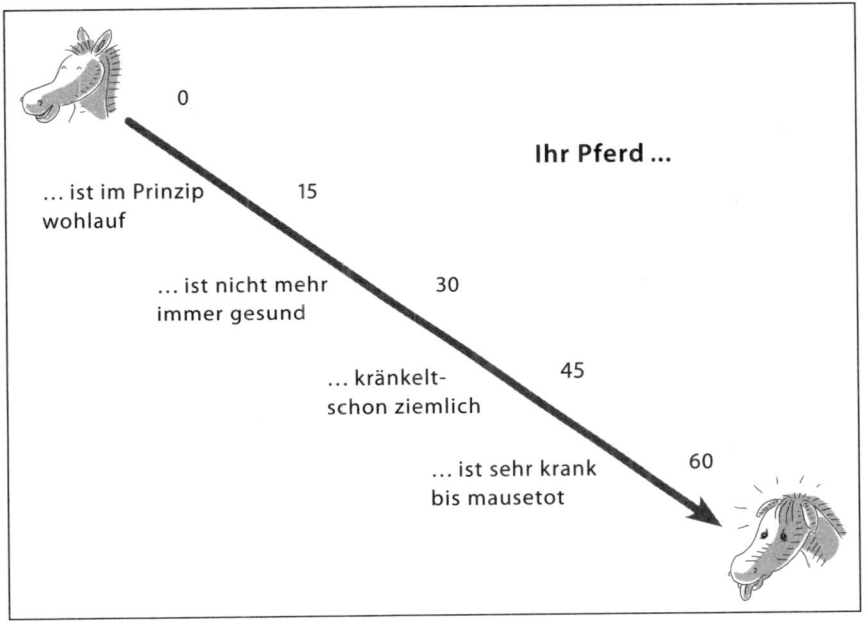

Kann es sein, dass Sie sich bisher nicht wirklich eingestehen wollten, dass Sie ein totes Pferd reiten?

2. Vorgeschobene Ausweglosigkeit
»Ich habe keine Vorstellung davon, wie ein gutes Pferd für mich aussehen könnte.«

»Ich würde mich gern auf die Suche nach einem neuen Job machen – aber ich weiß gar nicht, wie der aussehen könnte. Ideen habe ich ja leider überhaupt keine. Ich weiß nur, dass ich meine jetzige Tätigkeit lieber heute als morgen an den Nagel hängen würde. Aber solange ich nicht weiß, wohin ich will, bleibe ich besser, wo ich im Moment bin.«

Es gibt Menschen, die schlagen schon immer ihre Schrauben mit dem Hammer in die Wand. Sie ahnen zwar, dass dies möglicherweise nicht der optimale Weg ist, kennen aber bisher keine besseren Werkzeuge. Anstatt sich zu informieren und nach einem Werkzeug zu suchen, mit dem sie ihre Schrauben erfolgreicher befestigen können (Schraubendreher!), beharren sie darauf, nicht zu wissen, wo und wie sie suchen könnten. Keine Idee, keine Alternative.

Nur recht mutige Menschen und solche, die ihre Situation wirklich nicht mehr aushalten können, kündigen ihr Arbeitsverhältnis, ohne eine Alternative im Sinn (oder gar einen Arbeitsvertrag in der Tasche) zu haben. Die anderen machen sich auf die Suche danach – oder sie bleiben, wo sie sind, und erklären dies mit ihrem Mangel an Ideen. Dabei haben sie wahrscheinlich noch nie ernsthaft nach Alternativen gesucht. Diese Strategie folgt einer bestechend einfachen Logik: »Ich weiß nun einmal überhaupt nicht, welcher Job mir gefallen könnte. Also lasse ich alles beim Alten.« Die Möglichkeit, dass es durchaus eine interessante Tätigkeit geben könnte, die einem nur noch nicht bewusst ist, wird konsequent ausgeblendet. Aber warum?

Gerade Menschen, die einer Arbeit schon sehr lange nachgehen, haben oft überhaupt keine Vorstellung, welche Alternativen es für sie geben könnte. Es erscheint ihnen dann, als sei der gewohnte Job der einzig mögliche – weil sie bisher vermieden haben, mal über den eigenen Tellerrand hinauszuschauen. Wenn es aber langsam unerträglich wird und man sich unmöglich vorstellen kann, die Zeit bis zur Rente auf die bisherige Weise durchzuhalten, scheint die Situation ausweglos. Wie die Fahrt durch einen Tunnel, der keine Ausgänge bietet. Dann bleibt nur: »Da muss ich eben durch!«

Objektiv gesehen gibt es für jeden Neuorientierer eine gewisse Zahl von Möglichkeiten – bessere und schlechtere, einige sind mit Nachteilen verbunden, andere benötigen Fortbildungen oder erscheinen auf den ersten Blick schwierig zu realisieren. Wenn ich *meine* Alternative noch nicht kenne, liegt es auf der Hand, dass ich mich auf die Suche danach mache, recherchiere, prüfe, frage, verwerfe, eine engere Auswahl bilde und schließlich eine Entscheidung treffe. Dieser Suchprozess verlangt Engagement, Zeit und den Mut, sich mit Neuem auseinanderzusetzen. Am schwierigsten dabei ist möglicherweise die Konfrontation mit den eigenen Grenzen: Wenn ich mich mit einer attraktiven beruflichen Idee beschäftige, komme ich an der Frage nach meinen Kompetenzen nicht vorbei. Wie wir später noch sehen werden, ist diese Frage für viele Menschen mehr als unangenehm, wenn ihr Selbstbild lückenhaft und negativ gefärbt ist.

So ein Suchprozess ist also nicht gerade ein Spaziergang – kein Wunder, wenn wir ihm mit Widerstand begegnen! Aus diesem Blickwinkel ergibt die unsere Strategie der »vorgeschobenen Ausweglosigkeit« durchaus Sinn: Lieber bleibe ich bei meinem Glauben, keine berufliche Alternative zu haben, als mich mit den Tücken einer Suche danach auseinanderzusetzen. So erklärt sich auch die Vehemenz, mit der so mancher seine Ideenlosigkeit verteidigt – nicht nur sich selbst, sondern auch anderen gegenüber. Denn wir binden häufig andere Menschen ein, um unsere inneren Widerstände zu bestätigen.

Sie kennen sicherlich Menschen, die jede Gelegenheit nutzen, um einerseits über ihren Job zu klagen und dann zu betonen, dass sie ja keine Alternative für sich sehen oder dass es schlichtweg keine *gibt*. Diese Aussage löst beim Gegenüber wahrscheinlich den Impuls aus, konstruktive Vorschläge zu machen und sich auf der Suche danach womöglich so richtig zu bemühen. Man möchte ja belohnt werden mit einem Satz wie: »Ja, das ist eine tolle Idee; das könnte ich wirklich mal versuchen, vielen Dank!«

Nur leider wird der niemals kommen, wenn der anscheinend Ratsuchende der Strategie der Ausweglosigkeit folgt: Im Gegenteil, er wird alles daran setzen, jeden Vorschlag und jedes Puzzlestück einer Idee als für ihn persönlich unpassend und nicht realisierbar zu erklären. Denn er will ja nicht wirklich eine gute Idee hören, sondern nur in seiner Ausweglosigkeit bestärkt werden. Das ideale Ziel so einer Konversation ist für ihn erreicht, wenn der bereitwillige Unterstützer einsieht, dass es für den armen Unzufriedenen wirklich keine Alternative gibt. Am Ende stehen meist Frust und manchmal sogar Wut, weil der Helfer merkt, dass sein Gegenüber sich überhaupt nicht helfen lassen möchte. Über so eine Dynamik können sogar Freundschaften leicht in eine Krise geraten!

Wie sieht es mit Ihnen aus? Investieren Sie gelegentlich Energie, um sich und anderen immer wieder zu erklären, dass Sie für sich keine berufliche Alternative sehen?

3. Kollektive Unzufriedenheit
»Andere reiten doch auch tote Pferde.«

»Okay, mein Job hängt mir zum Hals heraus. Aber soll ich ihn deswegen aufgeben? Meine Freunde und Kollegen haben auch nicht gerade Traumjobs – denen geht es wie mir. Das ist doch ganz normal. Das Berufsleben ist nun mal kein Ponyhof ...«

In einer – sehr fiktiven – Welt, in der fast alle Menschen ihrer Arbeit mit Begeisterung nachgehen, hätte es ein Unzufriedener nicht leicht. Ihm würde ständig vor Augen geführt, welche tollen Jobs es gibt und wie Menschen ihre Erfüllung darin finden. Wahrscheinlich würde er es mit seiner Unzufriedenheit nicht lange aushalten können, weil er sich darin so sehr von der Mehrheit unterscheidet. Und so stünden die Chancen nicht schlecht, dass er alles dafür täte, auch endlich einen Job zu finden, der ihm gefällt. Unsere Realität ist leider eine ganz andere, denn die beruflich Zufriedenen sind klar in der Minderheit. Deshalb wirkt der Druck der Mehrheit in die entgegengesetzte Richtung: Der »Normalfall« ist die Überzeugung, dass Arbeit nun einmal keinen Spaß macht. Punkt.

Ich treffe ziemlich oft auf Menschen, die es ganz normal finden, dass man seinen Job nicht mag. Denn in ihrem Bekanntenkreis gibt es kaum jemanden, der mit seiner Arbeit zufrieden ist. Wahrscheinlich ist dies auch kein Zufall, suchen wir doch unbewusst immer die Gesellschaft von Menschen, die unser Weltbild teilen und damit bestätigen. Nicht selten sind sich Teams, Abteilungen oder Belegschaften ganzer Firmen einig darin, dass ihre Arbeit sinnlos und unbefriedigend ist. Das Klagen darüber schafft Zusammengehörigkeit und jedem ein wohliges Gefühl.

Stellen Sie sich vor, Sie warten auf eine wahrscheinlich schmerzhafte Behandlung beim Zahnarzt. Sie sitzen mit anderen Patienten im Wartezimmer, die anscheinend genauso große Angst haben wie Sie. Wahrscheinlich würden Sie deren Gesellschaft als angenehm empfinden – wenn Menschen unser Schicksal und unsere Einstellung teilen, verringert sich generell unsere Angst. So weit, so gut.

Ist eine unangenehme Situation unvermeidlich, sind Leidensgenossen eine gute Sache – kollektives Leiden reduziert aber auch unsere Bereitschaft, eigene Wege aus der Misere zu suchen. Denn jede Gemeinschaft hat ihre eigenen Regeln. Gruppen von Gleichgesinnten fordern von ihren Mitgliedern »Sei und denk wie wir!« und verlangen, den Konsens auf keinen Fall infrage zu stellen. Denkt nämlich jemand daran, sich mit der Situation nicht abzufinden und nach einem anderen, besseren Arbeitsplatz zu suchen, wird er darin von seinen Leidensgenossen höchstwahrscheinlich nicht unterstützt. Denn er könnte schließlich Erfolg haben und damit den anderen vor Augen halten, dass ihr Schicksal doch nicht so unabänderlich ist, wie sie es glauben (möchten).

Umgekehrt nutzt der einzelne Mensch oft seine Bezugsgruppe, Freunde, Bekannte und Kollegen, um sich bestätigen zu lassen, dass es keine Alternative für ihn geben kann. Deshalb lebt es sich in einer Welt der kollektiven Unzufriedenheit auch ziemlich bequem! Diese Strategie sorgt für ein hohes Maß an Sicherheit und Beständigkeit und ist damit auf ihre Weise sehr erfolgreich. Und so bleiben Menschen auf ihrem toten Pferd sitzen, weil ihre Freunde, Bekannten und Kollegen ja auch tote Pferde reiten. Sie finden das ganz normal – glückliche Reiter von gesunden Pferden kommen in ihrer Welt einfach nicht vor! Und so veranstaltet man gemeinsame Ausritte und klagt höchstens, dass das Reittier etwas an Dynamik verloren hat – während der tote Gaul schon längst anfängt, schlecht zu riechen …

Wenn andere Menschen an ihren nicht mehr stimmigen Jobs festhalten wollen – wir können es nicht ändern. Wir können uns aber fragen, was diese Tatsache eigentlich mit *uns* zu tun hat. Was sagen die Anschauungen anderer tatsächlich über *unsere* Möglichkeiten? Es stimmt sich ja so leicht zu, wenn andere sehr pauschal über den schlimmen Arbeitsmarkt, Ungerechtigkeit, Chancenlosigkeit und so weiter klagen. Klar, gerade in wirtschaftlich schwierigen Zeiten findet sich überall eine Menge Schatten. Aber es lohnt sich, die eigene Situation etwas differenzierter zu betrachten und sich zu fragen: Was sagt die negative Haltung einer (vermeintlichen) Mehrheit über *mich* und *meine* Chancen? Vor allem, wenn ich mich trauen würde, auch ungewöhnliche Wege zu suchen und zu gehen?

Schließlich gibt es auch viele Menschen, die einen beruflichen Umstieg schaffen und damit sehr glücklich sind. Sie könnten mir eine viel konstruktivere Orientierung geben als Leute, die es gar nicht erst versuchen.

 Überwiegen in Ihrem Kollegen- und Bekanntenkreis eher (beruflich) Zufriedene oder Unzufriedene? An welcher Gruppe orientieren Sie sich stärker? Verweisen Sie manchmal auf andere, die ja auch noch ihr totes Job-Pferd reiten, um Ihre eigene Untätigkeit zu rechtfertigen?

4. Kreative Selbstbeausnahmung »Andere mögen neue Pferde finden – ich ganz sicher nicht.«

»Ich sehe ein, dass mein Job ein Auslaufmodell ist. Ich akzeptiere auch die Tatsache, dass Menschen sich Jobmodelle schaffen können, die ihnen Spaß und vielleicht sogar Erfüllung bringen. Aber das hat überhaupt nichts mit mir zu tun, denn ich habe mit Sicherheit diese Chancen nicht!«

Diese Strategie bedeutet einen gewissen Fortschritt gegenüber der zuletzt vorgestellten. Denn immerhin wird jetzt anerkannt, dass das eigene Pferd tot und es generell möglich ist, sich aktiv um ein lebendigeres Pferd zu bemühen. Mit einer klitzekleinen Einschränkung: Das gilt selbstverständlich nur für andere Menschen!

Wenn ich nämlich nicht mehr an der Tatsache vorbeisehen kann, dass andere wirklich mit ihrem Beruf zufrieden sind, könnte ich sie mir zum Vorbild nehmen und versuchen, dasselbe für mich zu erreichen. (Wenn ich jemanden mit einem leckeren Eisbecher sehe, liegt es doch auf der Hand, mich umzuschauen, wo die nächste Eisdiele ist. Warum sollte man *mir* dort *kein* Eis verkaufen?) Aber auch hier bietet sich ein Ausweg an, mögliche Veränderungen zu vermeiden: Ich erkläre mir und anderen ganz einfach, dass *meine* Ausgangslage eine viel schlechtere ist. Andere mögen ihren Traumberuf finden – aber die sind ja sicherlich kreativer, mutiger, jünger, finanziell unabhängiger, besser ausgebildet, stärker, intelligenter, gebildeter, … als ich. Oder sie haben keine Verantwortung oder einen Beruf, in dem das geht. Ich nicht!

Ich erlebe oft Menschen, die sich auf diese Weise davor schützen, aktiv zu werden. Meist versuchen sie zuerst, die Möglichkeit einer beruflichen Neuorientierung generell abzustreiten. Ein Klassiker: »In meinem Alter geht das nicht mehr.« Wenn ich darauf mit Beispielen von ähnlich alten Menschen antworte, denen dies sehr wohl gelungen ist, kommt dann: »Ja, aber bei dem ist es doch etwas ganz anderes.« Viele Leute investieren viel Energie und Kreativität, um Argumente für ihre Selbstbeausnahmung zu finden. Würden sie damit nach Möglichkeiten einer Neuorientierung suchen, wären sie bestimmt schon ein ganzes Stück weiter.

Der »Nutzen« dieser Strategie liegt darin, dass ich auf diese Weise jedes noch so gute Beispiel für mich persönlich entwerte und ungültig mache. Und ich stabilisiere damit ein Selbstbild, das man sehr kurz beschreiben könnte mit: »Ich bin nicht genug.« Wie jedes Vermeidungsverhalten hat diese Strategie die Tendenz, sich immer wieder selbst zu bestätigen und damit zu stabilisieren: Wenn ich mir immer wieder einrede, weniger Chancen als andere zu haben, und deshalb nichts an meiner Situation ändere, kann das Resultat nur sein: Alles bleibt, wie es ist. Und dies bestätigt mir, dass ich ja anscheinend Recht habe, wenn ich mir so wenig zutraue. »Ich sitze noch immer auf meinem toten Pferd? Das beweist doch, dass es für mich kein lebendigeres gibt.« Willkommen im Teufelskreis!

Verstehen Sie mich bitte nicht falsch: Ob wir uns erfolgreich beruflich verändern oder nicht, liegt in meinen Augen an vielen Faktoren und nicht ausschließlich an einem positiven Selbstbild! Es gibt ja so einige Propheten des positiven Denkens, die uns glauben machen wollen, dass jeder Mensch jedes Ziel erreichen kann – er müsse es nur stark genug wollen. Ich halte dies für gefährlichen Unsinn, weil es etwas sehr Komplexes auf eine schlichte Frage des Glaubens reduziert. Ich denke nicht, dass die Welt für uns alle gleich große Chancen bietet. Ein Fünfzehnjähriger hat beispielsweise deutlich bessere Chancen, in diesem Leben Astronaut zu werden, als jemand wie ich in der Lebensmitte.

Aber selbst wenn wir alle die gleichen optimalen Ausgangsbedingungen und Fähigkeiten hätten, wären unsere beruflichen Erfolge wahrscheinlich sehr unterschiedlich, solange sich unser Selbstbild unterscheidet. Der Glaube an die eigenen Möglichkeiten ist ein sehr wichtiger Erfolgsfaktor! Sieht man sich die Biografien beruflich erfolgreicher Menschen an, stellt man fest, dass deren Ausgangsbedingungen nicht unbedingt optimal waren. Aber fast immer zeigten sie ein hohes Maß an Begeisterung und Optimismus und hatten ein klares Ziel vor Augen.

Wenn ich glaube, dass ich nicht in jeder Hinsicht ganz vorn bin, dass mein Profil Schwächen und Defizite aufweist, mag das nicht nur Einbildung sein. Es wird immer Menschen geben, die mir in einigen Aspekten voraus sind. Okay. Aber dass ich gar nicht erreichen kann, was andere sich geschaffen haben, klingt doch nicht wirklich überzeugend. Wenn ich mich dabei beobachte, dass ich sehr pauschal und schwarz-weiß über mich und meine Möglichkeiten denke, und ich anscheinend immer die ganz schlechten Karten habe, muss meine Wahrnehmung doch verzerrt sein, oder? Leider erkennen wir bei anderen Menschen sehr viel leichter als bei uns selbst, wenn sie sich und ihre Möglichkeiten kleinreden.

 Denken Sie manchmal, dass Sie sich niemals so viel berufliche Erfüllung schaffen können wie andere Menschen aus Ihrem Bekanntenkreis?

5. Ganz oder gar nicht
»Wenn ich von meinem toten Pferd absteige, kann die Alternative nur ein Rennpferd sein.«

»Ja, ich würde mich sehr, sehr gern beruflich verändern! Aber wenn ich mir schon eine neue Tätigkeit suche, soll es natürlich auch mein Traumjob sein. Ich habe einige gute Ideen – aber leider sind sie alle viel zu groß, um sie umzusetzen. Ich muss wohl leider bleiben, wo ich bin. Schade.«

Manche Menschen haben große berufliche Träume, und das ist auch sehr gut. Der eine wäre gern Testpilot, der nächste Entwicklungshelfer, ein anderer würde gern ein eigenes Unternehmen leiten. Nicht alle beruflichen Projekte sind für jeden erreichbar – einige Traumberufe sind aufgrund bestimmter Faktoren wie Alter oder körperlicher Fitness so gut wie ausgeschlossen. Andere erfordern eine jahrelange Aufbauarbeit oder ein Engagement, das im Moment nicht zu leisten ist.

Trotzdem kann so ein großes berufliches Ziel auf jeden Fall hilfreich sein: Entweder ich finde heraus, was mich daran so sehr interessiert, und versuche, damit eine andere, leichter realisierbare Tätigkeit zu finden, die in eine ähnliche Richtung zielt. Oder ich betrachte meinen Traum als ein Fernziel und konzentriere mich im Moment darauf, erste Schritte in diese Richtung zu gehen.

So weit, so konstruktiv. Es geht aber auch anders: Ich kann nämlich einen Berufstraum auch als Argument missbrauchen, um mich gar nicht vom Fleck bewegen zu müssen. Als hätte ich großen Hunger, würde jetzt am liebsten Pfannkuchen essen, aber die stehen leider nicht auf der Speisekarte. Also esse ich mit knurrendem Magen lieber gar nichts und schwärme davon, wie lecker Pfannkuchen jetzt wären – keine vernünftige Strategie. Ich nenne so einen Mechanismus eine Wenn-Falle: Indem ich mein Handeln abhängig mache von einer bestimmten Bedingung, die mit großer Sicherheit nicht eintreffen wird, vermeide ich es, aktiv zu werden und vielleicht die zweitbeste Idee zu realisieren. So habe ich für mich und andere eine »gute Entschuldigung«, dass ich hungrig und unzufrieden bleibe.

Wenn ich beispielsweise seit Jahren als Buchhalter beschäftigt bin und mir der Job zum Hals heraushängt, ich eine Familie ernähren muss und davon träume, als selbstständiger Biolandwirt zu arbeiten, wird diese Idee auf die Schnelle kaum umzusetzen sein. Konstruktiv wäre es, sie als längerfristiges Ziel zu betrachten und mich durch Fortbildung, Recherche und Networking darauf vorzubereiten, um möglicherweise in einigen Jahren den Umstieg zu schaffen. Dieser Weg würde von mir natürlich ein hohes Maß an Durchhaltevermögen und Frustrationstoleranz verlangen. Ich müsste meinen ungeliebten Job noch eine Weile ertragen, und meine Belohnung wäre noch weit entfernt und auch nicht hundertprozentig sicher. Andererseits hätte ich die Chance, eines Tages das zu tun, was ich wirklich möchte.

Mit der Ganz-oder-gar-nicht-Strategie mache ich es mir vordergründig leichter, indem ich meinem Wunsch den Stempel »undurchführbar« gebe und damit in den Papierkorb befördere. Bei jeder passenden Gelegenheit hole ich ihn aber heraus, träume oder erzähle anderen davon, wie schön es wäre, *wenn* ... Ich erkläre (mir und anderen), dass ich mein totes Pferd ja lieber heute als morgen aufgeben würde – die einzige echte Alternative aber leider nicht machbar sei. Und vielleicht nicken die meisten Menschen dann und bestätigen mir, dass dies ja nun wirklich nicht gehe.

Ich lasse auf diese Weise immer wieder etwas inneren Druck ab. Denn in schönen Träumen zu schwelgen macht den grauen Joballtag für eine Weile etwas leichter erträglich – wie ein Kinofilm, der mich für zwei Stunden die Realität vergessen lässt. Eine so wundervolle Idee! Nur ändert sich natürlich nichts. Dabei lege ich mir mit dieser Strategie meinen Traumberuf wie einen Stein in den Weg, der mich zu vielen anderen, vielleicht etwas kleineren, aber immer noch guten Lösungen führen könnte.

 Haben Sie auch einen Traumberuf oder eine schöne große berufliche Idee, die Sie für unerreichbar halten und als Argument benutzen, an Ihrem jetzigen Job festzuhalten?

6. Vermeintliche Abhängigkeit
»Was denken denn andere über mich, wenn ich
mir einfach ein neues Pferd suche?«

»Wenn es nach mir ginge, hätte ich meinen Job schon lange an den Nagel gehängt. Aber wie sähe das in meinem Lebenslauf aus? Und wie würden meine Freunde, Kollegen und die Familie reagieren? Die hätten mit Sicherheit kein Verständnis dafür. Und ich bin doch kein Mensch, der nur an sich denkt!«

Was glauben Sie, würden die Menschen in Ihrer Umgebung sagen und denken, wenn Sie tatsächlich »umsatteln«, Ihren jetzigen Job aufgeben und sich einen neuen suchen würden, der Ihnen mehr Spaß und Befriedigung verschafft? Würde die Mehrheit Sie darin bestärken und Ihnen zu dieser Entscheidung gratulieren? Oder erwarten Sie eher eine negative, ablehnende und entmutigende Resonanz von Ihrer Umwelt?

Als soziale Wesen sind wir von unserer Umwelt mehr oder weniger leicht zu beeinflussen. Und wenn wir gerade eine Lebensphase des Umbruchs durchlaufen, können andere unser Streben nach Veränderungen auf zwei Arten durchkreuzen: Entweder die Menschen unserer Umgebung versuchen tatsächlich, uns von unserer Idee abzubringen. Oder wir sind nur davon überzeugt, sie würden unser Verhalten missbilligen – ohne dass dies der Wirklichkeit entspricht. Im zweiten Fall haben wir wahrscheinlich wesentlich mehr Probleme, zu unserem Wunsch zu stehen, weil sich der Konflikt in unserem Kopf abspielt. Mit realen Menschen können wir uns schließlich streiten und auseinandersetzen, mit vermeintlicher Ablehnung in unserer Fantasie ist dies viel schwieriger.

Wenn wir glauben, einen Herzenswunsch wegen anderer Menschen unmöglich verwirklichen zu können, ist uns häufig gar nicht klar, wen und welche realen Argumente wir tatsächlich damit meinen. Vor allem, wenn wir schwammige Gedanken haben wie »Das kann man doch nicht machen« oder »Was sollen denn die Leute sagen?«, ist es ratsam, einmal etwas genauer hinzuschauen. Denn möglicherweise verwenden wir dann nur eine weitere Strategie der Vermeidung: Ich kann nämlich »die anderen« ganz hervorragend dafür missbrauchen, mir ein Alibi für mein Nicht-Handeln zu liefern!

Diese Strategie der Vermeidung funktioniert so:

1. Ich nehme an, andere würden schlecht von mir denken, wenn ich für mein Wohlergehen sorge. Diesen Glauben betrachte ich als unverrückbare Tatsache, die ich nicht weiter hinterfrage.
2. Die Meinung anderer stelle ich über meinen Wunsch. Ich nehme mir nicht die Freiheit, zwischen meiner Autonomie und dem vermeintlichen Einfluss anderer abzuwägen und eine eigene Entscheidung zu treffen.

Wenn ich innerlich vollkommen entschieden bin, ein Vorhaben umzusetzen, werde ich vielleicht die Einschätzung anderer berücksichtigen – aber höchstwahrscheinlich werde ich versuchen, einen möglichst großen Teil meines Projekts durchzuboxen. Mögliche Konflikte finden dann höchstens im zwischenmenschlichen Bereich statt, nicht in mir. Ich spüre keinen inneren Widerstand, und ich brauche demzufolge keine Vermeidungsstrategien zu verwenden und kann mich mit ganzer Kraft für mein Vorhaben einsetzen.

Bin ich innerlich aber gespalten zwischen »Tun!« und »Lieber lassen!«, drückt also ein Teil von mir das innere Gaspedal und ein anderer die Bremse, bin ich in einer Zwickmühle. Und dann kann eine Vermeidungsstrategie greifen, die in der Psychologie eine »Projektion« genannt wird: Anstatt mich mit meinem inneren Widerstand auseinanderzusetzen, projiziere ich ihn wie mit einem Diaprojektor auf meine Mitmenschen. Nicht mehr ich habe dann scheinbar Zweifel an oder Angst vor meinen Plänen, nein, die anderen sind ja sowieso dagegen! Ich verlagere auf diese Weise meinen inneren Konflikt in meiner Fantasie nach außen.

Ich erlebe häufig, dass Menschen glauben, als egoistisch und verantwortungslos beurteilt zu werden, wenn sie neue oder ungewöhnliche Wege gehen möchten. Oder sie befürchten, als Träumer und Spinner bezeichnet und durch andere beschämt zu werden, wenn sie sich zu ihren Ideen bekennen. Dahinter stecken oft tiefsitzende negative

Glaubenssätze, die umso stärker wirken, je pauschaler sie einmal gelernt wurden. Zu erkennen sind sie daran, wie reflexhaft und scheinbar automatisch sie abgerufen werden, ohne auf ihren Wahrheitsgehalt jemals untersucht worden zu sein. Projiziere ich diese Glaubenssätze auf die Menschen in meiner Umgebung, brauche ich mich und die anderen nicht mehr zu fragen, welche Haltung sie denn tatsächlich haben. Sie erscheinen mir dann als Selbstverständlichkeit, und es gibt scheinbar keinen Grund, sich einer Auseinandersetzung mit den realen Personen zu stellen. »Ich kann nicht, und ich darf nicht.« Basta.

Dabei tue ich diesen Menschen möglicherweise Unrecht, weil sie in Wirklichkeit ganz anders und viel differenzierter denken. Und am meisten tue ich dieses Unrecht mir und meinen Wünschen, weil ich ihnen keine Chancen gebe.

Glauben Sie, dass Freunde, Familie oder Kollegen Ihrer beruflichen Veränderung eher kritisch begegnen werden? Falls ja: Ist es möglich, dass dies mehr über Ihre eigene negative Haltung sagt als über die realen Menschen? Wie viel Projektion mag da bei Ihnen im Spiel sein?

7. Negatives Selbstbild
»Ich kann doch nur dieses tote Pferd reiten.«

»Klar, viele Leute schaffen es, sich einen tollen, neuen Job zu suchen. Wenn ich es draufhätte, würde ich es selbstverständlich genauso machen. Aber ganz ehrlich: Ich kann doch nichts, das über mein jetziges Jobprofil hinausgeht. Man würde mich doch auslachen, wenn ich etwas anderes wollte!«

Wenn man Sie vor eine große Waage mit zwei Waagschalen stellen würde und Sie aufforderte, ohne lange nachzudenken in eine all Ihre Stärken und Kompetenzen und in die andere Ihre sämtlichen Schwächen zu legen – welche Seite würde mehr Gewicht anzeigen? Wie lautet Ihre spontane Antwort?

Bei Ihnen überwiegt die negative Seite deutlich? Damit sind Sie nicht allein. Ich schätze, dass sich die Mehrheit der Menschen gedanklich große Mühe gäbe, erst einmal die Schale für ihre Schwächen randvoll zu machen. Denn dies scheint mir den meisten von uns viel leichter zu fallen. Über unsere eigenen Stärken nachzudenken oder gar darüber zu sprechen, empfinden viele als schwierig und unangenehm. Nicht selten höre ich die Selbsteinschätzung: »Ich kann eigentlich nichts wirklich gut.« Und viele antworten so aus tiefster Überzeugung und nicht etwa aus vorgeschobener Bescheidenheit! Gleichzeitig haben sie aber von den Fähigkeiten anderer Menschen, von Freunden, Kollegen und Bekannten, meist ein viel positiveres Bild. Wenn es um die Licht- und Schattenseiten anderer geht, ist unsere Einschätzung meistens ziemlich ausgewogen (wenn wir nicht gerade ausgesprochen missgünstige Charaktere sind) – unser eigenes Licht stellen wir hingegen lieber unter den Scheffel.

Wenn wir andere viel kompetenter einschätzen als uns selbst, muss doch unsere Wahrnehmung etwas »ver-rückt« sein. Woran liegt das? Als nicht mehr ganz junge Menschen haben wir doch in der Regel zumindest eine berufliche Ausbildung absolviert, vielleicht studiert, im Job vieles dazugelernt, uns fortgebildet, verschiedene Interessen verfolgt – und wir haben mit Sicherheit jede Menge Lebenserfahrung gesammelt. Und trotzdem sollen wir über kaum Kompetenzen verfügen, die für unsere berufliche Neuorientierung von Belang sein könnten? Kann das wirklich sein?

Im Coaching erlebe ich häufig, dass Menschen mit einem anfangs ziemlich negativen Selbstbild dann tatsächlich eine lange Liste mit ihren Kompetenzen und Stärken zusammentragen können – wenn sie sich trauen, einmal genauer hinzuschauen und auch die Einschätzung anderer zu erfragen. Viele stellen schließlich überrascht fest: »Ich kann ja viel mehr, als ich dachte!« Also: Nicht-Können ist etwas ganz anderes als Nicht-Wissen (was man kann)! Es ist aber leicht zu verwechseln.

Warum sind wir uns unserer Stärken so wenig bewusst? Ein negatives Selbstbild kann natürlich sehr viele Ursachen haben. Menschen, die schon lange in einem Beruf arbeiten, auch wenn sie dabei einige

Stufen auf der Karriereleiter erklommen haben, denken oft, sie verfügten nur über solche Fähigkeiten, die sie im Rahmen ihres Jobs verwenden, getreu dem Motto: »Ich bin seit 20 Jahren Banker, also kann ich nur, was Banker eben können.« Dies zeigt dann eher eine sehr enge Identität als eine realistische Selbsteinschätzung. Dumm ist nur, wenn wir dies durcheinanderbringen. Viele Menschen bezeichnen sich selbst als Realisten, während sie mir erklären, dass sie gar nichts wirklich gut können. Ein negatives Selbstbild ist vor allem eine Sache der Übung!

Warum geben wir uns so viel Mühe, ein düsteres Bild von unseren Fähigkeiten aufzubauen und daran festzuhalten? Der Preis, den wir dafür zahlen – oft eine innige Beziehung zu einem toten Pferd –, ist ja nicht gerade klein. Wir entwickeln aber niemals ein Verhalten oder eine Haltung, ohne uns davon – meist unbewusst – einen Vorteil zu versprechen. Und der liegt sehr oft darin, uns vor Angriffen anderer zu schützen nach dem Prinzip: »Ich mach mich lieber selbst klein, bevor ein anderer es tut.« Die Vorstellung, mir etwas zuzutrauen und an meine Fähigkeiten zu glauben, und dann von anderen dafür womöglich ausgelacht zu werden, ist für die meisten von uns ein Albtraum! Und das ist sehr menschlich, denn wir alle haben riesige Angst vor Entwertung und Beschämung. Nur: Wie groß ist denn überhaupt die Gefahr, dass man uns als erwachsenem Menschen so begegnet? Dass man uns als »Hochstapler« entlarven könnte, der viel weniger draufhat, als er vorgibt? Ist dies nicht eher die Angst und Sichtweise eines Kindes? Wir werden später noch sehen, dass wir tatsächlich oft unerwachsen reagieren, wenn Ängste im Spiel sind. Ohne eine gute Selbsteinschätzung meiner Kompetenzen sind berufliche Veränderungen schwer zu realisieren. Im Zweifelsfall werde ich mich immer wieder gegen gute Optionen entscheiden, weil ich mir nicht genug zutraue. Und wenn ich mich lange Zeit klein und kleiner gemacht habe, bleibt mir wirklich nur noch mein totes Pferd als einzige berufliche Möglichkeit.

Ich habe in meiner Arbeit Menschen kennen gelernt, die trotz Diplom und Promotion in einem Job verharrten, der weit unter ihren Möglichkeiten lag – weil sie meinten, dass mehr einfach nicht ginge.

Kann es sein, dass Ihr Bild von sich und Ihren Fähigkeiten eher negativ gefärbt ist? Ist dies möglicherweise ein Grund für Sie, nicht wirklich über berufliche Alternativen nachzudenken?

8. Sicherheitsprimat
»Ein totes Pferd ist verlässlich und gibt mir Sicherheit.«

»Ich weiß sehr gut, dass mein Job mich unzufrieden und vielleicht irgendwann krank macht. Möglich, dass mein Leben besser und ausgefüllter sein könnte. Aber wer garantiert mir, dass mir ein anderer Job genauso viel Sicherheit gibt? Keiner! Und deshalb bewege ich mich lieber gar nicht.«

Stellen Sie sich vor, jemand reist schon eine Weile auf einem Kreuzfahrtschiff, das jetzt leider leckgeschlagen ist. Durch ein Loch dringt Wasser – nicht viel, aber dummerweise zu viel für die Pumpen. Die meisten Passagiere haben sich schon in Rettungsbooten abgesetzt. Aber dieser Jemand weigert sich, von Bord zu gehen, und verweist darauf, dass das Schiff doch bisher ein sicherer und komfortabler Ort gewesen ist. Welche Gefahren mögen in so einem kleinen Boot auf dem Ozean drohen? Das Kreuzfahrtschiff hat sich schließlich bewährt, und wer weiß schon, ob es wirklich untergehen wird! Bestimmt wird der Reiseveranstalter dafür sorgen, dass bald Hilfe kommt, davon ist er überzeugt. Warum also unnötige Risiken eingehen?

Eine absurde Geschichte. Natürlich. Wer würde sich jemals so verhalten? Na ja, ich kenne eine Menge Menschen, die sich zwar vielleicht nicht an untergehende Schiffe, aber an Jobs klammern, die auf absehbare Zeit mit ziemlich hoher Sicherheit »ihr Untergang« sein werden. Und genau wie unser Kreuzfahrer folgen sie der »Logik des Sicherheitsprimats«. Ich habe ja schon beschrieben, dass der Gedanke an Veränderung bei den meisten Menschen Angst auslöst. Das Unbekannte beurteilen wir anscheinend automatisch erst einmal als potenziell gefährlich. Dieser Mechanismus ist ja auch sinnvoll, um uns davor zu schützen, leichtfertig unser Leben aufs Spiel zu setzen, er sorgt für unsere Sicherheit. Sein natürlicher Gegenspieler ist unser Streben nach Glück, Aufregung, neuen Erfahrungen und Wachstum. Beides ist in jedem von uns angelegt – individuell sehr unterschiedlich ist aber, wer in uns die Oberhand hat.

Für den einen reicht ein geringes Maß an Unzufriedenheit und Stagnation, um sich sofort auf die Suche nach neuen Möglichkeiten zu machen. Sein »innerer Sicherheitsbeauftragter« wird sich erst einmischen, wenn die Risiken ihm existenzbedrohend scheinen. Ein anderer Mensch braucht viel mehr Veränderungsdruck und Leiden, bis er sich auf den Weg macht. Und auch dann ist er immer darauf bedacht, die Lösung mit dem scheinbar geringsten Risiko zu wählen – sein Sicherheitsbeauftragter ist immer wachsam und übernimmt häufig die Kontrolle. Ob wir eher zu der einen oder anderen Seite neigen, hängt von unseren Erfahrungen, der Persönlichkeit und auch vom jeweiligen Thema ab: Denn möglicherweise sind wir zum Beispiel im Privatleben bereit, höhere Risiken einzugehen als im Beruf oder umgekehrt.

Je sicherheitsorientierter wir sind, desto mehr Stress bedeutet eine mögliche Veränderung für uns. Und ein typischer Reflex auf Stress ist die »Totstellreaktion« (alle Lebewesen reagieren auf Gefahr entweder mit Angriff, Flucht oder Totstellen): Sie bewirkt, dass ich mich nicht mehr bewege oder orientiere, sondern nur noch verharre, wo ich bin, bis die Gefahr vorüber ist. Eine recht archaische Reaktion, die natürlich nicht unbedingt den Anforderungen der Situation genügt. Aber unser Großhirn gibt gern vor, Herr der Lage zu sein (auch wenn es an der Stressreaktion kaum beteiligt ist), und findet schnell viele gute Argumente, die anderen und uns selbst erklären, dass wir das Bestmögliche und Vernünftigste tun. Auch wenn wir gerade ein totes Pferd reiten oder mit unserem Schiff untergehen ...

Stress führt außerdem dazu, dass wir den Status quo grundsätzlich als eher sicher bewerten und Gefahren, die eine Veränderung mit sich bringen könnten, eher überschätzen. Erstaunlich oft erlebe ich, dass Menschen angesichts einer beruflichen Veränderung Angst haben, alles zu verlieren und völlig mittellos auf der Straße zu landen – obwohl sie dieses Risiko dann rational bei genauerer Betrachtung als doch eher gering einschätzen. Diese Tendenz zur Risikoüberschätzung mag unseren Vorfahren vor Zigtausenden von Jahren beim Überleben geholfen haben. Denn tödliche Gefahren zu vermeiden war bestimmt viel wichtiger, als etwas Neues zu entdecken. Nur werden wir heute – jedenfalls im Berufsleben – nicht mehr von so vielen tödlichen Gefahren bedroht. Leider hat sich unser Gehirn auf diese »neue« Situation noch nicht eingestellt.

Wie wir es auch drehen und wenden: Die Suche nach Neuland wird immer mit einem gewissen Maß an Risiko verbunden sein. Wenn ich aus Angst reflexhaft nur darauf schaue, in jeder Situation ein Maximum an Sicherheit zu haben, ist mein Bewegungsradius sehr, sehr klein. Mit so wenig innerem Spielraum werde ich kaum eine wirklich neue Lösung finden können. Viel eher werde ich mich häufiger auf sinkenden Schiffen wiederfinden. Natürlich gibt es auch Menschen, denen Sicherheitsdenken fremd ist und die gern hohe Risiken eingehen, wenn ihr Leben dadurch nur nicht eintönig und gleichförmig ist. Sie würden wohl niemals so lange warten, bis ihr Pferd tot ist…

 Wie schätzen Sie sich ein? Welche Rolle spielt Sicherheit für Sie, wenn es um Ihre berufliche Neuorientierung geht? Könnte es Ihnen auch passieren, dass Sie auf einem toten Pferd noch ein bisschen sitzen bleiben, weil es Ihnen so schön sicher erscheint?

9. Gruselige Arbeitsmarktlegenden
»Auf dem Pferdemarkt findet jemand wie ich doch niemals ein richtig gutes Pferd.«

»Klar hätte ich gern einen anderen Job. Aber heutzutage wäre es Selbstmord, freiwillig einen sicheren Arbeitsplatz aufzugeben. Man weiß doch, dass auf dem Arbeitsmarkt Mangel und Leid herrschen. Da halte ich mich lieber fern und bleibe, wo ich bin.«

Egal ob die Konjunktur gerade im Auf- oder Abwind ist und die Zahl der Arbeitslosen steigt oder fällt – der Arbeitsmarkt wird gern als Argument gebraucht, an einem ungeliebten Job kleben zu bleiben. Denn in den Köpfen vieler Menschen geht es dort gruselig zu: Es herrscht grundsätzlich ein schlimmer Mangel, weil Arbeitsplätze ein knappes Gut sind. Der Arbeitsmarkt hat immer nur Interesse an den anderen, nie an mir. Dieser Markt ist eher ein Schlachtfeld, auf dem die Gesetze des Dschungels gelten. Nur die ganz Harten und Rücksichtslosen können hier gewinnen. Oder junge Leute mit einer Superqualifikation und Megaerfahrung. Otto Normalmalocher wird dort auf das Abstellgleis geschoben – wer sich auf den Arbeitsmarkt begibt, landet früher oder später auf dem Arbeitsamt.

So, wie sich ein Gruselfilm auf der Kinoleinwand abspielt, wird *der* Arbeitsmarkt – so glauben viele – ausschließlich in Stellenanzeigen und Jobbörsen abgebildet. Dort finden sie aber entweder Angebote für genau die Tätigkeit, mit der sie gerade so unzufrieden sind – oder eine attraktivere, für die sie sich nicht qualifiziert halten. Für Reiter von toten Pferden ist diese Lektüre fast immer ein sicheres Mittel, um sich die Laune zu verderben und um sich zu bestätigen, was man ja schon vorher wusste: dass es keinen Ausweg gibt, weil *der* Arbeitsmarkt keine Angebote bereithält.

Die Angst vor Arbeitslosigkeit ist bei vielen Menschen, die gern eine neue Tätigkeit hätten, verständlicherweise groß. Oft nehmen Menschen aber wie selbstverständlich an, dass es für die Jobs, von denen sie träumen, ganz sicher keinen Bedarf gibt. Nur basiert so eine Befürchtung häufig auf Annahmen, die gar nicht erst differenziert überprüft werden. Anstatt intensiv zu recherchieren, mit Menschen und Unternehmen zu sprechen und vielleicht auch nach ähnlichen Alternativen zu suchen, halten sie lieber an ihrem Glauben an den Arbeitsmarkt, der ihnen keine Chancen bietet, unerschütterlich fest. Wenn ich innerlich gespalten bin und ein Teil von mir Widerstand gegen jede mögliche Veränderung leistet, kommt mir so ein einfaches und negatives Bild sehr gelegen. Der Arbeitsmarkt ist eine prima Projektionsfläche für meine Ängste und die perfekte Begründung für meine Untätigkeit.

Da viele Menschen ähnlich funktionieren und dieses Bild teilen, ist es relativ einfach, sich von anderen eine Bestätigung dafür zu holen, »dass man mit diesem Berufswunsch ja ganz sicher nichts werden kann« (siehe »Kollektive Unzufriedenheit« ab Seite 26). So ist der Arbeitsmarkt eines der am häufigsten genutzten Argumente für das Reiten toter Pferde.

Dabei ist der Arbeitsmarkt genau das, was der Begriff aussagt: ein sehr großer und komplexer Markt. Und auf diesem Markt herrscht ein ständiges Kommen und Gehen. Wenn die Statistik im Januar und im Dezember eines Jahres zum Beispiel drei Millionen Arbeitslose angibt, handelt es sich dabei ja nicht zu beiden Zeitpunkten um dieselben Menschen. Ein Teil ist sicherlich längere Zeit arbeitslos, für viele ist es aber nur eine Zwischenstation auf dem Weg von Job A zu Job B. Es ist auch ein Missverständnis zu glauben, dass der Arbeitsmarkt sich ausschließlich in Stellenanzeigen und Jobbörsen abbildet. Denn darüber wird nur ein Teil der Stellen vergeben. Interne und vor allem initiative Bewerbungen gewinnen immer mehr an Bedeutung. Da sich aber viele Menschen scheuen, sich selbst initiativ und kreativ auf die Suche zu machen, starren sie lieber weiterhin in die Jobbörsen wie das Kaninchen auf die Schlange.

Es gab einmal eine Arbeitswelt mit lebenslangen Anstellungen und fest definierten Berufsprofilen, die sich im Laufe der Jahre kaum änderten. Dort *wurde* man etwas und blieb es ein Leben lang. Das war bequemer und bot viel mehr Sicherheit und Kontinuität, als wir es heute kennen – allerdings auch weniger Chancen, die Arbeit veränderten Lebensbedingungen und Interessen anzupassen. Heute kommen wir nicht daran vorbei, unsere Karriere selbst in die Hand zu nehmen und unsere Ziele und Inhalte selbst zu definieren. Was auf dem Markt gebraucht wird, unterliegt großen Schwankungen. Die Geschwindigkeit des Wandels nimmt zu. Es entstehen ständig neue Berufsbilder. Viele Tätigkeiten sind äußerst komplex, entwickeln sich in Nischen und können gar nicht mit herkömmlichen Jobprofilen beschrieben werden. Auch die Arbeitsformen werden immer vielfältiger. Die Festanstellung in Vollzeit über viele Jahre ist einfach nicht mehr der Normalfall und wird es auch nicht mehr sein.

Wenn ich mich daran klammere, »wie gut es einmal war und wie schlimm es heute ist«, wenn ich die neuen Spielregeln für mich nicht akzeptiere und nach den alten einfach unbeirrt weitermache, erscheint mir der Arbeitsmarkt sicherlich beängstigend. Wenn ich mich zwar nach einem beruflichen Neuanfang sehne, aber auf die Schrecken des Arbeitsmarktes verweise, um mein Verharren zu rechtfertigen, ist dies höchstwahrscheinlich eher ein Symptom meines inneren Widerstandes als ein stichhaltiges Argument!

Denken Sie manchmal, dass Sie mit keiner beruflichen Alternative auf dem Arbeitsmarkt eine Chance haben? Beschränkt sich Ihre berufliche Neuorientierung auf das Durchforsten von Stellenanzeigen und Jobbörsen? Und bewirkt dies bei Ihnen hauptsächlich Frustration?

10. Mentaler Selbstboykott
»Ich würde ja gern, aber ich bewege mich einfach nicht und weiß nicht, warum.«

»Ich möchte endlich durchstarten! Und ich habe auch einige Ideen, die darauf warten, bearbeitet und umgesetzt zu werden. Ich nehme mir immer wieder ernsthaft vor, damit zu beginnen. Aber dann bleibe ich trotzdem untätig. Wie kann man nur so vernagelt sein! Wahrscheinlich will ich es ja gar nicht wirklich ...«

Der Markt für psychologische Ratgeber wäre sehr viel kleiner, wenn jeder Leser nach der Lektüre tatsächlich anfinge, das Gelesene – soweit er es passend und richtig für sich findet – in die Tat umzusetzen. Die Anzahl dieser Bücher, die jedes Jahr verkauft werden, nimmt aber nicht ab. Ganz im Gegenteil. Anstatt aktiv zu werden, kaufen sich viele Menschen, gerade wenn es um berufliche Veränderung geht, lieber den nächsten Ratgeber oder besuchen noch ein Seminar. Was sie lesen und hören, finden sie auch sehr richtig und wichtig, aber verändern dann doch lieber nichts und bleiben auf ihrem toten Pferd sitzen.

Die Strategien der Vermeidung, die ich Ihnen bisher vorgestellt habe, stellen die Möglichkeit und den Sinn von Veränderung infrage. Der mentale Selbstboykott tut dies nicht. Er lässt zwar zu, dass ich beschließe, mich auf den Weg zu machen, und mir dies auch teilweise zutraue – vielleicht gehe ich sogar den ersten Schritt –, aber dann ist Schluss, und ich gehe nicht weiter. Als würde jemand anderes über mein Tun bestimmen. Wir nennen diesen anderen vielleicht unseren »Inneren Schweinehund«. Und dann schämen wir uns oft, weil wir anscheinend so schwach sind und er so stark. Als sei dies nur eine Frage der Willenskraft und mentalen Stärke.

Stecken wir in der Sackgasse des mentalen Selbstboykotts, fühlt es sich häufig an, als hätte uns jemand den Stecker herausgezogen. Die Motivation und der Antrieb gehen auf null. Es scheint, als hätten wir auf einmal keine Energie mehr zur Verfügung. Für Tätigkeiten, mit denen wir uns dann gern ablenken (plötzlich müssen unbedingt Fenster geputzt, Autos gewaschen oder Schreibtische aufgeräumt werden!), ist aber immer ausreichend Energie vorhanden. Folgen wir der Versuchung, meldet sich schnell die Stimme des schlechten Gewissens und ermahnt uns, dass wir uns doch viel Wichtigeres vorgenommen hatten. Und so geht es in unserem Kopf immer hin und her, nur nicht voran. So als würde ein Teil von mir aufs Gaspedal treten, um mich auf Höchstgeschwindigkeit zu beschleunigen – und ein anderer mein inneres Bremspedal, weil der genau dies *nicht* möchte. Die Konsequenz: Ich komme nicht vom Fleck, verbrauche jede Menge Energie, komme mir blöd vor, und irgendwann ist der Motor kaputt. Die Diagnose: In mir arbeitet ein innerer Konflikt, der zu einer mentalen Blockade führt. Dies ist ein ganz normaler psychischer Mechanismus, der dem Prinzip folgt: »Wenn ich meiner Sache nicht hundertprozentig sicher bin, verhindere ich sie lieber und bleibe beim Bewährten, als dass sich am Ende das Neue als falsch und schädlich erweist.« Oder etwas volkstümlicher formuliert: »Schuster, bleib bei deinem Leisten (wenn du nicht *den* tollen Businessplan hast).« Die Konsequenz sind Unzufriedenheit und irgendwann nur noch Verzweiflung.

Entscheidend ist, wie psychologisch klug wir mit unserer inneren Blockade umgehen und sie entweder konstruktiv lösen oder nur immer weiter verfestigen. Um das Letztere zu erreichen, gibt es zwei sehr effektive Werkzeuge, die da heißen: Druck und Selbstkritik. Noch effektiver: noch mehr Druck und noch mehr Selbstkritik. Wahrscheinlich ist Ihnen diese Methode nicht unbekannt, denn die meisten von uns verwenden sie oft und gern. Wenn ich nicht so funktioniere, wie ich das – in meinen Augen – müsste, kritisiere ich mich dafür und unterstelle mir zum Beispiel Dummheit oder Faulheit. Selbst-Anklagen wie »Ich müsste schon viel weiter sein – andere können es doch auch« unterstützen meine Selbstkritik. Dann kann ich noch die inneren Daumenschrauben ansetzen und mir so richtig Druck machen: »Reiß dich endlich mal zusammen!« oder »Du hast es auch nicht anders verdient!« motivieren aber auch nicht wirklich.

Manchmal unterstützen uns auch Bekannte und Freunde darin, indem sie uns mit Unverständnis und Genervtheit begegnen, wenn wir einfach nicht tun, was wir doch so gern wollen und angekündigt haben. Gerade wenn sie selbst dieses Problem nicht haben, können sie überhaupt nicht nachvollziehen, warum jemand nicht in die Hufe kommt. Oft lautet die Selbst- oder Fremddiagose in solchen Fällen: »Dann willst Du es wahrscheinlich auch gar nicht wirklich! Bleib, wo Du bist.« Also alles heiße Luft. Nur wird auf diese Weise meine mentale Selbstblockade mit Sicherheit nicht kleiner werden. Denn ist uns erst einmal bewusst geworden, dass unser Job ein totes Pferd ist, wird unsere Unzufriedenheit ein ständiger Begleiter bleiben. Der Geist will bekanntlich nicht zurück in seine Flasche, wenn er es erst einmal ans Tageslicht geschafft hat!

Geht es Ihnen ähnlich? Nehmen Sie sich immer wieder vor, endlich etwas für den neuen Job zu tun – und kommen dann nicht aus dem Sessel? Neigen Sie dann auch zur Selbst-Kritik? Machen Sie sich selbst gern ordentlich Druck?

Bei dieser zehnten Strategie wird besonders deutlich, wie sehr uns innere Konflikte und Widersprüche blockieren können. Obwohl wi:

eine große Sehnsucht nach Veränderungen haben, halten wir uns selbst davon ab, den Weg dorthin einzuschlagen. Jede der zehn vorgestellten Strategien hat im Kern so einen Konflikt, denn der Ausgangspunkt ist ja immer unsere Unzufriedenheit, die nur bei der ersten Strategie so »gut« verdrängt wird, dass sie gar nicht wahrgenommen werden kann. *Etwas* in uns will glücklicher leben und arbeiten – und *etwas anderes* arbeitet auf verschiedene Weise dagegen.

Im nächsten Teil werde ich näher auf die innerpsychischen Mechanismen eingehen und Ihnen erklären, woran es liegen kann, wenn wir es partout nicht schaffen (wollen), von unserem toten Pferd abzusteigen.

Teil 2
Warum wir tote Pferde reiten:
Die Psychologie des Festhaltens

Der Weg zum Traumjob –
leider kein Spaziergang

Wir reiten also unsere toten Pferde und reden uns ein, wir hätten keine Alternative zu ihnen. Obwohl wir doch eigentlich nichts lieber täten, als endlich abzusteigen und auf unserer beruflichen Laufbahn mit einem neuen, lebendigen Pferd richtig durchzustarten. Im ersten Teil des Buches haben wir gesehen, welche Ausreden und Vermeidungsstrategien wir benutzen, um uns den Stillstand schön- und uns einzureden, dass wir keine Alternativen haben. Wahrscheinlich ist Ihnen ein bisschen klarer geworden, wie tot Ihr Job-Pferd wirklich ist und welche Strategien Sie bisher verwendet haben, um Widerstand gegen mögliche Veränderungen zu leisten.

So geht es weiter

Im zweiten Teil werde ich Ihnen erklären, warum es uns oft so schwerfällt, ausgetretene Bahnen zu verlassen, neue Wege zu suchen und ihnen auch zu folgen. Mithilfe der Psychologie und der Neurowissenschaft möchte ich es Ihnen leichter machen, Ihr Denken und (Nicht-)Handeln zu verstehen und einzuordnen. Denn je besser wir uns und unsere inneren Mechanismen kennen, desto eher können wir unsere Wünschen und Ziele aktiv unterstützen und ihnen Rückenwind verschaffen. Wie wir gleich noch genauer sehen werden, ist es nämlich nicht damit getan, sich ganz fest vorzunehmen, ab sofort »alles anders zu machen«, wenn man einsieht, dass man in einer Sackgasse steckt. Gute Vorsätze und positives Denken allein bringen uns nicht weiter – aber damit erzähle ich Ihnen wahrscheinlich nichts Neues. Zwar gibt es ein riesiges Angebot von Techniken und Wegen, die es angeblich ganz leicht machen, sich ohne viel Arbeit und Auseinandersetzung mit sich selbst zu einem »neuen Menschen« zu wandeln und spielend seinen Traumjob zu finden – aber sie haben leider den kleinen Nachteil, dass sie fast nie funktionieren. Lassen Sie uns deshalb etwas psychologisch fundierter vorgehen!

Zuerst möchte ich Ihnen die »Acht Schritte der beruflichen Veränderung« und ihre Stolpersteine vorstellen. Sie haben damit die Möglichkeit zu überprüfen, in welcher Phase Sie sich im Moment befinden und mit welchen Hindernissen Sie sich deshalb möglicherweise gerade herumschlagen. Im nächsten Kapitel wird es darum gehen, berufliche Veränderung im größeren Kontext der Übergangsphasen im Leben entwicklungspsychologisch zu verstehen – dadurch wird deutlich, dass der Wunsch nach einem neuen Job oft mit viel tieferen Veränderungswünschen verbunden ist. Dass unser Gehirn nicht dafür gebaut ist, auf leichte Weise neue Denk- und Handlungsmuster anzunehmen, was es braucht, trotzdem nachhaltige Veränderungen zu lernen, und wie Angst, Stress und Vermeidungsstrategien uns das Leben schwer machen, werde ich Ihnen im darauf folgenden Kapitel erklären. Und natürlich wird es auch darum gehen, damit auf psychologisch kluge Weise umzugehen. Ein weiteres Kapitel widmet sich den Glaubenssätzen; darin werden wir uns mit äußerst destruktiven Strategien auseinandersetzen, mit denen wir uns (meist unbewusst) kleinmachen und -halten. Wie dadurch – und durch andere Faktoren – mentale Blockaden verfestigt werden und dazu führen, dass wir innerlich handlungsunfähig »zwischen den Stühlen sitzen«, sehen wir im Anschluss daran. Ob wir eher zu der inneren Haltung des Regisseurs oder eines Komparsen neigen, ist die Konsequenz daraus. Und schließlich werden wir uns mit der »konstruktiven Form des Suchens« von Ideen, Möglichkeiten, Zielen oder Bedürfnissen beschäftigen und wie wir uns dabei oft auf sehr unkonstruktive Weise selbst boykottieren.

So wie unser Denken und Fühlen komplex und ineinander verschlungen sind, werden die Themen der folgenden Kapitel immer wieder ineinandergreifen und sich gegenseitig ergänzen und erklären. Einige Punkte werden Ihnen aus dem ersten Kapitel bekannt vorkommen; hier werden manche an mehreren Stellen wieder aufgenommen und weitergeführt. Was Ihnen vielleicht noch nicht ganz klar ist, wird es bestimmt im Laufe des zweiten Teils werden.

Am Ende jedes Kapitels finden Sie Tipps und Fragen als gedankliche Anregungen. Ich möchte Ihnen hier schon ans Herz legen, sich am besten schriftlich mit ihnen zu beschäftigen. Natürlich ist es auch hilfreich, wenn Sie sich Ihre Gedanken dazu machen – aber vermutlich kauen Sie gedanklich schon eine Weile auf beruflichen Veränderungen herum. Auch wenn es für Sie vielleicht ungewohnt ist: Um Ihre Gedanken von ihrer Kreisbahn zu holen und konstruktiv weiterzuentwickeln, ist das Schreiben ein sehr wirkungsvolles Mittel!

Acht Schritte auf dem Weg zum neuen Job – und viele Möglichkeiten, dabei zu stolpern

»Wow, jetzt bekomme ich endlich die Gebrauchsanweisung für meine Jobsuche? Super!« Ging Ihnen so ein Gedanke gerade durch den Kopf? Dann muss ich Sie leider sofort wieder enttäuschen. Ja, es wäre gewiss nett und bequem, wenn es so etwas gäbe: einen Leitfaden, der mir ganz genau vorschreibt, was ich zu tun und zu lassen habe, um am Ende *den* richtigen Job zu finden. Aber leider ist der Prozess der beruflichen Veränderung dazu viel zu komplex und individuell unterschiedlich.

Suche ich eine sehr ähnliche Alternative zu meiner jetzigen Arbeit, vielleicht nur in einem anderen Unternehmen? Oder möchte ich auf der Karriereleiter eine weitere Sprosse erklimmen? Dann ist die Sache ja noch relativ einfach, denn die infrage kommenden Möglichkeiten dürften überschaubar und sich recht ähnlich sein. Ganz anders sieht es aus, wenn ich meine jetzige Tätigkeit als ein totes Pferd betrachte und den Wunsch habe, etwas ganz anderes und möglicherweise völlig Neues zu tun. Dann bleibt mir nichts anderes übrig, als mich auf die Suche zu machen – nicht in meinem Vorgarten, sondern in der großen, weiten (Arbeits-)Welt und vor allem in meinem Kopf und in meinem Herzen!

»Finde heraus, was Du wirklich willst, und tu es.
Vergeude nicht zwanzig Jahre für ein Durchschnittsleben,
wenn Du jetzt entscheiden kannst, was Du wirklich willst.
Was willst Du wirklich?«
Richard Bach, EinsSein

Für Ihre Suche möchte ich Ihnen jetzt – wenn auch keine Gebrauchsweisung – so doch eine »Wegbeschreibung« geben. Ein erfolgreicher beruflicher Neuorientierungprozess entwickelt sich in bestimmten Etappen, wobei jeder Schritt wichtig ist und auf dem vorherigen aufbaut. Wir sind uns dessen oft gar nicht bewusst, jedenfalls solange wir dabei gut vorankommen. Wie viel Zeit welcher Schritt braucht, ist individuell sehr unterschiedlich. Ja, manchmal entsteht eine Jobidee über Nacht, oder wir bekommen ein tolles Angebot, das sich als genau das richtige erweist, sodass wir scheinbar einige Phasen einfach überspringen und schon am Ziel sind.

Aber Menschen sind nun einmal ungeduldig und nehmen gern Abkürzungen: Dann werden Phasen einfach ausgelassen, doch man erwartet, dass das Ergebnis trotzdem stimmt. Manchen Menschen wird gerade erst klar, dass sie sich beruflich verändern wollen oder müssen – da verlangen sie von sich schon, richtig gute Joboptionen quasi über Nacht parat zu haben. Oder sie haben einige erste Möglichkeiten gefunden – da wollen sie schon eine finale Entscheidung treffen. Das funktioniert nicht! Als Konsequenz solcher »Abkürzungen« sind die Ergebnisse unbefriedigend, und es kommt nur heraus, was vorher ohnehin schon klar war.

Ich möchte Ihnen diesen Ablauf jetzt beschreiben, um Ihnen die Möglichkeit zu geben einzuschätzen, wo Sie gerade stehen. Außerdem können wir die acht Schritte als Grundlage für unseren Arbeitsplan der beruflichen Neuorientierung nutzen – wie Sie dies genau tun können, werde ich Ihnen später noch detaillierter erklären. Wahrscheinlich wird Ihnen gleich beim Lesen deutlich, in welcher Phase Sie sich gerade befinden – vielleicht erkennen Sie auch, an welcher Stelle sie schon häufig stecken geblieben sind. Denn jede Phase hat ihre Stolpersteine.

1. Die Vor-Phase beruflicher Veränderung

Bevor wir uns darüber bewusst werden, dass unser Job ein Auslaufmodell ist, kann viel Zeit, können manchmal Jahre vergehen. Im Nachhinein fragt sich so mancher, wie er es so lange aushalten konnte, waren die Signale doch eigentlich unübersehbar. Aber wie wir ja schon gesehen haben, verfügen wir über viele Strategien, um Veränderungsimpulse nicht wahrnehmen zu müssen.

Wenn wir nicht gerade gezwungen werden, in Salzminen zu schuften, hat kein Job ausschließlich Schattenseiten. Meistens weist unsere Tätigkeit sowohl positive als auch negative Aspekte auf. »Should I stay or should I go?« – »Bleiben oder Gehen?« Wie wunderbar wäre es, wenn man diese Entscheidung an objektiven Kriterien festmachen könnte! Würde man alle Argumente pro und contra gegeneinander aufrechnen können und kündigen, wenn die negativen überwiegen – das wäre eine schön einfache Lösung.

Aber dazu ist dieses Thema zu vielschichtig, nur wenig daran ist objektiv zu bemessen: Argumente wiegen unterschiedlich schwer und haben für zwei Menschen ganz verschiedene Bedeutungen. Arbeitsplatzsicherheit oder Status sind für den einen zentrale Punkte, für den anderen Nebensächlichkeiten. Sachargumente stehen gegen Empfindungen. Möglicherweise spricht die Vernunft ganz deutlich für einen Job – aber ausschlaggebend sind letztlich negative Gefühle wie Unzufriedenheit oder Langeweile, um sich doch gegen ihn zu entscheiden.

Viele Menschen gehen zu einem Karriereberater oder Coach und wünschen sich von ihm eine objektive Einschätzung ihrer beruflichen Situation als Antwort auf die Frage »Gehen oder Bleiben«. Auch wenn es Sachaspekte gibt, die ein Fachmensch vielleicht einschätzen kann, den größeren Einfluss haben unsere Gefühle, Werte und Einstellungen, und dafür gibt es keine Richtwerte! Außerdem unterliegen sie Schwankungen und verändern sich mit unserer Persönlichkeit und unseren Lebensumständen. So kommt es, dass für jemanden eine Tätigkeit über viele Jahre gut und richtig ist. Bis er irgendwann spürt, dass er etwas ganz anderes machen möchte.

Wie lange es braucht, bis wir auch nur eine Ahnung davon entwickeln, ist individuell sehr unterschiedlich. Anzeichen für den schleichenden Prozess der Vor-Phase sind Unzufriedenheit mit dem Job oder dem Leben allgemein, Gefühle von Niedergeschlagenheit, Leere und Sinnlosigkeit bis hin zu Depression, Antriebsmangel, Lustlosigkeit, häufige gesundheitliche Probleme, Stress, nachlassende Leistungsfähigkeit oder der zunehmende Wunsch, einfach alles hinzuschmeißen. Nicht selten nehmen nahestehende Menschen diese Symptome eher wahr oder ernster als die betroffene Person. Das Kapitel über die Strategien des Widerstands gegen Veränderungen hat Ihnen ja gezeigt, wie kreativ wir sein können, um uns gegen die Einsicht zu wehren, dass unser Job-Pferd nicht mehr am Leben ist. Aber eines Tages kommen wir an dieser Tatsache hoffentlich nicht mehr vorbei!

Achtung, Stolpersteine!

Manchmal ist die Angst vor einer Veränderung so groß, dass die Notwendigkeit dafür nicht in unser Bewusstsein gelassen wird. Zwar werden die beschriebenen Symptome wie Unzufriedenheit oder Lustlosigkeit immer wieder wahrgenommen – aber genauso schnell werden sie auch wieder verdrängt und bagatellisiert. Dann wird der Wendepunkt der Bewusstwerdung, an dem wir spüren, dass es so nicht weitergehen kann, niemals erreicht, und wir kommen aus der Vor-Phase nicht heraus. Möglicherweise kommt dann das Stoppschild eines Tages in Form einer Erkrankung, eines Burn-outs oder nachlassender Leistung und Kündigung.

2. Die Bewusstwerdung
»Wie bisher geht es nicht weiter.«

In den seltensten Fällen kommt die Einsicht, dass es so nicht weitergehen kann, als Aha-Erlebnis, das uns ganz plötzlich klarmacht, dass wir sofort einen neuen Job brauchen. Meistens kommt sie erst einmal als Ahnung daher, die sich immer häufiger und deutlicher in unser Bewusstsein drängt. Wir fangen langsam an, diese neue Möglichkeit als echte Option oder einzig möglichen Ausweg zu betrachten, auch wenn wir sie anfangs schnell wieder beiseiteschieben. Der innere Widerstand wird jetzt wahrscheinlich eher größer, weil die reale Möglichkeit des Umbruchs mehr Angst und Befürchtungen auslöst als in der Vor-Phase.

Aus Filmen kennen Sie wahrscheinlich die Szene eines auftauchenden U-Boots: Erst schaut nur das Periskop oder eine Antenne aus dem Wasser, anfangs verdecken es Wellen immer wieder, aber dann zeigt es sich mehr und mehr in seiner vollen Größe. Ungefähr so taucht auch unser Wunsch nach etwas Neuem nach und nach auf und bekommt erst nach einiger Zeit Konturen. Gleichzeitig ruft etwas in uns sehr laut: »Abtauchen! Schnell wieder abtauchen! Gefahr!« Ist er aber erst einmal an die Oberfläche gekommen, können wir ihn nicht mehr ignorieren und müssen lernen, mit dem jetzt deutlichen Wunsch umzugehen.

Achtung, Stolpersteine!

In der Phase der Bewusstwerdung sprechen wir wahrscheinlich häufiger als früher über die mögliche Veränderung. Auch wenn wir dabei mehr Energie darauf verwenden, andere und uns selbst zu überzeugen, dass wir unser totes Pferd unmöglich verlassen können. Vielleicht fangen wir jetzt aber auch schon an, uns umzusehen, über mögliche Wege nachzudenken und ein Interesse an Leuten zu entwickeln, die so einen Veränderungsprozess bereits hinter sich haben. Jetzt dürfen Sie sich auf keinen Fall entmutigen lassen! Für einige Menschen mag diese Phase quälend sein, weil Selbstzweifel und innere Widerstände so sehr im Vordergrund stehen. Andere kommen schneller und leichter zu der Erkenntnis, dass es nicht mehr weitergeht wie bisher. Doch dann gibt es kein Zurück mehr und es ist wahrscheinlich nur noch eine Frage der Zeit bis zum nächsten Schritt:

3. Der Startschuss
»Ich will handeln.«

Logisch betrachtet scheint der Weg von der Erkenntnis bis zum Handlungsimpuls nicht sehr weit sein zu können – »psycho-logisch« gesehen können Welten dazwischen liegen! Viele Menschen bleiben in dieser Zwischenphase eine ganze Weile hängen, und das hat folgenden Grund: Um eine schlimme Situation hinter mir zu lassen, reicht erst einmal der Entschluss »Ich will hier weg!«. Ich nenne diese Art von Ziel ein *Weg-von-Ziel*, es braucht keine Alternative. Wenn ich in einem brennenden Haus aufwache, werde ich nur den Impuls verspüren, ganz schnell hinauszukommen. Ganz egal wohin. Ähnliche Gefühle habe ich, wenn mir meine Arbeit zum Hals heraushängt, mein Schreibtisch sich biegt unter unbearbeiteten Aufgaben und mich mein Chef jetzt auch noch kritisiert.

Bereite ich mich innerlich auf den Absprung vor, drängt sich allerdings die unangenehme Frage nach dem Wohin auf. Mit dem dritten Schritt, der Entscheidung zu handeln, kommt endgültig das Ziel der zweiten Kategorie ins Spiel: das *Hin-zu-Ziel*. Und dieses Ziel ist viel komplexer als das erste, weil es an so vielen Orten liegen kann. Es fordert mich heraus, mich mit meinen Möglichkeiten und Wünschen auseinanderzusetzen und dann eine ganz spezifische Entscheidung zu treffen. Ich werde mich dann festlegen müssen. Aber so weit bin ich noch nicht und mit diesen Gedanken höchstwahrscheinlich an diesem Punkt hoffnungslos überfordert – habe ich doch eben erst den Mut aufgebracht, mir einzugestehen, dass mein Job ein totes Pferd ist!

Damit dieser dritte Schritt gelingt, brauche ich den Mut, die Frage nach meinem Hin-zu-Ziel erst einmal zur Seite zu stellen und trotzdem den Startschuss zu geben. Es ist ein Schuss ins Blaue, in die Ungewissheit. Denn die meisten Menschen haben in dieser Phase noch gar keine Ahnung, wie ihr Ziel genau aussehen könnte. Dazu braucht es noch viel Recherche und innere Klärung. Und dafür haben wir erst den nötigen Rückenwind, wenn wir den dritten Schritt gewagt und uns entschieden haben, jetzt endlich berufliches Neuland zu suchen. Mit der dadurch gewonnenen Entschlossenheit kann es weitergehen!

Achtung, Stolpersteine!

In dieser Phase liegt die größte Gefahr darin, »Ladehemmungen« zu haben und doch am eigenen Weg-von-Ziel hängen zu bleiben. Dann klage ich zwar über meine Situation, unterdrücke aber den Impuls zu handeln und mich auf die Suche zu machen. Wie schon gesagt, braucht es eine Menge Mut, sich zum Handeln zu entschließen, ohne zu wissen, wie das Ziel aussehen kann. Hier ist so mancher überfordert, bleibt doch lieber, wo er ist, und beruft sich auf die »guten Gründe, ein totes Pferd zu reiten«.

4. Die kreative Suche
»Wo liegen meine Stärken, Wünsche und Visionen?«

Wenn wir bisher keine interessanten beruflichen Alternativen für uns gefunden haben, kann es daran liegen, dass es diese gar nicht gibt. Oder dass wir noch nicht überall mit voller Aufmerksamkeit geschaut haben. Als wahrscheinlicher betrachte ich grundsätzlich die zweite Möglichkeit. Unser Wahrnehmungssystem ist leider für einen breiten, vorurteilsfreien Blick ins Unbekannte ziemlich ungeeignet. Wir sehen eher, was wir ohnehin schon kennen. Was wir nicht kennen, können wir viel schwerer »er-kennen«. Mit dem Denken ist es ähnlich: Wir bewegen uns lieber auf vertrautem Gebiet. So entwickeln wir ein Selbstbild von unseren Fähigkeiten, Schwächen, Interessen und Persönlichkeitsmerkmalen und ein Bild von der (beruflichen) Umwelt, wie wir sie kennen. Wir denken »So bin ich« und »So ist die Berufswelt« – so, wie für den Goldfisch der Gartenteich die Welt ist. Dass wir nur einen Ausschnitt sehen, der zudem sehr subjektiv gefärbt ist, bedenken wir nicht. Und daran halten wir fest, so lange es nur irgendwie geht.

Was in dieser Phase der beruflichen Neuorientierung notwendig ist, bedeutet für viele Menschen einen Bruch mit ihren Denkgewohnheiten: Sie müssen nach Lösungen außerhalb ihres vertrauten und gewohnten Denkterrains suchen! Anstatt den eigenen kleinen Garten auf der Suche nach dem Schatz ein weiteres Mal (vergeblich) umzugraben, ist es an der Zeit, in noch unbekannten Gebieten zu forschen. Konkret bedeutet dies:

- Welche Fähigkeiten und Ressourcen habe ich wirklich zu bieten?
- Was steht alles auf der Liste meiner Interessen?
- Was würde ich wirklich gern tun?
- Auf welche Karriere möchte ich zurückblicken, wenn ich am Ende meines Lebens stehe?
- Und welche Jobideen können entstehen, wenn ich meine Antworten auf diese Fragen wirklich ernst nehme?

Stellen Sie sich vor, Sie könnten Ihre gewohnten inneren Widerstände, Ihre Selbstzweifel, Ihr negatives Selbstbild, Ihre einengenden Glaubenssätze über sich und die Welt für einen Augenblick wie einen Fernseher einfach abschalten. Und dann machen Sie einen Spaziergang durch Ihre Stadt, Ihr Land und die ganze Welt. Und Sie fragen sich: »Was will ich tun?« Können Sie sich vorstellen, dass Ihnen auf diese Weise mehr und andere Ideen kommen, als Sie es gewöhnlich von sich kennen?

Selbstverständlich können wir nicht sämtliche eingeschliffenen Denkmuster über Nacht ablegen. Manchmal reicht es aber schon, den Blick etwas weiter schweifen zu lassen als gewöhnlich, um interessante neue Alternativen zu entdecken. Das Ergebnis dieser vierten Phase ist eine möglichst vielfältige und bunte Sammlung von beruflichen Möglichkeiten, Wünschen und Ideen. Je breiter und weiter wir uns trauen zu denken, desto größer ist später die Chance, daraus eine stimmige Jobidee zu entwickeln.

Achtung, Stolpersteine!

Anstatt den Blick ins Unbekannte zu wagen, schauen viele Menschen lieber wieder nur in ihren eigenen Vorgarten, wo nur herumliegt, was sie schon lange über sich selbst und ihre berufliche Möglichkeiten wissen. Und so stoßen sie anschließend auch mit größter Anstrengung immer nur auf dieselben Ergebnisse: »Bäcker, Polizist oder Lehrer – das will ich alles nicht, und etwas anderes sehe ich immer noch nicht.« In der Sackgasse dieser Phase stecken ausgesprochen viele Menschen. Das liegt meistens daran, dass sie das nötige Know-how zu einer kreativen Suche nicht haben und für die blickverengende Wirkung ihrer mentalen Blockaden besonders anfällig sind.

5. Die Konkretisierung
»Welche Projekte und Profile kommen für mich infrage?«

Je breiter der Blick in der letzten Phase war, desto größer kann die Sammlung von Ideen sein, auf die wir jetzt zurückgreifen können. Die optimale Ausgangsbasis sind nicht fertige Berufsprofile, sondern Puzzleteile und Fragmente mit Potenzial für einen interessanten Job. Und die gilt es jetzt zusammenzusetzen, sodass mögliche berufliche Tätigkeiten entstehen. Anders als bei einem Puzzle gibt es höchstwahrscheinlich mehr als nur eine richtige Lösung.

Die Kernfrage dieser Phase ist: Was könnte ich mit meinen Fähigkeiten und Interessen möglicherweise tun? Um den Schritt zur Entscheidung optimal vorzubereiten, ist es wichtig, dass wir hier nicht schon gedankliche Scheren ansetzen und alles streichen, was uns auf den ersten Blick »unrealistisch« erscheint. Konstruktiver ist es, uns erst einmal alle Jobs, die sich hier herauskristallisieren, genau anzuschauen. Wir sollten uns von allen Optionen ein möglichst genaues, detailliertes Bild machen – und dazu gehört, dass wir recherchieren und uns überlegen, welche Schritte bei der möglichen Umsetzung nötig wären, welchen Weg wir dahin gehen würden und welche Investitionen nötig sein könnten.

Erst wenn wir eine Idee wirklich von allen Seiten bedacht und gedanklich schon einmal verwirklicht haben, sodass wir mit ihrer Umsetzung prinzipiell sofort starten könnten, ist eine finale Entscheidung wirklich sinnvoll!

Achtung, Stolpersteine!

Es kommt vor, dass Menschen zwar bis hier viele Ideen gesammelt haben, aber jetzt daraus keine möglichen beruflichen Optionen werden lassen. Gerade sehr kreative Charaktere bleiben hier manchmal hängen und entdecken lieber immer neue bunte Möglichkeiten, als dass eine Auswahl tatsächlich zur konkreten Option wird. Solange eine Idee schwammig bleibt und man nur davon spricht, dass man ja mal XY machen könnte und YZ auch sehr spannend ist, droht ihr keine Verwirklichung. Und man muss sich nicht fragen lassen, wie weit man mit der Umsetzung ist.

6. Die Entscheidung »Was will ich tun?«

Jetzt gilt es, die erarbeiteten Projektideen abzuwägen und zu beurteilen. Die Kriterien, die wir dabei anlegen, und ihre Gewichtung sind natürlich individuell unterschiedlich. Sehr sinnvoll ist es, unsere eigenen Kriterien und ihre Wichtigkeit vor dem Entscheidungsprozess zu definieren. Eine wichtige Rolle bei der Entscheidung spielen Fragen wie:

- Wie sehen die finanziellen Möglichkeiten aus?
- Welche und wie viel Sicherheit bietet mir diese Idee?
- Passt sie zu meiner Persönlichkeit und meinen Lebensumständen?
- Wie viel Zeit und Geld bin ich bereit, für die Verwirklichung zu investieren?
- Kann ich mir vorstellen, mich damit selbstständig zu machen?
- Auf welche und wessen Unterstützung kann ich zählen?

- Wird die Tätigkeit mich auf lange Sicht befriedigen?
- Wird sie mir in Zukunft ausreichend Entwicklungsmöglichkeiten bieten?
- Wie schätze ich meine Chancen mit diesem Projekt auf dem (Arbeits-)Markt ein?

Wahrscheinlich holen wir uns jetzt Feedbacks von Freunden, Kollegen, der Familie oder von Fachleuten. Wichtig ist natürlich, dass sie grundsätzlich eine positive Einstellung zu unserer Entscheidung haben, uns beruflich zu verändern. Haben sie das nicht, werden sie möglicherweise Ergebnisse unseres Orientierungsprozesses immer wieder infrage stellen und uns damit eher verwirren und entmutigen. Sinnvoll ist es, mit ihnen meinen eigenen Kriterienkatalog zu diskutieren – denn möglicherweise habe ich bisher wichtige Punkte übersehen, über- oder unterschätze die Bedeutung bestimmter Kriterien. Lasse ich mir für den Entscheidungsprozess ausreichend Zeit, wird wahrscheinlich eine Option immer mehr in den Vordergrund treten, sodass meine Entscheidung sich von selbst zu fällen scheint.

Achtung, Stolpersteine!

Es gibt tatsächlich Menschen, die zwei oder mehrere richtig gute Joboptionen für sich entwickelt haben und dann doch keine davon verwirklichen. Weil sie Angst vor den Konsequenzen haben, denn bisher war ja alles noch graue Theorie. Oder sie scheuen davor zurück, alle anderen Optionen zu verwerfen, wenn sie sich für eine entscheiden. Ihre Umgebung kann dann oft nicht nachvollziehen, warum sie so viel Aufwand getrieben haben, schon so lange über ihre berufliche Veränderung reden – und jetzt die letzte Entscheidung vor dem Durchstarten nicht treffen können. Es ist nie zu spät, um zu kneifen und auf dem vertrauten toten Pferd sitzen zu bleiben …

7. Die Suche
»Wo bekomme ich, was ich mir wünsche?«

Wo und wie jemand sucht, ob er sich auf Stellenanzeigen oder initiativ bewirbt, Kontakte und Netzwerke nutzt, Kontakte zu Unternehmen aufbaut oder sein eigenes Unternehmen gründet, ist natürlich abhängig von der Art des angestrebten Jobs und der Persönlichkeit des Suchenden. Auch hier ist etwas Hilfestellung nicht verkehrt – von Freunden oder vielleicht auch von Karriereberatern oder Coachs.

Mag ich auch noch so qualifiziert sein oder meine Gründungsidee/ mein Produkt noch so brillant – den entscheidenden Rückenwind geben mir zwei Erfolgsfaktoren: meine Begeisterung und meine Überzeugungskraft. Sehe ich mich selbst nur als einen von vielen, wird es mir schwerfallen, jemanden von mir einzunehmen. Und bin ich auch noch so sehr von meinem Konzept überzeugt, ich habe keine optimalen Karten, wenn ich es nicht verstehe, mich richtig zu verkaufen.

Habe ich bisher viel Schweiß und Zeit für den Prozess meiner beruflichen Umorientierung verwendet, wäre es schade, sich jetzt einfach »in die Schlange zu stellen« und zu schauen, ob mich jemand will. Bisher habe ich daran gearbeitet, mich selbst von einer Idee zu überzeugen – jetzt sollte ich sehr sorgsam überlegen, wie es mir gelingen könnte, andere zu überzeugen!

Achtung, Stolpersteine!

In dieser Phase stecken bleibe ich, wenn ich mich jetzt tatsächlich darauf beschränke, mich in Jobbörsen umzusehen, nicht zu finden, was ich doch unbedingt tun will, und mich dann schmollend in die Ecke zu setzen. Oder ich verschicke nur eine Menge Standardbewerbungen, die meine Entschlossenheit nicht wirklich erahnen lassen, und wundere mich, dass die Einladungen ausbleiben. Viele Menschen scheuen nämlich die initiative Suche und die Kontaktaufnahme zu Unternehmen ihres Interesses – doch gerade dieser Weg verspricht am meisten Erfolg!

8. Der Neustart

Sie haben es geschafft – Ihre Suche und die ganze Arbeit haben sich gelohnt, und Sie starten endlich in Ihren neuen Job! Vielleicht wird es nicht genau so, wie Sie es sich vorgestellt haben – möglicherweise erleben Sie auch die eine oder andere Enttäuschung. Wenn wir beruflich ganz neu beginnen, finden wir uns selten sofort im siebten Himmel wieder. Es braucht oft noch etwas Zeit, bis wir uns die neue Situation wirklich zu eigen gemacht haben. Aber wenn wir einmal geschafft haben, uns neu zu erfinden, ist es sehr wahrscheinlich, dass Veränderung unser ständiger Begleiter wird. Und damit sind wir sehr gut gerüstet für die Herausforderungen unseres weiteren beruflichen Wegs.

Und jetzt: Ihre Selbsteinschätzung, bitte!

Sie durchlaufen gerade einen grundlegenden beruflichen Veränderungsprozess? In welcher Phase befinden Sie sich im Moment? Und welche Stolpersteine behindern Sie?

	Wo sind Sie gerade?	Stolpersteine
1. Die Vor-Phase		
2. Die Bewusstwerdung		
3. Der Startschuss		
4. Die kreative Suche		
5. Die Konkretisierung		
6. Die Entscheidung		
7. Die Suche		
8. Der Neustart		

Wechsel-Jahre: Die Psychologie des beruflichen Umbruchs

Viele Menschen zwischen dreißig und Mitte vierzig haben das Bedürfnis, die Weichen ihrer Karriere neu zu stellen. Sie sind zunehmend unzufrieden und wissen, dass sie ihren Beruf so auf keinen Fall bis zur Rente fortführen wollen und können. Während es einigen genügt, kleine Veränderungen vorzunehmen, vielleicht ihr Engagement im Job zurückzuschrauben und sich mehr Zeit für Freizeit und Hobby zu nehmen, brauchen andere einen Neustart in eine völlig andere Tätigkeit. Den meisten geht es dabei vor allem um eine qualitative Veränderung ihres Berufslebens. Sie möchten nicht nur aus Langeweile oder Übersättigung »mal etwas anderes tun«, sondern weil sich ihre Denkweisen, Werte und ihr Verständnis von beruflichem Tun grundlegend wandeln. Der Wunsch nach einem stimmigeren Job ist dann in erster Linie Ausdruck und Konsequenz einer inneren Entwicklung.

Lebensphasen des Übergangs

Entwicklungspsychologisch gesehen durchlaufen wir im Leben immer wieder Übergangsphasen. Dies sind Zeiten, die von körperlichen Veränderungen geprägt werden, von einem Wandel der Identität, der Interessen und Werte oder von einer veränderten sozialen Rolle. Dies vollzieht sich beispielsweise beim Eintritt in die Schule, in der Pubertät, mit dem Erreichen der Volljährigkeit, beim Eintritt in die Arbeitswelt, durch Partnerschaft und eigene Kinder oder durch den beruflichen Ruhestand. In so einer Phase müssen wir Altes verabschieden und werden mit neuen Aufgaben konfrontiert.

Auch wenn das, was dann mit uns geschieht und von uns verlangt wird, nicht nur angenehm ist – wir kommen nicht daran vorbei. Manche Menschen versuchen, sich an einer anstehenden Veränderung vorbeizumogeln, indem sie sie ignorieren und einfach weitermachen wie bisher. Dann bleiben sie in alten Strukturen und Gewohnheiten hängen und haben für Anforderungen, die ihre Altersstufe und ihre Umwelt an sie stellt, nicht mehr passende Antworten und Lösungen parat, sondern nur solche, die keine Gültigkeit mehr haben. So als wollte man immer wieder mit einem abgelaufenen Flugticket verreisen oder sich mithilfe eines Stadtplans aus dem 19. Jahrhundert orientieren.

Einige Beispiele: Wie wir uns in der Vorschulzeit durchs Leben bewegt haben, ging es in der Grundschule nicht mehr. Und wie es sich in der Schule prima leben ließ, funktionierte es im ersten Job leider überhaupt nicht. Auch die Pubertät ließ uns wenig Wahl, sich mit ihr auseinanderzusetzen oder lieber nicht. Kinder müssen irgendwann ihre Eltern verlassen, und auch unsere Pensionierung ist bestimmt nicht die letzte Herausforderung für uns. Wenn wir uns in einer solchen Übergangsphase befinden, werden wir selbstverständlich auch mit Ängsten und Unsicherheiten konfrontiert. Deshalb ist es ganz natürlich, die sich verändernden inneren und äußeren Bedingungen erst einmal zu verleugnen und sich einzureden, dass alles sei wie eh und je. Auch wenn die Ahnung wächst, dass dies nicht stimmt und auf Dauer nicht funktionieren wird.

Ist so ein Übergang aber erfolgreich bewältigt, haben wir etwas hinter uns gelassen und etwas anderes hinzugewonnen. Wir sind nicht mehr ganz derselbe Mensch, denn unsere Identität, das Bild, das wir nach innen und außen von uns vertreten, ist gewachsen und hat sich erweitert. Natürlich unterliegt unser Leben ständig einem Wandel – aber in den Phasen des Übergangs werden wir durch innere und/oder äußere Einflüsse zu einem großen Entwicklungssprung veranlasst. Wenn wir uns zum ersten Mal der Wahl eines Berufes stellen müssen, sind wir zwischen 16 und 20 – beim Ausscheiden aus der Berufswelt in der Regel zwischen 60 und 70. In einer so langen Zeit durchlaufen wir und unsere Umwelt natürlich einige wichtige Veränderungen. Da wäre es doch sehr kurzsichtig anzunehmen, dass unsere Karriere im

Normalfall schön gleichmäßig und gradlinig dahinfließt, ganz unabhängig von den Stromschnellen unseres Lebens! Denn wenn unser Selbstbild, unsere Werte und unser Verständnis vom Leben sich immer wieder wandeln, spiegelt sich dies selbstverständlich auch in unserer beruflichen Identität wider.

»Krise kann ein produktiver Zustand sein.
Man muss ihr nur den Beigeschmack der Katastrophe nehmen.«

Max Frisch

Die Wende zwischen den Karrierephasen

Unsere berufliche Entwicklung mag verschiedene Abschnitte durchlaufen, besonders einschneidend ist der Übergang zwischen zwei wichtigen Karrierephasen, den viele Menschen zwischen 35 und 45 erleben. Diese Wende ist eine so große Herausforderung, weil sich unsere Sicht auf unseren Beruf in den beiden Phasen meistens stark unterscheidet. Die folgende Charakterisierung ist natürlich sehr pauschal und wird sich wahrscheinlich nicht ganz mit Ihren eigenen Erfahrungen decken. Die Konflikte, die sich aus dem Übergang ergeben, erleben Menschen allerdings sehr häufig.

Die erste Karrierephase beginnt meist zwischen 16 und 25 mit unserem Eintritt in die Berufswelt. Sie wird bestimmt von der Logik des Aufbaus und des Aufstiegs. Wir wollen uns etablieren, Wurzeln schlagen und eine sichere Position aufbauen. Die meisten jungen Menschen identifizieren sich stark mit ihrer Tätigkeit, denn der Beruf ist jetzt eine neue und wichtige Säule ihres Selbstverständnisses. Wir sind, was wir tun – unsere Arbeit bestimmt zum großen Teil unser Sein. Mit dem Einstieg in die erste Phase verdienen wir zum ersten Mal unseren Lebensunterhalt selbst und sind damit finanziell unabhängig. Wir stehen selbstständig im Leben. Dafür ist es jetzt nicht unbedingt von oberster Priorität, dass uns die Inhalte unserer Arbeit befriedigen oder unserer Selbstverwirklichung dienen. Für viele stehen eher materielle Interessen im Vordergrund. Wenn das Karriereschiff Fahrt aufnimmt, heißt der Kurs meistens: nach oben! Orientierung vermittelt die Logik der aufeinander aufbauenden Karriereschritte: Auf Position A folgt in der Regel Position B in diesem oder einem anderen Unternehmen. Brüche und Leerräume sind auf jeden Fall zu vermeiden. Richtig ist, was sich im Lebenslauf gut liest. Mit dem Aufstieg steigen Gehalt und Verantwortung, vielleicht etabliere ich mich in einer Führungsposition. Als Selbstständiger baue ich meine eigene Unternehmung auf, und vielleicht beschäftige ich Angestellte. Damit wachsen mein Status und mein Ansehen.

Meine Identität wird hauptsächlich durch den Beruf gespeist. Die Karriere verlangt hundertprozentiges Engagement, und die meisten liefern es gern. Körperliche Ressourcen scheinen noch unerschöpflich zu sein. Zentrale Themen sind materieller Zuwachs, Eigentum und der Aufbau von finanzieller Sicherheit, die den Rahmen bilden und bieten für Partnerschaft und Familie.

Die zweite Karrierephase beginnt natürlich nicht von einem auf den anderen Tag. Dass sie sich ankündigt, merken wir daran, dass die Ziele und Werte der ersten Phase an Attraktivität verlieren und sich Ermüdungserscheinungen zeigen. Ein gewisser Wohlstand ist inzwischen erreicht, und das Leben scheint erst einmal ganz vernünftig abgesichert zu sein. Die nächste Gehaltsstufe, mehr Personal- oder Projektverantwortung, das größere Büro und der PS-stärkere Dienstwagen, ein noch besser klingender Titel – alles gut und schön, aber wirklich sexy scheinen diese Verheißungen nicht mehr zu sein. Die Motivatoren der ersten Phase verlieren jetzt an Glanz. Unser Fokus verändert sich: Drehte sich eben alles noch um den nächsten »logischen« Schritt und eher kurzfristige Ziele, gerät jetzt die größere Lebensperspektive immer mehr in den Mittelpunkt, und es stellen sich Fragen wie: »Auf welches Berufsleben möchte ich später einmal zurückblicken?«, »Was ist für mich wirklich bedeutsam?« oder »Wofür lohnt es sich, noch einmal richtig Gas zu geben?« Es hat noch niemand auf dem Sterbebett bereut, zu wenig Zeit im Büro verbracht zu haben, sagte ein Onkel von mir gern. So ein Gedanke fällt in dieser Phase auf fruchtbaren Boden. Viele Menschen wünschen sich jetzt eine Tätigkeit, die sie als nachhaltig und sinnvoll empfinden. Die Inhalte der Arbeit gewinnen an Bedeutung. Wie es ein Coachingklient einmal formulierte: »Wenn mich meine Tochter einmal fragt, was ich denn für eine Arbeit habe, möchte ich ihr eine Antwort geben, auf die ich stolz sein kann.«

Hinterfragt werden in der zweiten Karrierephase auch oft die bisherige Work-Life-Balance (viel Work, wenig Life) sowie der Umgang mit der eigenen Gesundheit und dem sozialen Umfeld (was beides häufig bisher vernachlässigt wurde). Weil die alten Antworten und Werte immer weniger gültig sind, wird auch die eigene Identität infrage gestellt und gerät manchmal in eine heftige Krise. »Wer bin ich denn, wenn ich der Mensch von gestern nicht mehr bin und nicht mehr sein möchte?« Neue Antworten kommen natürlich nicht über Nacht. Und so stellen viele Menschen fest, dass ihre Frage nach einem anderen Job viel weitreichender ist, als sie ihnen anfangs erschien. Besonders schwierig ist so eine Phase für uns, wenn diese neuen Fragen nach unseren Wünschen und Zielen für uns ganz ungewohnt sind – weil wir sie uns bisher kaum gestellt haben. Wenn ich Menschen frage, wie sie denn ihre Entscheidung für ihren ersten Beruf getroffen haben, höre ich sehr häufig, dass dies bei ihnen gar kein bewusster Prozess unter Abwägung von Interessen und Möglichkeiten war. Vielmehr sind sie so »hineingeschliddert«, weil die Eltern es wollten, ein Freund dasselbe machte, es gerade Bedarf zu geben schien, man mit diesem Job angeblich nichts falsch machen konnte und so weiter.

Was Hänschen nicht gelernt hat, kann Hans leider immer noch nicht. Und das führt dazu, dass er überhaupt nicht weiß, was er tun soll, wenn die großen Fragen des beruflichen Umbruchs an seine Tür klopfen. Er fühlt sich hilflos und inkompetent, versteht aber womöglich gar nicht, woran es ihm eigentlich mangelt. Es liegt dann nahe, sich für die eigene Ideenlosigkeit zu kritisieren – wenn es doch anderen Menschen anscheinend viel leichter fällt! Ist es nicht sehr gut nachvollziehbar, wenn wir Strategien der Vermeidung entwickeln, uns an unserem toten Pferd festhalten, um uns diese »gefährlichen« Fragen gar nicht erst stellen zu müssen?

Lassen Sie sich Zeit!

Haben Sie das Gefühl, dass kleine Veränderungen, ein wenig »Job-Lifting«, Ihnen jetzt nicht genügen können? Geht es Ihnen eher darum, sich berufliches Neuland zu erobern, indem Sie sich ganz neu orientieren? Ob und wie sehr meine Beschreibung des Übergangs zwischen erster und zweiter Karrierephase auf Sie zutrifft, können nur Sie selbst beurteilen. Ich möchte Ihnen dabei Folgendes ans Herz legen: Wichtige Veränderungen geschehen selten über Nacht und brauchen viel Zeit und Aufmerksamkeit!

Die größten Hindernisse, die ich bei Menschen in so einer Umbruchphase erlebe, sind Ungeduld und eine viel zu selbstkritische Haltung. Gilt dies auch für Sie? Machen Sie sich bitte klar, dass Antworten und Werkzeuge, die bisher immer gut und richtig waren, wahrscheinlich inzwischen weniger tauglich und gültig sind. Möglicherweise haben Sie, wie so viele, nie gelernt, nach eigenen Wünschen und beruflichen Visionen zu forschen und daraus stimmige Ziele abzuleiten. Mein Anliegen ist es hier, Ihnen zu zeigen, wie tiefgreifend der Wunsch nach beruflicher Veränderung sein kann, wenn er Ausdruck eines inneren Reifungsprozesses ist. Die »Du-kannst-alles-erreichen-du-musst-es-nur-wollen-Kultur« möchte uns gern vermitteln, dass die Suche nach *dem* Traumjob eigentlich ein Spaziergang ist. Wäre es so leicht, säßen nicht so viele Menschen auf toten Pferden! Haben Sie sich trotzdem für ein neues, lebendiges Pferd entschieden (oder sind Sie gerade dabei), ist es ein sehr guter Anfang, die mögliche Tragweite dieser Entscheidung erst einmal anzuerkennen. Dann macht es Sinn, in Ruhe zu überlegen, welche Fragen, welche Werkzeuge und welche Schritte Sie jetzt weiterbringen können.

Auch wenn der innere Druck zu handeln groß ist – zu schnelle Antworten sind selten auch gute Antworten! Wenn Menschen bewusst wird, dass sie viel zu lange an den falschen Stellen (oder gar nicht) gesucht haben, wollen sie es oft jetzt mit Höchstgeschwindigkeit angehen. Aber das kann nicht funktionieren, wenn unsere Fragen sehr weitreichend und komplex sind.

Unser Gehirn wählt konservativ

In diesem Kapitel möchte ich Ihnen einige, für unser Thema relevante Funktionsweisen unseres Gehirns erklären. Dadurch wird verständlich, warum meistens so viele Steine im Weg liegen, wenn wir uns verändern wollen. Und Sie werden lernen, wie Sie Neues »hirngerecht« entwickeln und in die Tat umsetzen können.

Zunächst einmal habe ich eine gute und eine schlechte Nachricht für Sie: Die gute ist, dass Ihr Hirn – entgegen früheren Lehrmeinungen – heute als lebenslang lernfähig angesehen wird. Wenn Sie sich mit 70 noch entscheiden, Japanisch zu lernen, haben Sie dafür die ausreichende Hardware. Vielleicht fällt es Ihnen dann nicht ganz so leicht wie einem jungen Menschen, aber neurobiologisch steht dem nichts im Wege. Die schlechte Nachricht: Das Gehirn ist leider auch ein Gewohnheitstier, das lieber auf alte und vertraute Muster zurückgreift, als sich mit neuen herumzuplagen. Aber das ist kein Grund, sich entmutigen zu lassen – wir müssen nur lernen, richtig mit unseren grauen Zellen umzugehen!

Das Erbe unserer Evolution

Die Veränderungen, die unsere Kultur heute nur innerhalb der Lebensspanne eines Menschen erlebt, sind riesengroß. Ständige Weiterbildung und Selbstverwirklichung gehören heute einfach dazu. Vor ein paar tausend Jahren lebte es sich wesentlich gemächlicher – das Rad musste nicht täglich neu erfunden werden (sofern es überhaupt schon erfunden war). Unser Gehirn entwickelte sich in einer Zeit, in der es nicht ständig mit ganz neuen Situationen konfrontiert wurde und sich deshalb nur über sehr lange Zeiträume anpassen musste.

Bevor er sich mit Panzern und schusssicheren Westen ausstattete, lebte der Mensch ziemlich wehrlos in einer gefährlichen Welt. Viel wichtiger für das unmittelbare Überleben war es, Gefahren schnell und effektiv zu begegnen, als neue Wege der Nahrungssuche und für einen bequemeren Alltag zu entwickeln. Und dafür greift das Gehirn auf gut trainierte Verhaltens- und Denkweisen zurück, die sich bewährt haben und reflexhaft sehr schnell ablaufen können – aber nicht unbedingt »vernünftig« sind. In dieser Logik steht Sicherheit immer über der Aufgeschlossenheit für Neues, und dies beeinflusst unsere Einschätzung von Gefahren: Wir neigen dazu, vertraute Risiken zu unterschätzen und Gefahren, die von neuen Erfahrungen ausgehen könnten, zu überschätzen. Wir akzeptieren scheinbar das Risiko eines Unfalls auf der Autobahn oder durch Rauchen und Übergewicht. Aber wir schrecken vor einem Jobwechsel zurück, weil uns die Gefahr eines unsicheren – neuen – Arbeitsplatzes inakzeptabel erscheint. Dass wir dabei einem archaischen Denkmuster folgen, ist uns wahrscheinlich nicht bewusst – wir glauben tatsächlich, objektiv zu denken.

Stellen Sie sich vor, Ihr Gehirn wäre für jede neue und scheinbar gute Idee offen und würde sich jedem spontan gefassten Vorsatz sofort anpassen und umprogrammieren. Erfahrungen hätten dann keinen Wert, es zählten nur die Erfordernisse des Moments. Wie ein Blatt im Wind würden wir mal so und mal ganz anders handeln und denken. Auf diese Weise könnte nicht die komplexe Sammlung an Eigenschaften entstehen, die wir »Persönlichkeit« nennen. Außerdem wären diese ständigen Umbauprozesse sehr unökonomisch, da jede Anpassung im Gehirn Energie verbraucht. Hätten wir so ein Hirn, wären wir wahrscheinlich schon lange ausgestorben. Unsere moderne Welt des schnellen Wandels aber fordert von uns ein hohes Maß an Anpassung und fördert unser Streben nach Selbstverwirklichung – und dabei steht uns die konservative Tendenz unseres Gehirns im Weg. Harald Welzer, Direktor des Center for Interdisciplinary Memory Research in Essen, formuliert es so: »Menschen scheuen Veränderungen, sie wollen, dass sich ihre Erwartungen bestätigen. Das Gerüst Gewohnheit ist für unsere Existenzbewältigung von ungeheurer Bedeutung. Jeder Wechsel der Beziehung, des Wohnorts oder des Arbeitsplatzes erzeugt deshalb großen Stress.«

Eine fragwürdige Ordnung

Zu viele Informationen mit einem hohen Maß an Komplexität, die wir nicht verstehen und einordnen können, verunsichern uns generell. Das Gehirn versucht daher, schnell Struktur und Ordnung zu schaffen, indem es sich an Gewohntem orientiert und versucht, das Unbekannte in vertraute Kategorien einzuordnen. Stellen Sie sich vor, wir würden als Laien ein Chemielabor aufzuräumen versuchen, indem wir sämtliches Inventar in vier Kästen mit den Aufschriften »blaue«, »rote«, »schlecht riechende« und »andere« Sachen verstauten. Wir hätten zwar das Gefühl, Ordnung geschaffen zu haben, das Resultat wäre allerdings wenig hilfreich. Auf diese unproduktive Weise schaffen wir aber vertraute Strukturen, senken unseren Stresspegel und können erst einmal weitermachen wie bisher. Nur werden wir so den Anforderungen einer komplexen Situation nicht gerecht. Angewandt auf die Berufswelt erklärt dies Phänomene wie die folgenden:

- Unter den vielen möglichen Jobs, die wir ergreifen könnten, beschäftigen wir uns nur mit denen, über die wir schon viel wissen – auch wenn sie uns gar nicht wirklich interessieren.
- Wir haben zum Chef und zu den Kollegen kein gutes Verhältnis, glauben aber, dass es woanders nur schlechter laufen könnte.
- Wir trauen uns nur zu, was wir seit vielen Jahren täglich tun – andere Fähigkeiten unseres Repertoires blenden wir aus.
- Wir wissen, dass wir das Falsche studieren, ziehen aber nicht in Erwägung, das Fach zu wechseln.

Oder kurz und plakativ: Unser totes Pferd scheint attraktiv, weil es so schön vertraut ist und uns garantiert nicht mit Überraschungen konfrontieren wird. Warum sollten wir uns auch mit der Vielfalt der Pferdewelt auseinandersetzen? Aber dies ist glücklicherweise nur eine Seite der Medaille! In unserer Natur steckt nämlich auch die »Tendenz zur Selbstaktualisierung«, also das Bedürfnis, uns und unsere Umwelt unseren Werten und Bedürfnissen immer wieder anzupassen. Wir haben den Drang, uns zu entwickeln, zu forschen und zu entdecken, wir sind neugierig und langweilen uns, wenn nichts passiert. Hätten wir diese Tendenz nicht, hielten Sie dieses Buch bestimmt gar nicht in der Hand.

Wir leben also immer in einem Dilemma zwischen dem Streben nach der Sicherheit im Vertrauten und dem Bedürfnis nach Wachstum und Glück. Welche Seite in uns stärker ist, liegt in unserer Persönlichkeit und der Summe unserer Erfahrungen begründet. Und unser Großhirn hat noch ein Wörtchen mitzureden: Wie wir uns nämlich letztendlich verhalten und entscheiden, ist glücklicherweise auch das Resultat unserer Vernunft – wir sind unseren archaischen Mustern nicht ganz hilflos ausgeliefert!

Wir fahrn, fahrn, fahrn auf der Autobahn!

Wenn wir uns dazu entschließen, einen vertrauten Pfad endlich zu verlassen, wird ein Teil von uns also erst einmal mit Widerstand reagieren. Was braucht es dann, damit wir Erfolg haben und unser Gehirn davon überzeugen, dass wir es ernst meinen?

»Die eigentlichen Geheimnisse auf dem Weg zum Glück
sind Entschlossenheit, Anstrengung und Zeit.«

Tendzin Gyatsho, 14. Dalai Lama

Ein Neurowissenschaftler würde diesem Satz des Dalai Lama wahrscheinlich vollkommen zustimmen. Denn damit das Gehirn sich wandelt und neue positive Denk- und Handlungsweisen etabliert, muss es immer wieder aufgefordert werden, das Neue zu trainieren und anzuwenden. Der Neurobiologe Gerald Hüther vergleicht ein Denkmuster, das mich bisher beherrscht, mit einer Autobahn: Auf ihr laufen meine

Gedanken auf immer denselben, bewährten Bahnen und bewirken dieselben Verhaltensweisen. Wenn ich mich heute entscheide, ab sofort auf andere Weise zu denken und zu handeln, ist das neue Muster am Anfang wie ein schmaler Pfad, der von meiner Autobahn abzweigt. Wenn ich mich nicht sehr konzentriere, werde ich beim nächsten Mal wieder schnell daran vorbeirasen und denken/handeln wie gewohnt. Es erfordert viel Übung und Training, um jedes Mal auf die Bremse zu treten und mich bewusst für mein neues Muster zu entscheiden. Im Laufe der Zeit legt mein Gehirn aber eine richtige Autobahnabfahrt an, und irgendwann nehme ich die neue Strecke ganz automatisch. Bis dahin hat mein Gehirn viel Arbeit zu leisten!

Das bedeutet, dass ein guter Vorsatz oder ein neuer Gedanke allein nur Schall und Rauch sind. Nur die Entscheidung, mir jetzt einen neuen Job zu suchen, mutiger aufzutreten oder mir Gedanken über Alternativen zu machen, reicht nicht aus. Manchmal wird das Gehirn mit einem Computer verglichen, den wir jederzeit umprogrammieren können nach dem Motto: »Ab heute denke ich positiv.« Aber das ist kompletter Unsinn!

> »Indem man sich lediglich dazu entschließt,
> hin und wieder etwas zu tun, was man normalerweise nicht tut,
> ändert sich noch keine Verschaltung im Gehirn.«
>
> *Gerald Hüther, Neurobiologe*

Die gute Nachricht: Wir können uns jederzeit verändern. Die weniger angenehme: Es ist eine Menge Arbeit!

Grau ist alle Theorie – was können Sie mit diesen Erkenntnissen anfangen?

● *Wenn sich Ihrem Wunsch nach beruflicher Veränderung innere Widerstände entgegenstellen, womöglich in Form »vernünftiger« Gedanken und Argumente (wie wir sie ja schon ausführlich beleuchtet haben), sollten Sie grundsätzlich erst einmal skeptisch sein! Wie viel davon mag die Tendenz Ihres Gehirns zum Festhalten sein? Was ist wirklich vernünftig – und was ist*

»Rationalisierung«, also das Vernünftigmachen von etwas eigentlich Irrationalem?

- Das Autobahn-Prinzip sollten Sie immer beachten, wenn Sie neues Denken und Handeln in Ihr Repertoire aufnehmen wollen: Der gute Vorsatz allein reicht nicht – Sie brauchen ganz im Sinne des Dalai Lama Entschlossenheit, Anstrengung und Zeit. Wir werden darauf noch zurückkommen.

- Wo immer es geht: Probieren Sie aus, und wagen Sie den Kontakt zu Unbekanntem! Suchen Sie Erfahrungen und Gespräche, denn Sie lernen über die unmittelbare Erfahrung viel mehr als allein über Einsicht und Verständnis.

Angst und Stress –
Phänomene des Umbruchs

Das Thema dieses Kapitels ist Ihnen möglicherweise nicht angenehm. Denn die meisten Menschen beschäftigen sich nicht gern mit ihren Ängsten. Sie haben aber ja schon in den bisherigen Kapiteln gelesen, wie zentral Ängste, Stress und Vermeidung sind, wenn wir uns mit toten Pferden und der Möglichkeit von Veränderung beschäftigen. Wir kommen nicht daran vorbei, noch einen genaueren Blick darauf zu werfen – und Sie werden sehen, dass es hilfreich ist, nicht der »Angst vor der Angst« zu folgen.

In der Arbeitswelt gibt es natürlich keine Ängste. Die sind Privatsache! Je höher wir in der Hierarchie aufsteigen, je mehr Verantwortung wir übernehmen, desto mehr gilt es als Tabu, über eigene Ängste zu sprechen. Denn wer Angst hat, ist schwach und damit den Angstlosen unterlegen. Es ist okay, gestresst zu sein, vielleicht auch mal am Rande eines Burn-outs zu stehen oder ein klitzekleines Alkoholproblem zu haben – dann holt man sich ein Coaching und optimiert sich in einem Zeitmanagement-Workshop. Aber Angst hat man – vor allem Mann! – im Business gefälligst nicht zu haben. Hinter den glänzenden Fassaden (hinter die ich als Coach ja blicken darf) sieht es allerdings ganz, ganz anders aus: Menschen haben Angst – einer Aufgabe nicht gewachsen zu sein, kritisiert oder ausgelacht zu werden, an die Grenzen der eigenen Leistungsfähigkeit zu stoßen, der eigenen Verantwortung nicht gerecht zu werden und so weiter – und das ist völlig normal und sogar sehr wichtig! Diese Angst anderen und sich selbst nicht einzugestehen, macht uns neurotisch, krank und einsam. Und es erhöht nicht gerade unsere Leistungsfähigkeit. Ganz im Gegenteil.

Was uns Angst macht

Je enger die Grenzen sind, die uns ein System, in dem wir uns bewegen, auferlegt, desto sicherer fühlen wir uns. Das gilt für äußere Systeme wie Gesellschaften, Familien oder berufliche Umfelder genauso wie für das innere System unseres Denkens, Fühlens und unserer Persönlichkeit. Ein hoher Grad an Freiheit, also an Wahlmöglichkeiten, ist immer mit Unsicherheit verbunden. Wie wir im letzten Kapitel gesehen haben, hat ein totes Job-Pferd den großen Vorteil, uns ein Höchstmaß an Sicherheit zu geben – auch wenn dies mit großer Unzufriedenheit und Leid verbunden ist. Wenn ich anfange, mich mit meinen möglichen Alternativen zu beschäftigen, bedeutet dies zwangsläufig, dass ich bereit bin, Sicherheit aufzugeben. Meine inneren Widerstände versuchen dann, dem entgegenzuarbeiten und meine Wahlmöglichkeiten mental zu reduzieren – im Extremfall mit der Annahme, überhaupt keine zu haben. *Wie* wir dies tun, haben wir ja ausführlich betrachtet.

Hinter unseren inneren Widerständen stecken fast immer Ängste. Wir halten am Gewohnten fest, weil es unsere Angst klein hält. Wenn ich mit Menschen über ihre Widerstände gegen berufliche Veränderungen spreche, tauchen bestimmte Ängste immer wieder auf:

- Wir haben Angst, unsere Lebensgrundlage zu verlieren, indem wir arbeitslos werden, kein Geld haben, die Wohnung nicht mehr zahlen können und nicht mehr leben können wie gewohnt. Obwohl eine existenzielle Notlage eher unwahrscheinlich ist, äußern viele Menschen die Angst, »in der Gosse zu landen«.
- Wir haben Angst vor Beschämung durch andere, indem wir an Ansehen und Wertschätzung verlieren und Menschen uns kritisieren oder gar verachten.
- Wir haben Angst zu versagen.
- Wir haben Angst, dass man uns Zuneigung und Liebe entzieht.
- Wir haben Angst vor Schuld und Strafe, zum Beispiel weil wir uns unserer Verantwortung entziehen, nur an unsere eigenen Vorteile denken oder weil wir uns zu sehr in den Mittelpunkt stellen.

Im Kern drehen sich diese Ängste um die Möglichkeit einer existenziellen Bedrohung. Es ist schon paradox: Unsere westliche Gesellschaft hat einerseits – historisch gesehen – ein Höchstmaß an Sicherheit für ihre Bürger geschaffen. Ganze Industrien und der Staat sind dafür zuständig, uns Absicherung zu schaffen. Wir könnten diese Absicherung als Grundlage für individuelle Initiativen und unsere Selbstverwirklichung nutzen, denn wir haben ja ein Netz, das uns auffängt, wenn etwas schiefgeht. Aber diese Freiheit nehmen sich die wenigsten von uns. Ganz im Gegenteil: Mir scheint, dass wir nur einen anderen Bezug zu Risiken bekommen haben, dadurch eher ängstlicher sind und dazu neigen, auch kleinste Gefahren eher zu überschätzen.

Wenn Sie sich gerade mit Ihrer beruflichen Neuorientierung beschäftigen, werden Sie höchstwahrscheinlich dabei mit Ängsten konfrontiert. Wahrscheinlich haben Sie inzwischen Mechanismen des inneren Widerstands bei sich entdeckt. Dann ist es sinnvoll, nach dahinterliegenden Ängsten zu schauen. Lassen Sie uns einen Blick auf den Zusammenhang von Angst, Stress und Wahrnehmung werfen.

Wie aus Angst Stress wird

»Der Mensch ist ja als Angstwesen konstruiert. Wir sind gewissermaßen die evolutionären Erben der Ängstlichen. Diejenigen, die zu viel Mut hatten, sind irgendwann dem Säbelzahntiger zum Opfer gefallen.«

Matthias Horx im Interview mit t-online.de

Beginnen wir ganz archaisch: Stellen Sie sich vor, so ein Säbelzahntiger steht vor Ihnen und zeigt sein kulinarisches Interesse. Auch als noch so mutiger Zeitgenosse werden Sie Angst und Panik fühlen. Bevor Ihr Großhirn dazu kommt, die Situation überhaupt zu erfassen, hat Ihr Körper schon reagiert: Blutdruck und Herzfrequenz werden gesteigert und Blut in die Muskeln gepumpt, der Muskeltonus steigt, alle nicht unmittelbar nötigen Systeme wie Verdauung oder Immunsystem werden heruntergefahren und ein Cocktail von Hormonen und Transmittern wie Adrenalin und Cortisol ins Blut ausgeschüttet.

Ihre Aufmerksamkeit konzentriert sich komplett auf die Gefahr, und alles andere wird außer Acht gelassen.

Diese Reaktion nennt man Stress. Da in der Gefahr vor allem Schnelligkeit zählt, wird das Stresssystem von Gehirnzentren unterhalb des komplizierten und viel zu langsamen Großhirns gesteuert. Deshalb haben wir auch wenig Möglichkeiten, bewusst Einfluss auf eine spontane Stressreaktion zu nehmen. Zur Verfügung stehen uns generell drei Verhaltensweisen: Kampf, Flucht oder Totstellen – wie wir reagieren, ist vom Stressauslöser, von unseren Erfahrungen und unserer Persönlichkeit abhängig.

Ein hervorragendes System! Solange es sich um unmittelbare Bedrohungen wie Säbelzahntiger oder auf uns zurasende Lkw handelt. Nur sind solche Gefahren eher selten in unserem täglichen Leben. Und wir verwenden es leider auch für Herausforderungen ganz anderer Art – und für die taugt es weit weniger gut. Zum Beispiel stellen wir uns tot, wenn uns ein Brief vom Finanzamt »bedroht«, und ignorieren ihn ganz einfach. Oder ein kritisches Wort unseres Partners wird als Angriff interpretiert und umgehend mit einem Gegenangriff beantwortet, bevor wir auch nur darüber nachdenken. Oder wir blasen schon innerlich zum Rückzug, wenn der Chef uns nur schräg anschaut. In keinem dieser Fälle haben wir erst einmal nachgedacht, wie wir uns verhalten wollen – aber das ist für unser Stresssystem auch gar nicht nötig.

Stressfaktor Veränderung

In uns wächst die Einsicht oder der Wunsch, dass eine berufliche Veränderung unser Leben viel schöner machen könnte und dringend ansteht? Wir *könnten* uns auf die Suche machen, es *könnte* tatsächlich einige gute Alternativen geben – da löst die Möglichkeit, mit Fremdem und Neuem konfrontiert zu werden, auch schon das Alarmsystem aus. Neues ist gefährlich (es könnte ja eine tödliche Bedrohung darin lauern!). Etwas in uns wittert Gefahr und reagiert mit den beschriebenen Stresssymptomen. Allerdings gilt es hier ja nicht, eine spontane Gefahr abzuwehren – wir befinden uns in einem längeren Prozess, sodass die Alarmreaktion nicht abgeschaltet, sondern zu einem schleichenden Stress wird. Und der läuft im Hintergrund ab, ohne dass wir ihn als Stress überhaupt wahrnehmen.

Die Konsequenzen sind aber dieselben: Wir sind unruhig, fühlen uns unter Spannung und innerlich unter Druck, wollen handeln (Angriff) oder fühlen uns passiv bis versteinert (Totstellen), möglicherweise funktioniert die Verdauung schlecht, und unser Immunsystem kollabiert bei jeder kleinen Virusattacke. Unsere Wahrnehmung ist bis zum Tunnelblick eingeengt und richtet sich nur noch auf das, was uns Angst macht. Der letzte Punkt ist wichtig, weil er besonders kontraproduktiv ist: Anstatt dass wir jetzt erst recht möglichst breit nach vielen beruflichen Alternativen suchen, sehen wir nur, was wir ohnehin schon kennen und fürchten: »Ich darf nur nicht arbeitslos werden«, »Ich kann doch kaum etwas« oder »Der Arbeitsmarkt gibt mir keine Chance«. Je größer unser Stress ist, desto mehr fokussieren wir darauf, was uns so viel Angst und damit Stress bereitet – ein sehr stabiler Teufelskreis!

Wenn wir davon ausgehen, dass hinter den meisten Strategien des inneren Widerstands eine Angst lauert, wird deutlich, warum sie so stabil sind: Durch den stressbedingten Tunnelblick sehen wir nur solche Ausschnitte der Welt, die unsere Ängste bestätigen und bestärken. Und schließlich glauben wir tatsächlich: »Ich kann nichts, ich weiß nichts, andere denken schlecht über mich, es klappt sowieso nicht, der Arbeitsmarkt ist gegen mich ...« Ist es ein Wunder, wenn wir auf diese negativen Annahmen unseres inneren Widerstands starren wie das Kaninchen auf die Schlange? Solange wir von Säbelzahntigern bedroht werden, mag es sinnvoll sein, sich nicht zu bewegen, bis die Gefahr vorüber ist. Steht dagegen die (Berufs-)Welt vor meiner Tür mit all ihren Möglichkeiten und Herausforderungen, und möchte mein Wunsch nach Veränderung sie liebend gern hereinbitten, hat es absolut keinen Sinn, sich totzustellen! Sich an seinem toten Pferd festzuklammern, ist aber genau das: eine Totstellreaktion.

Das Prinzip Vermeidung

Wenn wir uns mit etwas, das uns Angst macht, nicht auseinandersetzen mögen, bietet sich das Prinzip Vermeidung an: Anstatt mich der möglichen Gefahr langsam zu nähern, sie auszukundschaften und herauszubekommen, wie ich am besten mit ihr umgehen kann, mache ich lieber einen Bogen um sie. Mit welchen Argumenten wir dies tun, haben wir ja gesehen. Das Dumme an der Vermeidung ist nur: Sie verstärkt sich selbst und wird damit immer stärker.

Um Ihnen dieses Prinzip zu erklären, möchte ich auf das Beispiel der Spinnenphobie zurückgreifen: Jemand hat – warum auch immer – Angst vor großen, haarigen Spinnen. Er wird jede Begegnung vermeiden und einen Bogen um große, haarige Spinnen machen. Die Wahrscheinlichkeit ist hoch, dass der Bogen mit der Zeit größer wird, der Phobiker sich bald auch vor kleineren, unbehaarten Spinnen fürchtet und es irgendwann nicht einmal mehr aushält, auch nur im selben Raum mit so einem Tier zu sein. Die Angst wird scheinbar immer größer.

Warum ist das so? Sein Gehirn interpretiert jede vermiedene Begegnung als Erfolg – denn es ist ihm ja nichts geschehen. Er hat es überlebt. Es ist nur logisch, dass die Bereitschaft, dieses Verhalten zu wiederholen, immer größer wird – nach dem englischen Sprichwort »Nothing succeeds like success« (»Nichts ist so erfolgreich wie der Erfolg«). Was *nicht* logisch ist: Dass von der Spinne überhaupt keine Gefahr ausgeht, spielt dabei gar keine Rolle! Solange wir unbeschadet aus einer Situation herauskommen, sagt das Gehirn: »Super gelaufen, das machen wir das nächste Mal wieder!«

Im letzten Kapitel habe ich Ihnen ja bereits erklärt, wie das Gehirn generell am Gewohnten festhält (Autobahn!). Und so wird ein Vermeidungsverhalten immer stabiler und steigert sich womöglich noch, indem es auf immer mehr Auslöser immer stärker reagiert.

Die Angst am Rande unserer Komfortzone

»Wir sind immer auf dem Wege und müssen verlassen,
was wir kennen und haben, und suchen,
was wir noch nicht kennen und haben.«

Martin Luther

Innerhalb unserer Komfortzone liegt alles uns Vertraute: was wir über uns selbst wissen und glauben, wer wir in unseren Augen sind, wie wir meinen, dass andere uns sehen und was uns zusteht und was nicht. Solange wir uns in diesem Bereich aufhalten, gibt es keine Überraschungen, es ist bequem, und nichts fordert uns heraus. Wenn wir uns im beruflichen Abschnitt dieser kleinen, behaglichen Welt nicht mehr wohlfühlen, sondern langweilen, werden wir mit Sicherheit *innerhalb* unserer Komfortzone nichts entdecken können, das frischen Wind in unser Berufsleben bringen könnte. Klar, auf unserem bekannten Terrain haben wir ja schon jeden Stein umgedreht – und sind nicht fündig geworden. (Dass es Menschen gibt, die trotzdem immer wieder in ihrem Vorgarten nach einem Schatz suchen, habe ich ja schon erwähnt ...)

Wenn wir also Neues entdecken wollen, bleibt uns nichts anderes übrig, als an die Grenzen der Komfortzone und darüber hinaus zu gehen. Dort liegen die Teile unserer Persönlichkeit, Stärken und Schwächen, Wünsche und Träume, von denen wir kein oder nur ein sehr undeutliches Bild haben. Dort warten neue Möglichkeiten und Ideen auf uns, aber dort begegnen uns auch Unsicherheit und Unklarheit über uns und die Welt. Deshalb vermeiden wir es meistens, uns jenseits unserer Komfortzone aufzuhalten. Unser Gehirn bevorzugt ja klare Strukturen, im Nebel fühlt es sich generell unwohl.

Angenommen, ich arbeite seit vielen Jahren als Grafiker in einer Zeitungsredaktion. Was ich hier täglich leiste, ist natürlich Teil meiner Komfortzone. Jetzt bekomme ich aber einen Job in einer Werbeagentur angeboten, der mich einerseits sehr interessiert, mich aber natürlich mit einer neuen Umgebung, anderen Menschen und Tätigkeiten konfrontieren würde. Erst einmal traue ich mir dies gar nicht zu – denn es liegt noch außerhalb meiner Komfortzone. »Das kann ich nicht, und so bin ich nicht!« Mein Selbstbild ist wahrscheinlich viel enger, als andere Menschen mich sehen – sonst würde man mir diesen Job ja gar nicht anbieten. Traue ich mich trotz meiner Unsicherheit, meine Grenze zu überschreiten, werde ich Neues lernen und mir zu eigen machen und damit meine Komfortzone erweitern.

Während wir innerhalb unserer Komfortzone die Steuerung auch unserem inneren Autopiloten überlassen und so ein Leben im Halbschlaf führen können, reagieren wir alarmiert, je näher wir ihrer Grenze kommen. Einerseits spüren wir Neugier und Energie, wir fühlen uns aber auch unsicher, verwirrt, angespannt, aufgeregt oder erstarrt als Ausdruck innerer Blockaden. Selbstzweifel melden sich, und unsere Wahrnehmung verengt sich bis zum Tunnelblick – und fast immer spüren wir Angst. Denn Angst ist mehr als nur ein unangenehmes Gefühl, sie ist ein wichtiger Indikator dafür, dass wir in unserer Grenzregion unterwegs sind. Sie ist ein Alarmsignal, das uns mitteilt: »Hier könnte es gefährlich sein – und was hier passiert, ist wichtig!« Damit zeigt sie uns, wo es Möglichkeiten für Wachstum und Entwicklung gibt.

Würden wir Erfahrungen, die uns Angst machen, immer sofort aus dem Weg gehen, landeten wir automatisch in einer Sackgasse. Je mehr wir vermeiden, uns mit den Grenzen unserer Komfortzone auseinanderzusetzen, und je stärker wir uns daran festhalten, nur der Mensch innerhalb dieser Grenzen zu sein, desto schwerer machen wir es uns, aus unserer Sackgasse herauszutreten. Wenn wir uns beruflich weiterentwickeln wollen, bleibt uns aber gar nichts anderes übrig, als unsere Begrenzungen infrage zu stellen – auch wenn es uns Angst macht.

Tipps für den psychologisch klugen Umgang mit Angst und Stress

- Schauen Sie sich doch Ihre »Gründe, ein totes Pferd zu reiten« noch einmal an (ab Seite 19): Welche Ängste entdecken Sie dahinter? Wovor – genau! – haben Sie denn Angst? Was befürchten Sie?
- Gehen Sie wachsam mit Ihren Vermeidungsstrategien um. Anstatt ihnen unreflektiert zu folgen nach dem Muster »Das kann ich nicht. Das geht

nicht. Das hat keinen Sinn«, nehmen Sie lieber den Fuß vom Gas. Überlegen Sie, welche Ängste bei Ihnen im Spiel sein könnten, und schauen Sie, wie Sie konstruktiver mit ihnen umgehen können.

- Noch ein Tipp für den Umgang mit dem Tunnelblick: Wenn Sie seine Symptome spüren, keine Auswege und Lösungen sehen und sich innerlich eng fühlen, sollten Sie erst einmal gar nicht handeln. Denn Sie sind offensichtlich in einem Stresszustand und würden wahrscheinlich nur kopflos agieren, anstatt etwas Sinnvolles zu tun. Aber indem Sie anerkennen, dass es gerade so ist, wie es ist, bauen Sie Stress ab. Versuchen Sie, sich mit dem Gedanken anzufreunden, dass es tatsächlich Lösungen gibt – auch wenn Sie sie im Moment nicht sehen können.

»Das Leben ist eben kein Ponyhof!«
Die Psychologie der Glaubenssätze

Im letzten Kapitel haben wir uns mit der Grenze unserer Komfortzone beschäftigt. Dort stößt Sicheres, Vertrautes, was ich über mich und die Welt denke und weiß, auf das mögliche Neue, noch Unklare, Ersehnte, was vielleicht noch mehr Frage als Antwort ist. Das kann die Begegnung mit einem (bisher nicht eingestandenen) Wunsch, einem Bedürfnis oder einer Idee sein, aber auch mit einer neuen Situation, einem Angebot oder einer sich auftuenden Möglichkeit.

Wenn ich etwas Neuem begegne, fehlen mir logischerweise Informationen darüber, ist mein Bild davon verschwommen und lückenhaft. Und wie wir schon gesehen haben, empfinden wir so eine Situation an unserer Komfortzonengrenze zwar manchmal als aufregend – sie macht den meisten von uns aber auch Angst. Denn unser Gehirn scheint einen Mangel an Informationen grundsätzlich als unangenehm und möglicherweise gefährlich zu bewerten.

Alte Antworten auf neue Fragen

Uns an neue Bedingungen zu gewöhnen und dabei durch Erfahrungen langsam klüger zu werden, ist ein langer und aufwändiger Prozess. Das erfahren wir, wenn wir beispielsweise den Arbeitsplatz wechseln oder mit der Familienkultur eines neuen Lebenspartners konfrontiert werden. Unser konservatives Gehirn versucht erst einmal, sich an diesen Mühen der Auseinandersetzung vorbeizumogeln – solange es meint, die Herausforderungen der neuen Situation damit irgendwie bewältigen zu können.

So hat es sofort Antworten, Sicht- und Verhaltensweisen parat –

allerdings keine aktuellen, sondern die von gestern. Ich verhalte mich dann in meiner neuen Firma wie in der vorherigen, behandle meinen Chef wie den alten und behalte alle meine lieb gewonnenen Gewohnheiten bei. Und beim ersten Treffen bei den neuen Schwiegereltern benehme ich mich ganz einfach wie zu Hause. Höchstwahrscheinlich geht dies richtig schief.

Die Tendenz, uns im Zweifelsfall lieber an das Gewohnte zu halten, haben wir ja schon ausführlich beleuchtet. Jetzt soll es um eine psychische Strategie gehen, mit der wir uns die Illusion erzeugen, dass jede auch noch so neue und fremde Situation ausschließlich nach unseren guten, alten und bekannten Regeln und Gesetzen funktioniert. Mag die Welt auch noch so komplex und verwirrend sein – ich brauche nur meine »Zauberbrille« aufzusetzen, und schon kommt mir alles bekannt vor und lässt sich nach meinen bewährten Kategorien ordnen, strukturieren und verstehen. Gute Sache! Blöd nur, dass sich die Welt nicht um meine Brille schert und ich auf diese Weise nicht sonderlich gut abschneiden werde. Oder haben Sie sich schon einmal mit einem Münchner Stadtplan in Kapstadt zurechtgefunden?

Durch die Brille der Glaubenssätze gesehen

»Viele Leute glauben zu denken –
dabei ordnen sie nur ihre Vorurteile neu.«

William James

Das »Betriebssystem der Zauberbrille« basiert auf dem Prinzip der Glaubenssätze: Jeder Glaubenssatz ist eine sehr einfache Annahme über uns selbst, andere Menschen oder die Welt im Allgemeinen. Praktisch daran ist, dass er gänzlich auf Differenzierungen verzichtet. Für ihn ist alles entweder schwarz oder weiß, und er kommt ohne eine Andeutung von Selbstzweifel aus wie George W. Bush in seinen besten Tagen. Wie der Name sagt: Er basiert auf einem Glauben, einer Annahme, und darüber kann es ja nicht zwei verschiedene Meinungen geben!

Und so steuern Glaubenssätze unser Verhalten, Denken und Fühlen: Grundsätzlich können wir von unterstützenden (+) und einschränkenden (–) Glaubenssätzen sprechen – je nachdem, ob sie uns ermutigen und bestätigen oder einengen und kleinmachen. Logischerweise neigen optimistische und selbstbewusste Menschen eher zu der ersten Kategorie und depressive und hilflose zu der zweiten.

Wir kennen Glaubenssätze über andere Menschen:
+ Man meint es gut mit mir.
– Man kann Menschen nicht trauen.
– Man muss hart sein, sonst wird man ausgenutzt.

Über die Welt im Allgemeinen:
+ Wer nicht wagt, der nicht gewinnt.
– Das Leben ist kein Ponyhof.
– Wer sich in Gefahr begibt, kommt darin um.

Oder über uns selbst:
+ Ich verdiene ein glückliches Leben.
– Ich bin nun mal nicht attraktiv.
– Andere sind erfolgreicher als ich.

Einschränkende Glaubenssätze (auf sie wollen wir uns hier konzentrieren) sind also undifferenzierte, pauschale und entwertende Annahmen über mich, über andere und im Allgemeinen. Sie sind nicht zu verwechseln mit Meinungen oder Überzeugungen, die wir durch Nachdenken und Erfahrungen entwickelt haben. Ein Beispiel: Wenn ich finde, dass mein Englisch nicht so toll ist, basiert das wahrscheinlich auf meiner Selbsteinschätzung. Meine ich aber, dass ein Sprachkurs keinen Sinn hat, weil ich in Gruppen sowieso immer der letzte bin, klingt das eher nach einem Glaubenssatz über mich! Eine Meinung habe ich mir gebildet (sofern ich nicht nur etwas nachplappere) und kann ich jederzeit ändern. Ein Glaubenssatz ist wie in Stein gemeißelt und verkündet mir unumstößlich, wie etwas ist und zu sein hat. Glaubenssätze hinterfragt man gefälligst nicht.

In der Psychologie nennt man sie auch »Introjekte«: Wahrheiten, die wir irgendwann einmal gefressen haben, ohne sie verdaut (und uns damit zu eigen gemacht) zu haben. Sie stecken so tief in uns, dass wir oft gar nicht bemerken, wie sie in uns wirken. Und natürlich fällt uns dann nicht auf, was für grundsätzlich *alle* einschränkenden Glaubenssätze gilt: Sie sind falsch! Denn so pauschale, abwertende Urteile können niemals hundertprozentig richtig sein!

O-Töne aus der grauen Vergangenheit

Lassen Sie mich Ihnen einige weitere Beispiele geben. Einschränkende Glaubenssätze werden gern in Form von Sprichwörtern vermittelt:

- Man muss die Kirche im Dorf lassen.
- Schuster, bleib bei deinem Leisten.
- Hochmut kommt vor dem Fall.
- Was Hänschen nicht lernt, lernt Hans nimmermehr.
- Bescheidenheit ist eine Zier.
- Wer sich auf andere verlässt, ist verlassen.
- Wer für sich selbst sorgt, ist vom Stamme Nimm.

Wahrscheinlich fallen Ihnen noch viele andere Beispiele ein, oder? Mit solchen Weisheiten wurden wir sehr oft schon als Kinder geimpft. Sie führen dann ein Eigenleben in unseren Hirnwindungen wie ein Parasit und wirken auf unser Empfinden und Denken, quasi als »gefühlte Wahrheit« – obwohl wir als Erwachsene ihren Wahrheitsgehalt eigentlich durchschauen könnten. Introjekte sind uns aber so selbstverständlich, dass wir gar nicht über ihren Sinn und Unsinn stolpern. Jedenfalls solange sie nicht mit unserem Wunsch nach Wachstum und Veränderung kollidieren – und das tun sie früher oder später ganz sicher!

Wir kennen viele einschränkende Glaubenssätze über unsere Fähigkeiten. Wir nehmen ganz selbstverständlich an, etwas nicht gut zu können (ohne dass wir eigentlich wissen, warum). Dabei basiert so ein negatives Selbstbild häufig gar nicht auf schlechten Erfahrungen – es sei denn, wir haben sie als selbsterfüllende Prophezeiung (siehe Seite 93) schon zur Erfahrung gemacht! Sätze, die ich sehr häufig höre, sind beispielsweise:

- »Ich bin einfach nicht kreativ.«
- »Das kann ich nicht.«
- »Dazu bin ich doch nicht gut genug.«
- »Das lerne ich doch nie.«
- »Mit Zahlen tue ich mich schwer.«
- »Ich kann mich nicht präsentieren.«
- »Ich könnte ja nie etwas Künstlerisches/Handwerkliches machen.«

Kommen Ihnen solche Sätze bekannt vor? Glaubenssätze belegen uns mit Verboten, die uns als unumstößliche Gesetze erscheinen. Vielen Menschen fällt es zum Beispiel schwer, eigene Interessen zu formulieren und dafür einzutreten, weil sie einmal gespeichert haben, dass man nicht egoistisch sein darf. Dass das eine mit dem anderen herzlich wenig zu tun hat, ist ihnen nicht klar – weil sie gelernt haben, dass Menschen, die für sich sorgen, Egoisten sind. Solche »inneren Imperative« sind so tief in unserem Hirn verankert, dass wir oft gar nicht merken, welches Regelsystem wir permanent befolgen. Wir bekommen ja Glaubenssätze zu Geboten und Verboten meist schon als Kinder vermittelt, als wir noch keine Möglichkeit hatten, sie auf Herz und Nieren zu überprüfen.

Als Erwachsene erahnen wir ihre Existenz, wenn unser Denken und Verhalten an sehr rigide Grenzen stößt, die uns unüberwindbar scheinen, ohne dass wir sie rational erklären können. Für andere Menschen scheinen sie dagegen überhaupt nicht zu gelten. Weit verbreitet sind innere Verbote und Verengungen wie:

- »Ich darf nicht zu viel Geld verdienen.«
- »Reiche Menschen werden nicht geliebt.«
- »Erfolg verdirbt den Charakter.«
- »Ich sage meine Meinung nicht, das kommt nicht gut an.«
- »Ich darf nicht Nein sagen, das wäre nicht freundlich.«
- »Was denken die denn, wenn ich mich einfach bewerbe?«

- »Man spricht nicht positiv über sich selbst – das ist peinlich.«
- »Ich warte, bis jemandem meine Qualität ganz von selbst auffällt.«
- »Ich habe mich einmal entschieden – dann muss ich auch dabei bleiben.«
- »Wer A sagt, muss auch B sagen.«
- »Ich kann doch nicht einfach tun, was ich will.«
- »Man muss wissen, was man will.«

Das Tückische an diesen Sätzen ist, dass wir sie nie so klar formuliert betrachtet haben. Man hat sie uns ja auch nie zur Unterschrift vorgelegt! Wenn wir uns erst einmal bewusst gemacht haben, welchem Glaubenssatz wir bisher widerspruchslos gefolgt sind, fängt er an, seine Wirkung auf uns zu verlieren, weil wir als erwachsene Menschen plötzlich seine Unsinnigkeit durchschauen.

Glaubenssätze und tote Pferde

Wenn wir tote Pferde reiten und meinen, dass das Leben für uns keine lebendigen vorgesehen hat, haben einschränkende Glaubenssätze immer ihre Hände im Spiel. Sie drängen uns, viel zu enge Grenzen zu akzeptieren, machen uns misstrauisch uns und anderen gegenüber und zielen darauf ab, alles so zu lassen, wie es ist und immer war. In jedem der »Gründe, ein totes Pferd zu reiten« wirken auch einschränkende Glaubenssätze. Wie wir ja gesehen haben, stecken in allen falsche oder zumindest sehr einseitige Annahmen über uns und die (Arbeits-)Welt. Wir halten aber an ihnen fest, weil sie uns so selbstverständlich erscheinen, dass uns eine kritische Betrachtung gar nicht in den Sinn kommt. Es stellt sich nur die Frage: Warum hat man uns diese kleinen, miesen Lügen mit auf unseren Weg gegeben? Was haben sich unsere Familien, Lehrer und Vorbilder eigentlich dabei gedacht? War es denn pure Bösartigkeit?

Das halte ich für sehr unwahrscheinlich. Einschränkende Glaubenssätze sind meistens ein Teil unseres Erbes, das oft über Generationen geglaubt, gelebt und weitergegeben wurde. Bis ins letzte Jahrhundert war es der Normalfall, dass Kinder ein sehr ähnliches Leben wie das der Eltern und Großeltern führten. Es hatte bestimmt Sinn, wenn der Nachwuchs keine Flausen im Kopf hatte, sondern dem tradierten Lebensmodell folgte. Ein Glaubenssatz wie »Schuster, bleib bei deinem Leisten« mag einmal ein wirklich guter Rat der Karriereplanung gewesen sein, da er Menschen in der Spur hält – vor allem, wenn er blind befolgt wird. Dann bewirkt er, dass gar nicht mehr links und rechts »neben der Spur« nach Alternativen geschaut wird.

Wenn unsere Eltern oder andere wichtige Bezugspersonen und Vorbilder uns dieses einengende Erbe mitgegeben haben, stammt es wahrscheinlich wiederum aus deren Erbe und so weiter. Über Generationen waren Sicherheit und Kontinuität schließlich *die* zentralen Werte – oder wie die CDU in den fünfziger Jahren wahlkämpfte: »Keine Experimente!« Aber die Welt hat sich geändert und verlangt von uns eigenes Denken und nicht auswendig gelernte Weisheiten des letzten und vorletzten Jahrhunderts.

Wie realistisch darf's denn sein?

»Seien wir realistisch, versuchen wir das Unmögliche.«

Ernesto Che Guevara

Mit einem Coachingklienten habe ich einmal einen Teil seiner Persönlichkeit betrachtet, der für ein ziemlich negatives Selbstbild stand, ungefähr nach dem Motto: »Ich kann nichts, ich bin nichts und habe deshalb auch keine Chancen.« Ich fragte den Klienten, welchen Namen er denn diesem Anteil geben würde – und erwartete so etwas wie »mein innerer Kritiker« oder »der Runtermacher«. Seine spontane Antwort war allerdings: »Das ist mein Realist!« So einen entwertenden Blick auf sich und seine Fähigkeiten empfand er tatsächlich als realistisch!

Ich habe mit dem Wort »realistisch« ein Problem, denn es wird in meinen Augen häufig verdreht verwendet und missbraucht. Wenn Sie mich im März in meiner Heimatstadt Hamburg besuchen, ist es sicherlich realistisch, Regen in Betracht zu ziehen und einen Regenmantel mitzunehmen. Oder es mag realistisch sein, vom jetzigen Papst keine Pro-Kondom-Kampagne zu erwarten. Aber häufig sagen Menschen – ganz selbstverständlich und scheinbar ohne nachzudenken –, dass es doch ganz unrealistisch sei, ihren Wunschjob zu finden oder sich damit selbstständig zu machen. Und sie verbinden das Urteil unrealistisch mit ihrem Alter, ihren Fähigkeiten, Möglichkeiten oder Verantwortungen: »Für jemanden wie mich ist es unrealistisch …«

Manche Menschen fragen mich, ob ich es denn überhaupt für realistisch halte, was sie sich wünschen und möglicherweise umsetzen wollen. Als selbstkritische Bürger sehen wir anscheinend unsere Pflicht darin, in jeder Lebenslage realistisch zu bleiben. Nur: Nach welchen Kriterien soll denn wer beurteilen, was das heißt? Ein Satz wie »Na, das ist aber unrealistisch!« sagt doch oft mehr über den Glauben des Sprechers aus, als dass daraus eine differenzierte Einschätzung spricht. Meist ist es nicht mehr als ein Totschlagargument, das so gut wirkt, weil es uns erwischt, wo wir besonders empfindlich sind: bei unseren einschränkenden Glaubenssätzen! Wenn ich nicht Glaubenssätze wie »Flieg nicht so hoch, mein kleiner Freund« oder »Das steht mir sowieso nicht zu« mit mir herumschleppte, wäre ich für den Das-ist-aber-unrealistisch-Knüppel gar nicht empfänglich! Und dies nenne ich einen Missbrauch des Begriffes. Ich habe den Eindruck, dass wir in den meisten Fällen von unserem negativen Glauben sprechen, wenn wir unsere Optionen als unrealistisch bezeichnen.

Wie steht es mit Ihnen? Bezeichnen Sie auch häufig als unrealistisch, was nicht Ihrem (negativen) Selbstbild entspricht?

Die sich selbst erfüllende Prophezeiung

Mit der sich selbst erfüllenden Prophezeiung schließt sich der (Teufels-)Kreis: Am Anfang steht ein einschränkender Glaubenssatz – nehmen wir als Beispiel »Ich bin kein Karrieretyp«. Wenn wir ihm nicht auf die Schliche kommen und ihn entlarven, werden wir ihn brav in konkretes Handeln umsetzen. Zum Beispiel: Ich fühle mich in meinem Job zwar unterfordert, traue mich aber nicht, mich auf eine Stelle mit mehr Verantwortung, Budget und Bezahlung zu bewerben. Die Konsequenz: Ich bleibe, wo und wie ich bin, und betrachte das Resultat natürlich als Bestätigung meines Glaubens: »Ich wusste doch immer, dass ich kein Karrieretyp bin.«

So funktioniert eine sich selbst erfüllende Prophezeiung. Mit ihrer Hilfe festigen und bestärken wir unsere Glaubenssätze und schaffen damit erst unsere Realität. Möglicherweise ist unser Leben voll davon. Wenn wir Menschen *nicht* ansprechen, *nicht* um etwas bitten, *nicht* nachhaken, *nicht* weiterdenken, *nicht* bohren und suchen, *nicht* fragen, weil wir glauben, wir sollten es lieber lassen – dann ist die Konsequenz *Nicht*-Handeln, *Nicht*-Entwicklung und *Nicht*-Belohnung. Und wir werden dann nicht erfahren, dass unsere einschränkenden Glaubenssätze *nicht* richtig waren.

Wenn sehr erfolgreiche Menschen gefragt werden, was ihnen auf ihrem Weg entscheidend geholfen hat, nennen sie selten ausschließlich Talent und Fleiß. Meistens waren wichtige Erfolgsfaktoren positive, unterstützende Glaubenssätze! Sie haben schlicht daran geglaubt, dass sie es können und verdienen, dass ihnen wenige oder gar keine Grenzen gesetzt sind und dass Neugier und ein eigener Kopf etwas Gutes sind. Leider funktioniert es auch umgekehrt: Ein gut gefülltes Portfolio einschränkender Glaubenssätze prägt ein Leben, das jeden einzelnen von ihnen immer wieder bestätigt und damit »die Prophezeiung« erfüllt.

 Und so gehen Sie konstruktiv mit einschränkenden Glaubenssätzen um

- *Machen Sie sich auf die Suche nach ihnen! Wenn Sie sich mit den Möglichkeiten einer beruflichen Neuorientierung beschäftigen, seien Sie aufmerksam für Gedanken, die sich Ihnen in den Weg stellen und die dabei pauschal, entwertend und wie selbstverständlich daherkommen. Trauen Sie*

sich, sie auf ihren Wahrheitsgehalt zu überprüfen. Unterscheiden Sie so unbedingt zwischen belegbaren Überzeugungen und Glaubenssätzen.

- Werden Sie wachsam, wenn Sie Begriffe verwenden wie »man«, »unmöglich«, »unrealistisch«, »ich kann nicht« oder »man darf nicht«.
- Wenn Sie einschränkende Glaubenssätze identifiziert haben: Fragen Sie nach Fakten, Fakten, Fakten! Was denken Sie wirklich, wenn Sie darüber nachdenken? Wie wahrscheinlich ist, was Sie glauben und befürchten? Entspricht Ihr Glaube wirklich Ihren bisherigen Erfahrungen?
- Sie sind frei, sich heute positive und unterstützende Glaubenssätze zu formulieren. Wenn Sie einen einschränkenden Glaubenssatz entschärft haben: Überlegen Sie sich, welchen positiven Glaubenssatz Sie anstelle dessen ab sofort setzen möchten – was vermittelt Ihnen Erlaubnis und Ermutigung?
- Und wenn Sie ein wenig forschen mögen: Versuchen Sie herauszubekommen, wann, wie und von wem Sie diesen Glaubenssatz gelernt und übernommen haben. Welchen Sinn hatte er möglicherweise einmal?

Die Psychologie der mentalen Blockade

Stellen Sie sich doch einmal vor, Sie haben die Verantwortung für eine Abteilung mit vier Mitarbeitern. Von jedem wissen Sie, dass er auf das Wohl des Unternehmens und die Ergebnisse des Teams bedacht ist. Nur leider sind es ganz unterschiedliche Charaktere mit ganz unterschiedlichen Auffassungen:

- **A** ist ein extrovertierter Typ, der täglich neue Ideen und Vorschläge zur Verbesserung der Abläufe hat. Er fühlt sich wohl, wenn er das Rad neu erfinden kann und dabei ordentlich was los ist im Laden. Die ruhige Routine des Tagesgeschäfts schätzt er nicht so sehr, das sollen doch bitte schön die anderen erledigen.
- **B** ist ein eher vorsichtiger bis ängstlicher Typ. Ihm ist wichtig, dass alles seine bewährte Ordnung hat und jeder Mitarbeiter genau vorgeschrieben bekommt, was er wie zu tun hat. Entscheidend ist für ihn, dass das Betriebsergebnis nicht unter das des Vorjahres fällt. Deshalb gilt es für ihn, jedes Risiko zu vermeiden.
- Für **C** gibt es nur eine Orientierungsgröße, nämlich den Kunden. Was immer andere Abteilungen oder der Endkunde verlangen, C lässt alles dafür stehen und liegen. Er ist immer freundlich – Hauptsache man ist zufrieden mit ihm. Wie es dem eigenen Team dabei geht, kümmert ihn weniger.
- **D** hat immer an allem etwas auszusetzen. Er ist nämlich der Perfektionist vom Dienst. Wie viel Mühe man sich auch gibt, so toll das Ergebnis auch aussieht, er wird immer etwas finden, das noch etwas besser sein könnte. Andere zu motivieren, ist weniger sein Ding, denn seine Art zu kritisieren kann man nicht gerade freundlich nennen.

Kein leichter Job, der Chef von so einem Team zu sein! Aber ob diese Charaktere Segen oder Fluch für das Unternehmen (und Ihre Nerven!) sind, hängt weniger von ihrer Unterschiedlichkeit ab, als von der Art ihres Zusammenspiels, wie Sie in den folgenden Szenarien sehen werden.

Szenario 1

Man redet so wenig wie möglich miteinander, weil jeder die Sicht- und Arbeitsweise der anderen für grundfalsch hält. Jeder werkelt vor sich hin und nutzt jede Gelegenheit, dem Kollegen einen Stock in die Speichen zu stecken – denn das Stolpern des einen ist die Freude des anderen! Wenn man A fragt, findet er B langweilig und verbohrt, B versteht sich am ehesten mit D und blockiert natürlich jede Aktivität von A. C möchte doch nur, dass alle da draußen ihn lieb haben und kritisiert seine Kollegen, weil die ja nur an sich selbst denken. Und D glaubt sowieso, dass sich die anderen drei nicht genug Mühe geben und ihn eines Tages seinen Job kosten werden. Dass so ein Team suboptimale Ergebnisse produziert, ist natürlich vorprogrammiert.

Vielleicht läuft es aber auch ganz anders:

Szenario 2

A hat hier die Rolle des Innovators und Team-Scouts. In seinen Händen liegen alle Entwicklungsaufgaben und Verbesserungsprozesse. B sorgt dafür, dass einmal eingeführte Prozesse rund laufen, und ist Anlaufstelle für alle Fragen der Arbeitsabläufe. C ist natürlich der Kundenbeauftragte, Vertriebler oder Key-Account-Manager. Vielleicht übernimmt er auch den Job, intern zwischen den Kollegen zu vermitteln und zu moderieren. Und D ist selbstverständlich als Qualitätsmanager an der richtigen Stelle. Damit es zwischen den unterschiedlichen Persönlichkeiten gut läuft, ist gegenseitiger Respekt natürlich unerlässlich. Aber solange jeder seine Kollegen als Bereicherung empfindet, wird dieses Team eine Superleistung erzielen!

Sie fragen sich, warum ich Ihnen von diesen Selbstverständlichkeiten erzähle? Nein, dies soll kein Vortrag über Teamentwicklungsprozesse werden – jedenfalls nicht von »äußeren Teams«.

Der Chor der inneren Stimmen und die Illusion des einen Ichs

Was ich Ihnen beschrieben habe, ist nicht nur das Bild eines Teams unterschiedlicher Menschen, sondern auch ein System von typischen Anteilen unserer Persönlichkeit und deren Zusammenspiel.

Was ist ein Persönlichkeitsanteil? Wenn wir »Ich« sagen oder denken, gehen wir doch davon aus, dass dies eine einheitliche Instanz ist. Wir sagen ganz selbstverständlich Sätze wie »Ich möchte unbedingt mal wieder Urlaub machen« oder »Ich brauche dringend etwas zu essen« – und vielleicht meinen wir dies auch hundertprozentig. Möglicherweise sind diese beiden Sätze aber grobe Verfälschungen unserer inneren Welt: wenn ich nämlich einerseits zwar urlaubsreif bin, aber andererseits Angst habe, zu viel Geld für eine Reise auszugeben – weil ich doch auch endlich eine teure Fortbildung beginnen möchte und mir sage, dass ich doch mal ein Jahr ohne Urlaub aushalten kann. Oder wenn ich tatsächlich einerseits großen Hunger und Appetit habe, ich mich andererseits aber zu dick finde und glaube, endlich mit einer Diät anfangen zu müssen. Wir erleben dies doch täglich: Ich könnte joggen gehen, bin aber auch faul. Ich könnte diesen Text zu Ende schreiben oder doch lieber Fenster putzen. Fernsehen oder endlich mal ein Buch lesen? Oder viel kompliziertere Themen: Ich liebe diesen Menschen – aber auch irgendwie manchmal nicht. Ich möchte ein Sabbatjahr einlegen, aber ich kann doch meine Kollegen und Freunde nicht im Stich lassen. Und natürlich: Ich möchte mich unbedingt beruflich verändern, aber ...

Wenn das alles ich bin – wer bin dann *ich*? Bin ich viele? *Und wenn ja, wie viele?* (Vielleicht haben Sie schon von diesem Buchtitel des Philosophen Richard David Precht gehört.) Nein, es geht mir hier nicht um gespaltene oder multiple Persönlichkeiten, sondern um unsere ganz normale innere Vielstimmigkeit. Dies ist nichts Pathologisches oder auch nur Ungewöhnliches. Das, was wir »Ich« nennen, ist eine komplexe Konstruktion verschiedenster Anteile – und es ist ein kleines Wunder (und sehr praktisch!), dass wir imstande sind, uns daraus die Vorstellung eines einheitlichen Ichs zu schaffen. Und das, obwohl wir seit unserer Geburt ja körperlich und geistig unendlich viele Veränderungen durchlaufen haben – trotzdem erleben wir uns als ein kontinuierliches Ich.

Im Laufe unseres Lebens haben wir ganz unterschiedliche und oft widersprüchliche Einflüsse und Erfahrungen verarbeitet. Wie wir beim Spazierengehen am Strand Spuren im Sand hinterlassen, entstanden so »Abdrücke« von Personen und Erfahrungen in unserer Persönlichkeit. Einige haben uns so stark geprägt, dass wir sie uns zu eigen gemacht haben, zu abgegrenzten Teilen unseres Ichs. Auf diese Weise konnten wir auch sehr unterschiedliche Erfahrungen in unsere Persönlichkeit integrieren. Zum Beispiel habe ich so gelernt, ein großzügiger Mensch zu sein – aber in anderen Situationen kann ich auch ausgesprochen kleinlich sein.

Deshalb passen unsere Teilpersönlichkeiten nur mehr oder weniger gut zusammen – und manchmal sind sie wie Feuer und Wasser! Dann fühlen wir uns innerlich zerrissen und können unsere Widersprüche nur schwer aushalten und leben. Häufig bilden einschränkende Glaubenssätze den Kern eines Anteils. Wie wir ja schon gesehen haben, sind diese sehr stabil und führen dazu, dass ein Persönlichkeitsanteil die Welt nur aus einem sehr engen Blickwinkel betrachtet.

Das Team am Kapitelanfang ist das Beispiel eines »inneren Teams« (diesen Begriff hat der Psychologe Friedemann Schulz von Thun geprägt). Diese sehr unterschiedlichen Persönlichkeiten können alle Teil meines Ichs sein, die ganz eigene Positionen zu meiner beruflichen Veränderung vertreten:

- Ich habe große Sehnsucht nach Aufbruch und Veränderung und würde lieber heute als morgen einen neuen Job beginnen (A).
- Andererseits hat »jemand in mir« auch große Angst und ist sehr sicherheitsbedacht (B).
- Ein Teil von mir ist nur nach außen orientiert, möchte es allen recht machen und fürchtet die Kritik meiner Umwelt, wenn ich tatsächlich etwas Ungewöhnliches tue (C).
- Und dann gibt es da noch meinen »inneren Kritiker« (D) – der lässt mich ständig an meinen Wünschen und Gedanken zweifeln.

Ob meine Persönlichkeitsanteile sich gegenseitig blockieren (erste Szene) oder gemeinsam an einem Strang ziehen (zweite Szene), hängt davon ab, wie gut es mir gelungen ist, sie unter dem Dach meines Ichs zu integrieren.

Meistens sind wir uns unserer inneren Vielstimmigkeit gar nicht bewusst, und das ist auch sehr gut so. Um handlungsfähig zu sein, brauchen wir die Vorstellung eines einheitlichen Ichs – und bei vielen kleinen Alltagsfragen spüren wir zwar oft unser inneres Für und Wider, können aber trotzdem eine Entscheidung treffen. Problematisch wird es, wenn es um wichtige und komplexe Themen geht und wir innerlich in verschiedene Fraktionen gespalten sind. Dann fühlen wir uns innerlich festgefahren wie ein Kleinwagen im Wüstensand.

Ganz normal blockiert – kalte Füße gehören dazu

Ich nehme an, Sie verstehen inzwischen, wovon ich spreche. Menschen, die in meine Coachingpraxis kommen, weil sie sich beruflich verändern wollen, leiden fast immer unter einer mentalen Blockade – wäre dies nicht so, könnten sie ihren Wunsch nach Veränderung viel leichter in die Tat umsetzen. Wenn Sie dieses Buch in der Hand haben, weil Sie sich nicht von Ihrem toten Job-Pferd verabschieden können, sind Sie mit sehr großer Wahrscheinlichkeit ebenfalls mental blockiert. Sich dessen bewusst zu werden, ist ein erster – wichtiger! – Schritt zur Lösung.

Woran kann ich erkennen, dass eine mentale Blockade mein Problem ist? Ganz einfach: Ich komme nicht vom Fleck, verbrauche dabei aber fühlbar Energie. Wie ich schon an anderen Stellen beschrieben habe: Ein Teil von mir drückt das Gaspedal durch, ein anderer die Bremse – irgendwann ist der Tank leer (oder der Motor kaputt), und ich habe mich gar nicht bewegt. Meistens melden sich allerdings die verschiedenen inneren Richtungen nicht gleichzeitig, sondern immer nur nacheinander: In einer Sekunde denke ich A, darauf meldet sich B, kurze Zeit füllt C meinen Kopf aus, damit dann D übernimmt, und so weiter. Jedes Mal bin ich ganz mit einem von ihnen identifiziert – ich *bin* dann kurz Anteil A oder D. Je zerstrittener mein inneres Team ist, und je weniger ich mir meiner inneren Vielstimmigkeit bewusst bin, desto weniger kann ich das Geschehen moderieren und beeinflussen. So schwanke ich von einem Standpunkt zum anderen, und es hört scheinbar niemals auf.

Persönlichkeitsanteile sind nicht nur bloße Gedanken, sondern auch mit Gefühlen und körperlichen Empfindungen verbunden. Wenn sich mein innerer Kritiker meldet, fühle ich mich vielleicht eng und niedergeschlagen. Wenn sich mein innerer Abenteurer durchsetzt, durchläuft mich eine Welle der Euphorie, die in Angst übergeht, wenn mein Außenbeauftragter übernimmt und sich schämt. Innere Konflikte werden deshalb oft von einem Auf und Ab der Gefühle und Stimmungen begleitet.

Es gibt aber auch die »kalte Blockade«: Dann herrscht dauerhaft eine innere Flaute, ich fühle mich antriebslos, habe gar keine klaren Gefühle, und sogar Gedanken an mögliche, gute Veränderungen lassen mich innerlich kalt. Auch gedankliche und emotionale Resignation ist möglicherweise ein Symptom einer Blockade – vielleicht ist die »heiße Blockade« mit ihren emotionalen Schwankungen langsam abgekühlt.

Schlimme Folgen hat es, wenn eine Blockade – insbesondere eine kalte – nicht als solche erkannt wird: Viele Menschen interpretieren die Feststellung, dass sie nicht vorankommen, als Beleg für Unfähigkeit oder die Unmöglichkeit ihrer Wünsche. Ich höre häufig Sätze wie: »Wenn ich es wirklich wollte, hätte ich es doch schon längst umgesetzt.« Eben nicht! Solche Selbstkritik verstärkt die mentale Blockade nur, denn sie ist ja nur ein weiterer Teil des inneren Teams.

Wenn wir uns gedanklich und praktisch mit beruflichem Neuland beschäftigen und uns damit der Grenze unserer Komfortzone nähern, sind innere Konflikte völlig normal – ja, es wäre sogar merkwürdig, wenn sie ausblieben. Bedenken wir allein die konservative Grundtendenz unseres Gehirns, so muss ein Teil von uns einfach Widerstand leisten. Wenn wir dann noch im Laufe unseres Lebens Persönlichkeitsanteile entwickelt haben, die Veränderungen grundsätzlich kritisch oder ängstlich betrachten, müssen wir doch damit rechnen, dass wir dem Neuland nicht nur mit fliegenden Fahnen entgegenlaufen. Kalte Füße gehören einfach dazu!

Mein Anliegen ist es hier, Ihnen die mentale Blockade als normales Phänomen jeder Entwicklung zu zeigen. Sie ist wirklich kein Grund, die Flinte ins Korn zu werfen, sondern eher, ihr psychologisch klug zu begegnen. Wenig hilfreich ist es, sich unter Druck zu setzen, weil ein blockiertes System dann ausweicht und sich nur weiter verhärtet. Sie haben sicher folgende Situation schon einmal erlebt:

Ein Freund lässt Sie an einem inneren Konflikt teilhaben, indem er Ihnen erklärt, einerseits dieses, aber andererseits jenes zu wollen oder zu müssen. Er möchte von Ihnen einen guten Rat. Sie geben sich auch große Mühe, wollen helfen und argumentieren für die eine oder andere Seite. Anstatt dass diese an Gewicht gewinnt, schlägt sich Ihr Gegenüber allerdings auf die Gegenseite: Stand er eben noch zwischen den Stühlen, attackiert er jetzt ausschließlich Ihre Argumente. Sie plädieren für A – er gibt sich große Mühe, A zu widerlegen. Lassen Sie sich überzeugen und finden A auch falsch, hat er plötzlich nur noch Argumente »für« A! Sie haben ihn immer gegen sich, und am Ende ärgern Sie sich, dass Sie überhaupt versucht haben zu helfen.

Dahinter steckt die große Flexibilität eines blockierten Systems: Unsere inneren Anteile haben ein so stabiles Gleichgewicht, dass sie Druck von außen durch Verlagerung begegnen. Wird Anteil A der Rücken gestärkt, werden nur die Gegenspieler lauter, sodass das Gleichgewicht erhalten bleibt. Wenn ich hier und jetzt versuchen würde, Sie mit möglichst vielen (guten) Argumenten dahin zu bringen, endlich Ihren Job aufzugeben und sich einen besseren zu suchen – könnte Sie das wirklich in Bewegung bringen? Wahrscheinlich würde ich eher Widerstand in Ihrem inneren System auslösen, sodass Sie alle Energie dazu verwenden würden, meine Argumente zu widerlegen. Auf diese Weise bleiben »gute Ratschläge« oft so wirkungslos: Sie werden zwar gern gehört – aber nicht, um ihrem Rat zu folgen, sondern als Zielscheibe für Gegenargumente!

Ich erzähle Ihnen das, damit Sie auf *eine* Strategie möglichst verzichten: sich selbst Druck zu machen! Es ergibt keinen Sinn, Druck auf einen inneren Konflikt auszuüben, indem ich mir zum Beispiel sage: »Jetzt muss ich mich endlich mal bewegen/entscheiden!« So stärke ich höchstens einen Teil meiner inneren Kontrahenten. Deshalb funktionieren die Strategien des (ausschließlich) positiven Denkens auch nicht: Wenn ich versuche, nur noch positiv zu denken, werde ich den Widerstand meiner inneren Negativdenker nur verstärken. Also bitte: Kein Druck, weder von innen noch von außen.

Wenn ich mit Menschen an ihrer Blockade arbeite, kommt am Anfang oft die Frage: »Wie werde ich diesen Anteil so schnell wie möglich los?« Ängstliche und kritische Anteile sind nicht sonderlich beliebt, klar – und sobald jemand das System seiner mentalen Blockade versteht, liegt der Gedanke ja nah, die Störer einfach zu entfernen wie einen schmerzenden Zahn. Doch ich muss Ihnen leider sagen: Das geht nicht! Unsere Persönlichkeitsanteile sind nun einmal Teile von uns und unserem Ich, und je mehr ich mich einseitig gegen einige von ihnen wende, desto mehr Druck und damit Widerstand erzeuge ich. Eine Chance, aus einem zerstrittenen Team unserer Anteile eines zu machen, das gemeinsam an einem Strang zieht, habe ich nur, wenn ich jeden Anteil in seiner Art anerkenne und ernst nehme. Wie wir eine innere Blockade psychologisch klug lösen können, werde ich Ihnen im nächsten Teil des Buches erklären.

Mit den folgenden Punkten können Sie sich jetzt schon einmal beschäftigen

- *Was fiel Ihnen beim Lesen dieses Kapitels über Ihre inneren Blockaden ein? Machen Sie sich doch bitte einige Notizen, welche Sätze, Gedanken, Glaubenssätze oder Gefühle Ihnen dabei durch den Sinn gingen.*
- *Haben Sie dabei schon bestimmte innere Charaktere identifiziert? Welche?*
- *Neigen Sie auch dazu, sich selbst so sehr unter Druck zu setzen, dass gar nichts mehr geht und Sie sich noch stärker blockiert fühlen? Wie machen Sie das? Wie machen Sie sich so richtig Druck?*

Regisseur oder Komparse?

Kennen Sie das Cartoon von dem Frosch, dessen Kopf schon im Schnabel eines Storchs steckt und der trotzdem noch versucht, den Storch zu würgen? Darunter steht: »Never give up!« Dieses Bild beschreibt sehr gut eine Einstellung, die ich die Lebenshaltung des Regisseurs nenne. Jemand, der davon überzeugt ist, die Regie über sein Leben zu führen, geht grundsätzlich davon aus, Einfluss auf seine Situation zu haben. Egal ob sein Spielraum groß oder gering erscheint, er nutzt ihn so gut er kann. »Yes, I can!« könnte das Lebensmotto des Regisseurs sein. Dies ist keine Frage von Macht oder besonders großartigen Fähigkeiten, es geht nicht um Größenwahn oder Selbstüberschätzung, sondern um eine positiv-optimistische Haltung zu den eigenen Möglichkeiten. Im Kern haben wir es wieder mit einem Glaubenssatz zu tun, hier allerdings mit einem unterstützenden.

Selbstwirksam oder hilflos?

Die Psychologie nennt diesen Glauben an den Einfluss auf das eigene Schicksal »Selbstwirksamkeitserwartung« (der etwas elegantere englische Begriff »perceived self-efficacy« wurde von dem kanadischen Psychologen Albert Bandura geprägt) – und ein Regisseur hat davon eine ganze Menge. Menschen mit einem hohen Grad an Selbstwirksamkeit sind erfolgreicher als andere, was leicht nachzuvollziehen ist. Wir haben es wieder mit dem Mechanismus der selbsterfüllenden Prophezeiung zu tun, der hier auf positive Weise wirkt: Weil diese Menschen davon überzeugt sind, ihr Schicksal in den eigenen Händen zu haben, werden sie immer aktiv, wenn es irgendeine Option zum Handeln gibt. Dadurch haben sie natürlich eine höhere Trefferquote als Menschen, die viel weniger bereit sind, sich einzusetzen. Selbstwirksame Menschen bewerten außerdem Fehlschläge viel positiver und lassen sich durch sie weniger entmutigen als andere. Auch wenn sie erfolgreicher sind als der Durchschnitt: Sie sind nicht talentierter oder mit besseren Startbedingungen ausgestattet. Aber sie haben ein bisschen Glück gehabt, denn ein hoher Grad an Selbstwirksamkeit scheint auch genetisch bedingt zu sein – neben dem verstärkenden Einfluss positiver Lebenserfahrungen.

Wenn die Regisseure die Glückspilze sind, haben die Komparsen anscheinend das kürzere Streichholz gezogen: Sie sind davon überzeugt, nur wenig oder im Extremfall gar keinen Einfluss auf ihr Leben zu haben. In ihrem Film sind sie nie die Bestimmer. Denn ihr zentraler Glaubenssatz lautet: »Ich kann ja doch nichts tun.« Die Psychologie nennt so eine Haltung »gelernte Hilflosigkeit« – sie wird gelernt, indem hier die selbsterfüllende Prophezeiung negativ gepolt ist und so das Leben immer mehr dem Negativkonzept angepasst wird. Ein Mensch kann noch so fleißig und begnadet sein – wenn er nicht daran glaubt, dass dies eine konstruktive Auswirkung auf ihn und andere hat, wird er sich lieber zurückhalten und andere machen lassen. Folglich findet er sich in der zweiten oder dritten Reihe wieder, während andere die Regie führen. Sogar in seinem eigenen Lebensfilm.

Komparsen, also Menschen mit einem niedrigen Grad an Selbstwirksamkeit, sind nachweisbar weniger motiviert zu handeln, neigen zu weniger tiefen Emotionen bis hin zur Niedergeschlagenheit und Depression und zeigen eine geringere Lernbereitschaft als andere. Lediglich aufgrund ihrer Haltung manövrieren sie sich an den Rand des Spielfeldes, bis sie gar nicht mehr mitspielen (dürfen).

»Alle Menschen haben die Anlage, schöpferisch tätig zu sein. Nur merken es die meisten nie.«
Truman Capote

Glücklicherweise gibt es nicht nur ein »Entweder-oder«. Wir alle weisen ein bestimmtes Maß an Selbstwirksamkeit zwischen diesen beiden Extremen auf. (Einen Selbsttest dazu finden Sie im dritten Teil dieses

Buches auf Seite 133.) Man könnte jetzt anmerken, dass dies doch entscheidend davon abhänge, ob jemand »kleine Brötchen backt« oder ein Unternehmen leitet – schließlich hat der eine objektiv mehr Einfluss als der andere. Aber das stimmt so nicht: Eine hohe Position macht noch keinen Regisseur – aber derjenige steigt höher auf, der ein hohes Maß an Selbstwirksamkeit mitbringt. Und auch jemand mit objektiv wenig Gestaltungsfreiraum kann sich innerhalb dessen durchaus selbstbestimmt fühlen und seinen Spielraum nutzen, wenn er einen hohen Grad an Selbstwirksamkeit aufweist.

Aktiv oder reaktiv – Strategien der Neuorientierung

Wenn wir vor der Frage stehen, unser totes Job-Pferd endlich auszumustern und uns nach neuen Ufern umzusehen oder lieber doch noch ein bisschen sitzen zu bleiben, ist von großer Bedeutung, wie selbstwirksam wir denken. Ich möchte Ihnen daher zwei Strategien der Neuorientierung vorstellen: die aktive des Regisseurs und die reaktive des Komparsen. Wenn diese Extreme natürlich auch selten so deutlich auftreten, wird doch die Tendenz deutlich:

Reaktive Karrierestrategie: Mit einem niedrigen Grad an Selbstwirksamkeit neigen wir eher zu dieser Strategie. Generell halten wir uns dann lieber an vorgezeichnete Karrierewege und klar definierte Profile. Bei der Berufswahl orientieren wir uns daran, was uns andere empfehlen und was auf dem Arbeitsmarkt angeblich gefragt ist. Komparsen sind eher extrinsisch motiviert, das heißt, sie lassen sich eher durch das Feedback anderer und durch äußere Anreize leiten. Deshalb haben andere Menschen großen Einfluss auf den Gang ihrer Karriere. Sie neigen daher dazu, über lange Zeit in einem Unternehmen zu arbeiten und dort die Karriereleiter Schritt um Schritt zu nehmen. Beförderungen werden eher von den Vorgesetzten initiiert. Verlässt ein Mensch mit wenig Selbstwirksamkeit sein Unternehmen, greift er vor allem auf Stellenanzeigen zurück. Oder er lässt sich von Headhuntern abwerben. Die Kernfrage der reaktiven Strategie lautet: Was ist im Angebot? Was wollen potenzielle Arbeitgeber? Und darauf folgt natürlich: Kann ich das liefern? Damit ist er den Launen des Arbeitsmarktes stark ausgesetzt: Sind dort jüngere Leute gefragt? Andere Qualifikationen? Wenn er lange in einer bestimmten Position gearbeitet hat, kommt er für wenig anderes infrage. Möchte er sich gern grundlegend verändern, bietet ihm die reaktive Strategie weniger Möglichkeiten, denn die Chancen sind klein, dass er für etwas angefragt wird, für das er keine Erfahrungen nachweisen kann.

Aktive Karrierestrategie: Ein hoher Grad an Selbstwirksamkeit ermöglicht es hingegen, diese Strategie zu verfolgen. Je mehr wir uns als Regisseur unserer Karriere verstehen, desto weniger sind traditionelle Wege für uns interessant. Das macht die Wahl nicht unbedingt leichter, weil wir generell viel mehr Möglichkeiten für uns sehen als ein Komparse. Im Mittelpunkt steht für den Regisseur immer die Frage: Was will ich tun, und welche Tätigkeit passt zu mir? Er ist grundsätzlich eher intrinsisch motiviert, das bedeutet, dass seine eigenen Ziele und Vorstellungen ihn antreiben und er seine Ergebnisse eher daran misst. Wie seine Karriere verläuft, ist folglich eher das Resultat seiner eigenen Ideen – ob er einem Unternehmen lange treu bleibt oder häufiger wechselt, hängt davon ab, wie sehr er dort seine Ziele verfolgen kann. Ein Regisseur wird ein Pferd ganz sicher nicht reiten, bis es tot ist. Wenn er beschließt, sich beruflich zu verändern, geht sein Blick erst einmal nach innen: Für ihn ist wichtig herauszubekommen, was genau er tun will und wie der neue Job in seine Lebensvision passen kann. Als Gestalter seines Lebens hat er nämlich eine klare Vorstellung, wohin die lange Reise gehen soll. Für ihn kommen erst einmal viele Wege infrage. Auch für selbstständige Tätigkeiten bringt er die richtige Haltung mit. Wenn sich konkrete Ideen herauskristallisieren, fragt er sich, wie er sie realisieren kann und was er dafür braucht. Ob andere dies für realistisch und gut halten, ist für den Regisseur weniger entscheidend. Er hat das Selbstvertrauen, aktiv das Gespräch mit Unternehmen zu suchen, sich initiativ zu bewerben und seinen Hut auch dann in den Ring zu werfen, wenn seine Qualifikationen auf den ersten Blick nicht genügen könnten. Denn er versucht grundsätzlich eher durch das zu überzeugen, was er ist und kann, als durch das, was er gelernt hat und in seinen Zeugnissen steht.

Wie werden wir zu Regisseuren unserer Karriere?

Es ist wohl nicht zu übersehen, dass ich die aktive Strategie für die erfolgsversprechendere halte! Wie anfangs gesagt, sind Menschen mit einem hohen Grad an Selbstwirksamkeit tatsächlich die erfolgreicheren. Dass wir auch glücklicher sind, wenn wir uns als Gestalter unseres (Berufs-)Lebens verstehen, ist sicherlich ebenfalls keine Überraschung. Ich nehme an, Sie haben sich beim Lesen schon gefragt, ob Sie in Bezug auf Ihre Karriere eher ein Komparse oder ein Regisseur sind. Wenn Sie sich jetzt entscheiden müssten – ganz ehrlich: Zu welcher Haltung neigen Sie mehr?

Egal wie Sie sich einschätzen, die gute Nachricht lautet: Auch wenn wir uns bisher weniger selbstwirksam sehen, als es gut für uns ist, muss dies nicht zwangsläufig so bleiben! Die Neuroplastizität unseres Gehirns, das ist die Fähigkeit, lebenslang zu lernen, gibt uns die Möglichkeit, auch eingeschliffene Denkmuster zu verändern. Denken Sie an den Autobahnvergleich des Neurobiologen Gerald Hüther – es ist in erster Linie eine Frage des Willens und des Engagements.

Wenn Sie schon länger an einem unbefriedigenden Job festhalten, ist es höchste Zeit, einmal darüber nachdenken, wie aktiv oder reaktiv Ihre Karrierestrategie bisher war. Auch wenn Sie es vielleicht nicht gern lesen: Je länger Ihr Pferd schon tot ist, desto reaktiver ist wahrscheinlich Ihre Haltung, desto mehr werden Sie von Ihrem »inneren Komparsen« regiert. Alle »Gründe, ein totes Pferd zu reiten« sind schließlich Komparsen-Argumente.

Mit einer ausschließlich reaktiven Karrierestrategie ist heute einfach kein Blumentopf mehr zu gewinnen. Die Zeiten, in denen man einmal im Leben auf nur ein Pferd setzen musste, sind definitiv vorbei. Jeder von uns ist gefragt, sich um das eigene Karrieremanagement zu kümmern, und das gilt nicht nur für die Jobs ganz oben auf der Karriereleiter. Je mehr wir uns trauen, die Regie über unsere Karriereplanung zu übernehmen, desto weiter werden wir es bringen und desto mehr Spaß werden wir dabei haben!

Ach ja: Unter Komparsen – beim Film und im Beruf – ist der Traum weit verbreitet, eines Tages doch noch entdeckt zu werden. Dann wird jemand ihre Qualitäten ganz plötzlich erkennen und ihnen *die* große Chance geben. Dafür ist es natürlich nicht nötig, selbst aktiv zu werden – es reicht, sich in der dritten Reihe möglichst dekorativ zu platzieren und zu warten. Ein wirklich schöner Traum ...

Und dies können Sie tun, um Ihren Karriereregisseur zu (be-)fördern

- *Machen Sie doch einmal Karriereinventur: Wo, wann und wie haben Sie sich als Regisseur gefühlt und verhalten? Und wo, wann und wie als Komparse?*
- *Wenn Sie damals, als Sie sich als Komparse gefühlt haben, schon Regisseur gewesen wären: Wie hätten Sie gehandelt? Was hätten Sie anders gemacht?*
- *Angenommen, Sie wollten Ihre Strategie der beruflichen Neuorientierung noch heute auf »hundertprozentig aktiv« umschalten: Was würden Sie dann tun? Und woran würden andere Menschen erkennen, dass Sie ein Regisseur sind?*
- *Haben Sie ein Vorbild? Einen Menschen, der schon lange die Regie über seine Karriere fest in der Hand hält? Was meinen Sie: Was würde dieser Mensch Ihnen heute für Ihre Karriere ans Herz legen?*

»1 Prozent Inspiration und 99 Prozent Transpiration«: Wer finden will, muss suchen

Prinzen sind gewöhnlich lange unterwegs, bis sie finden, was sie suchen. Prinzessinnen, Königreiche, Schätze und was es auch immer in Märchen zu finden gibt. Dabei haben sie sich mit Widerständen und Widrigkeiten herumzuärgern, was sich aber am Ende natürlich auszahlt, weil die Akteure glücklich bis ans Ende ihrer Tage leben. Mir ist kein Märchen bekannt, in dem der Prinz in seinem Schloss kreuzunglücklich am Pool sitzt und einfach nur wartet – weil er keine Ahnung hat, wonach und wo er suchen könnte: »Sein oder nicht sein? Prinzessinnen soll's da draußen geben? Mag ja sein. Aber was, wenn nicht? Und wenn ich mich verlaufe? Aber es ist so öde hier, und ich bin ja auch nicht mehr der Jüngste. Und die Drachen? Hab ja ein bisschen Angst vor denen. Mal vor's Burgtor schauen? Könnte ich tun. Aber bringt das was? Vielleicht kommt mir morgen eine gute Idee. Oder irgendein Zauberer oder sonst jemand schaut vorbei und sagt mir, was ich tun soll. Guter Plan. Mann, ist das öde hier.«

Erinnern Sie sich an meine Unterscheidung zwischen Weg-von-Zielen und Hin-zu-Zielen in den »Acht Schritte auf dem Weg zum neuen Job« (Seite 57)? Bei diesem unglücklichen Prinzen, bei den Reitern von toten Pferden und bei Menschen, denen ihr Job zum Hals heraushängt, ist das Weg-von-Ziel ja sehr klar. So weit waren wir schon. Schauen wir uns jetzt genauer an, womit wir uns das Suchen oft so schwer machen, dass wir gleich wieder damit aufhören – bevor wir auch nur eine Chance hatten, etwas zu finden.

Im Märchen gehören zu der hohen Suche immer auch Prüfungen und jede Menge Arbeit. Auf der Suche nach dem richtigen Job ist es nicht so viel anders. Im Märchen reiten die Prinzen in die weite Welt und vertrauen darauf, dass sich ihnen die richtigen Prüfungen schon stellen werden – das tun aber viele Jobsucher überhaupt nicht. Sie sagen (und glauben) zwar, dass sie auf der Suche sind und alles tun, um fündig zu werden, aber sie sind in Wirklichkeit weit entfernt davon! Ich möchte Ihnen dies anhand einer typischen Szene aus meiner Coachingpraxis erklären:

»Was könnte ich beruflich tun? Was will ich tun?«, sind die zentralen Fragen *von Klaus. Als Einstieg und erste Orientierung bitte ich ihn, seine Gedanken, Themen, Ideen, Fragen und Träume dazu aufzuschreiben. Klaus steht erst am Anfang der vierten Phase (der kreativen Suche, siehe Seite 58), und es geht hier ausschließlich darum, sich auf die Suche nach möglichst vielen unterschiedlichen Ideen zu machen – ohne den Anspruch, schon einen konkreten Job zu formulieren.*

An der großen, leeren Wandtafel hat er bisher fünf Gedanken sortiert:

- *mit Menschen arbeiten*
- *Events organisieren*
- *sinnvoll muss es sein!*
- *Reisen*
- *Schulungen oder Seminare geben*

Das ist natürlich nur ganz grob und in Kladde gedacht. Aber auf jeden Fall eine Ausgangsbasis. Ich ermutige Klaus, weitere Ideen auf die Tafel zu werfen oder aufzuschreiben, was ihm zu den fünf Begriffen weiter einfällt. Um ihn zu unterstützen, stelle ich Fragen wie:

- *»Was für ein Bereich könnte es denn sein, in dem Sie mit Menschen arbeiten würden?«*
- *»Welche Events möchten Sie organisieren?«*
- *»Was fällt Ihnen denn ein zu dem Wort ›sinnvoll‹?«*
- *»Welche Assoziationen haben Sie zu dem Begriff ›Reisen‹?«*
- *»Welche Seminarinhalte könnten Sie interessieren?«*

Durch solche öffnenden Fragen haben wir die Chance, weiter einzusteigen, Ideen zu vertiefen und neue zu entdecken. Klaus fühlt sich sichtbar unwohl, es scheint anstrengend und überhaupt nicht spielerisch für ihn zu sein. Wenn ich auf einen Begriff fokussiere, rutscht er zu einem anderen und bleibt dabei stets negativ und distanziert: »Na, mit Reisen kann man ja kein Geld verdienen. Ich glaube, damit fliehe ich nur. Ich hab neulich eine Reisedokumentation im Fernsehen gesehen. Das wäre natürlich toll! Aber das ist Traumtänzerei ...«

Wenn ich einhake und versuche, ihn anzuregen, über solche Dokumentationen nachzudenken, ist er schon wieder weg und bei einem anderen Punkt. So geht es immer weiter – es ist, als wolle man einen Pudding an die Wand nageln. Klaus ist natürlich frustriert und sagt, dass es ihm immer so geht, wenn er versucht, sich Gedanken über seine berufliche Zukunft zu machen. Für ihn ist dies ein Beleg dafür, dass er nun einmal keine Ideen und Möglichkeiten hat!

Wenn wir diesen Prozess von außen beobachten, ergibt sich allerdings ein ganz anderes Bild: Bevor der Suchprozess überhaupt beginnen kann, wird er blockiert und überlagert von kritischen Fragen und abwertenden Bemerkungen. So können gute Ideen gar nicht erst entstehen – das Klima ist viel zu eisig! Und das Ergebnis ist vorhersehbar: schlechte Laune, ein negatives Selbstbild und noch eine Runde auf dem toten Pferd.

Ideen sind gar zarte Pflänzchen

Eine kritische Haltung, ob von anderen oder von uns selbst (von unserem inneren Kritiker), bringt uns automatisch in die Defensive und macht uns innerlich eng. Und damit haben neue Ideen, die sehr zarte Pflänzchen sind, keine Chance mehr. Sätze wie in unserem Beispiel – »Damit kann man ja kein Geld verdienen« oder »Das ist doch Traumtänzerei« – beenden die Suche, bevor sie überhaupt begonnen hat.

Man mag jetzt denken, dass eine (selbst-)kritische Haltung doch grundsätzlich wichtig und richtig ist. Das stimmt auch – doch nicht in jeder Situation. Erst einmal muss Material entstehen und Konturen bekommen können, bevor ich es der kritischen Prüfung aussetze! Kritik ist am richtigen Platz, wenn ein Ideenfindungsprozess abgeschlossen ist. Wie viele große Erfindungen wären gar nicht gemacht worden, wenn ihre Entdecker sie sofort als unrealistisch abgetan hätten? So manche gute und erfolgreiche berufliche Idee erscheint uns anfangs als gar nicht machbar. In unserem Modell der acht Schritte der Berufsfindung sind Kritik und die Frage der Umsetzbarkeit erst in der Konkretisierungs- und in der Entscheidungsphase sinnvoll. Auf gar keinen Fall vorher!

Dummerweise halten sich unsere inneren Widerstände gegen Veränderungen nicht an diese Regel. Sie mischen sich sofort und bei jeder Gelegenheit ein und wollen die kreativen Teile des Gehirns am besten gar nicht erst zu Wort kommen lassen, wenn wir versuchen, neue Gedanken zu entwickeln. Deshalb ist es wichtig, dass wir Stellung beziehen und die Regie über unseren Suchprozess übernehmen – und sie auf keinen Fall unseren inneren Bremsern überlassen! Was heißt das konkret? Wenn Sie nicht wissen, was Sie (beruflich) wollen, sollten Sie unbedingt der Suche nach Ideen ausreichend Raum und Zeit geben. Nehmen Sie *jede* Idee, und erscheint sie Ihnen auf den ersten Blick auch noch so verrückt, erst einmal ernst, und denken Sie sie weiter, bis sie Konturen hat. Melden sich dabei Kritik und Ablehnung, nehmen Sie sie zur Kenntnis, halten Sie sie auch gern schriftlich fest – und schicken Sie sie dann vor die Tür. Geben Sie sich die Erlaubnis, auch mal zu spinnen und zu träumen – wer weiß, welche großartigen und durchaus realisierbaren Projekte daraus entstehen werden!

So geben Sie Inspirationen eine Chance

»Ich kann freilich nicht sagen, ob es besser wird, wenn es anders wird.
Aber so viel kann ich sagen: Es muss anders werden,
wenn es besser werden soll!«

Georg Christoph Lichtenberg, Physiker und Schriftsteller

Es wird oft angenommen, große Ideen kämen einfach so zu uns, ohne Vorbereitung, quasi vom Himmel. Das ist nur zum Teil richtig, denn ganz ohne Vorbereitung und Vorarbeit kann man lange auf sie warten. Newton hat das Gravitationsgesetz nicht entdeckt, weil er sich unter Apfelbäumen ein schönes Leben machte. Er hat sich natürlich lange mit dem Problem beschäftigt, genauso wie andere Entdecker und Erfinder, lange bevor das »Aha-Erlebnis« kam. Bevor es auf neue Ideen kommt, braucht unser Gehirn nämlich erst einmal jede Menge Input und muss Zeit haben, sich mit möglichst vielen Fakten zu beschäftigen. Man spricht dabei von der Inkubationsphase (der »Bebrütungsphase«) der Ideenfindung. Erst dann ist der Nährboden geschaffen für ganz neue Einfälle, die uns dann auch quasi wie vom heiteren Himmel in den Sinn kommen.

Aber einfach nur darauf zu verweisen, dass die tolle Idee für den neuen Job noch nicht da ist, und weiter nur in der Nase zu bohren, ist einfach eine schlechte Ausrede, um nicht aktiv werden zu müssen! Deshalb halte ich es mit Thomas Alva Edison, der sagte, dass ein erfolgreicher Suchprozess aus »1 Prozent Inspiration und 99 Prozent Transpiration« besteht. Aber was können wir denn tun, wenn wir noch gar nicht wissen, wohin die Reise gehen könnte?

Ein optimaler Nährboden für Ideen ist einerseits genug Freiraum (Entspannung, Zeit, wenig Ablenkungen) im Kopf, sodass innere Impulse und Wünsche aufsteigen und uns bewusst werden können – und andererseits möglichst vielseitige Anregungen von außen. Wenn Menschen sich also kaum Zeit nehmen für ihre berufliche Neuorientierung, am liebsten schon morgen den fertigen Plan hätten, ständig unter Stress und Druck stehen und sich dabei immer nur in denselben gewohnten Umgebungen aufhalten, ist es doch kein Wunder, wenn nichts Neues dabei herauskommt, oder? Leider gehen die meisten Menschen genau so mit der Frage nach ihrer beruflichen Zukunft um.

Wenn Sie sich auf die Suche nach beruflichen Inspirationen machen wollen, empfehle ich Ihnen, sich möglichst häufig in anregenden Umgebungen mit offenen Augen zu bewegen. Suchen Sie sich Orte, die Ihren Sinnen möglichst viele unterschiedliche Informationen liefern, wie Museen, Buchläden, lebendige Straßen und Stadtteile. Setzen Sie sich in ein Straßencafé, und lassen Sie sich für Ihre berufliche Suche inspirieren! Oder wie wäre es mit Spielwarenhandlungen oder dem

Rummelplatz? Je mehr Details Sie in der Lage sind wahrzunehmen, desto reichhaltiger wird Ihre Ausbeute sein. Gute Leitfragen können dabei sein:

- Was lerne ich hier über meine (beruflichen) Interessen?
- Was zieht meine Aufmerksamkeit und meine Neugier an?
- Was sehe und erlebe ich hier über spannende Berufe?

Auf diese Weise wird Ihnen die Phase der kreativen Suche sehr wahrscheinlich viele Ideen-Puzzlestücke bringen. Drücken wir uns aber davor, unseren Blick nach innen und auf die Angebote unserer Umwelt zu richten, schauen wir lieber nicht über unseren Tellerrand, sehen wir natürlich nur das, was wir schon gut und lange kennen. Aber eben nichts Neues. Wenn ich bisher Herrenschuhe verkauft habe, ist dann die äußerst denkbare Möglichkeit beruflicher Veränderung womöglich nur der Verkauf von Damenschuhen ...

Ihre Antworten auf diese Fragen machen Ihre Suche produktiver

- *Wenn Sie ganz generell eine gute Idee brauchen – wie stellen Sie es an? Was hat Ihnen bisher dabei geholfen? Haben Sie ein Suchsystem?*
- *Wie verhindern Sie es – nach allem, was Sie eben gelesen haben –, auf neue Ideen zu kommen? Was tun Sie bisher, um immer wieder nur dieselben alten Antworten zu finden?*
- *Gibt es Orte, die inspirierend auf Sie wirken? Wo können Sie sich gut entspannen und dabei Anregungen bekommen?*
- *Wie viel inneren und äußeren Freiraum gönnen Sie sich wirklich für Ihre Suche nach dem Job, den Sie sich wünschen?*
- *Haben Sie gerade eine Idee, wie Sie Ihren beruflichen Suchprozess produktiver und inspirierender gestalten können?*

Teil 3:
Absteigen! Umsteigen! Aufsteigen!

Sie halten die Zügel in der Hand!

Wir haben uns unser totes Pferd jetzt von allen Seiten angesehen. Wir haben festgestellt, dass es wirklich tot ist. Und dass es wenig Sinn macht, noch länger darauf sitzen zu bleiben (auch wenn wir dafür ein paar gute Gründe wüssten). Es ist Zeit abzusteigen, ein neues Pferd zu suchen, endlich umzusteigen und aufzusatteln! Ich möchte mit Ihnen jetzt nach vorne schauen und Sie ermutigen, aktiv zu werden – nicht den ausgetretenen Pfaden einer reaktiven Karrierestrategie zu folgen, sondern das Heft ab sofort selbst in die Hand zu nehmen.

Ich weiß, dass so eine Herangehensweise vielen fremd ist und deshalb etwas Mut braucht. Aber ich bin sehr optimistisch, weil ich oft erlebe, dass Menschen es schaffen, über ihren eigenen Schatten zu springen – *wenn* sie bereit sind, sich für ihr Jobprojekt zu engagieren und dabei alte einschränkende Glaubenssätze zu hinterfragen und über Bord zu werfen.

Warum es nicht mehr läuft, wie es einmal lief

Es gab einmal eine Zeit, in der Unternehmen uns eine lebenslange berufliche Heimat boten. Man stieg schon mit der Ausbildung oder spätestens nach dem Studium ein und führte ein langes, mehr oder weniger glückliches, gemeinsames Leben. Man war mit seinem Betrieb verheiratet. Vor der Pensionierung auszusteigen und zu wechseln, war eher die Ausnahme. Gerade in mittelständischen Unternehmen war nicht Gewinnmaximierung das einzige Ziel, sondern es ging auch darum, Menschen einen sicheren Arbeitsplatz zu bieten.

Also entschied man sich nach der Schulzeit für einen Beruf, dem man in der Regel berufslebenslang nachging. In welchen Schritten und Gehaltsgruppen man sich dabei entwickelte, war ziemlich genau definiert und vorhersehbar. In den Aufbaujahren nach dem Krieg ging es ja auch stetig bergauf mit dem Wohlstand und der Produktivität. Ein sicherer Arbeitsplatz war der natürliche Wunsch der ganz großen Mehrheit. Man wechselte seinen Job so selten wie möglich – denn Stetigkeit und Kontinuität waren *die* zentralen Werte. Die Arbeitgeber gaben eben Arbeit und taten über Stellenanzeigen kund, was und wen sie gerade brauchten. Wenn jemand einen Job suchte, reichte der wöchentliche Blick in die Zeitung, um herauszubekommen, ob das eigene Profil gerade gefragt war. Die Bewerbung hatte dann standardmäßig zu sein und der Lebenslauf lückenlos und logisch. Was zählte, waren Zeugnisse und belegbare Qualifikation.

Manche Menschen glauben, dass die Arbeitswelt im beginnenden 21. Jahrhundert immer noch so funktioniert. Sie suchen immer noch den lebenslangen Job und glauben, dass der Arbeitgeber ihnen Sicherheit und Stabilität garantieren sollte. Und sie meinen, dass es reicht, sich einmal im Leben vernünftig qualifiziert zu haben, und dass damit ihr berufliches Profil in Stein gemeißelt ist – und damit für sie nur ganz bestimmte Jobs infrage kommen.

Diese Haltung nenne ich eine reaktive Karrierestrategie, die Sie im zweiten Teil ja bereits kennen gelernt haben. Vielleicht erinnern Sie sich an das Kapitel über die Haltungen von Regisseuren und Komparsen? Je weniger ich mich als Gestalter meiner Karriere sehe, je kleiner meine gefühlte Selbstwirksamkeit ist, desto reaktiver muss meine Haltung sein. Dann orientiere ich mich tatsächlich vor allem an den vermeintlichen Chancen auf dem Arbeitsmarkt, den Empfehlungen anderer Menschen und dem, was Stellenanzeigen mir anscheinend zu bieten haben. Ich reagiere also hauptsächlich auf Einflüsse von außen und frage mich erst im zweiten Schritt, ob ich mir einen Job zutraue und wie sehr er mich interessiert. Ein negatives Selbstbild und einschränkende Glaubenssätze sorgen außerdem dafür, dass ich mich überhaupt nur mit den Optionen auseinandersetze, die diese strengen »inneren Filter« mir gestatten. Wenn ich – koste es, was es wolle – an einem toten Job-Pferd festhalte, ist dies das Maximum an reaktiver Strategie!

Vor zwanzig Jahren mag ich mit so einer Haltung noch ganz gut durch mein Berufsleben gekommen sein. Doch ob wir es für gerecht halten oder nicht, ob es uns gefällt oder wir uns überfordert fühlen – die Arbeitswelt hat sich grundlegend gewandelt. Und sie wird sich ganz sicher nicht zurückdrehen und natürlich auch nicht bleiben, wie sie heute ist. Berufe entstehen und verändern sich unglaublich schnell – weil technische, gesellschaftliche und global-wirtschaftliche Veränderungen immer neue Tätigkeiten erfordern. Da unser Wissen explosionsartig wächst, entstehen immer spezifischere und damit zahlreichere Jobprofile, und es tun sich ständig neue Nischen auf. Was früher innerhalb großer Unternehmen gemacht wurde, wird heute lieber ausgelagert und von kleinen Anbietern oder Freelancern erledigt. In diesem komplexen Durcheinander können Menschen nur noch sehr begrenzte Bereiche überblicken. Die Vorstellung, dass ein Berufsberater »den Markt« kennt und weiß, wo es für mich Möglichkeiten geben könnte, ist zwar sehr attraktiv – aber leider völlig unrealistisch! Und das bedeutet: Wir müssen es selbst in die Hand nehmen. Egal ob wir selbstständig oder angestellt sind oder es werden wollen – wir können uns weder auf bewährte Karrierepläne noch auf Vorhersagen verlassen. Was heute richtig ist, kann morgen falsch sein; was heute als Superjob gilt, ist vielleicht morgen die Garantie für einen Platz in der Schlange vor dem Jobcenter. Ob es uns also gefällt oder nicht: Keiner wird uns sagen können, wohin wir uns orientieren sollen. Keiner!

Trotzdem glauben viele berufliche Neueinsteiger den »ungeschriebenen Gesetzen«, die uns eine sichere Karriere, Status und Wohlstand versprechen: Mehr als 12 beziehungsweise 13 Jahre dürfen wir auf keinen Fall in der Schule verbringen. Bestimmte Unis und Studiengänge, Traineeprogramme, natürlich Auslandsaufenthalte und jede Menge Praktika sind ein Muss! Sich nach der Schulzeit für ein Jahr die Welt ansehen (was in meiner Jugend als vertretbare Option galt)? Auf so eine Idee kommt heute kaum noch jemand, weil man danach eine Karriere natürlich vergessen kann. Und Interessen und berufliche Träume haben in der Berufswelt gar nichts zu suchen. Sei zielstrebig, sei schnell, tue, was alle tun, und sei sehr, sehr gut. Dann klappt's auch mit der Karriere. Ganz sicher! Doch leider wird dieses Versprechen an die nachrückende Generation nicht eingelöst. Die Weltfinanzkrise betrifft vor allem die jungen Menschen. Und eine stromlinienförmige Ausbildung ist plötzlich doch kein Garant mehr für die Turbokarriere. Auch hier stellt sich eine reaktive Strategie als weniger erfolgreich heraus, als man einmal propagiert hatte.

Wenn Sie schon viele Jahre berufstätig sind und sich heute auf einem toten Job-Pferd wiederfinden, haben Sie möglicherweise bei Ihren ersten beruflichen Entscheidungen auch zu sehr darauf gesetzt, was »man« zu tun hatte, um einen sicheren Arbeitsplatz zu bekommen. Dass ein Job ohne echtes Interesse und inneres Engagement auf die Dauer kein erfolgreicher Job sein kann, hat man Ihnen vielleicht damals nicht gesagt.

Im Mittelpunkt Ihrer Karrierestrategie stehen Sie!

Aber woran können wir uns denn orientieren, wenn wir weiterhin unsere Brötchen verdienen müssen, erfolgreich und außerdem dabei noch zufrieden sein wollen? Lassen Sie uns sehen, wie wir unsere Karriere aktiv gestalten können: Anstatt erst einmal zu schauen, was der Markt heute für uns im Angebot hat, lassen wir ihn vorerst links liegen. Stellenanzeigen und -börsen? Ignorieren wir. Ratschläge von Freunden, Familie und Experten? Sind auch Schläge, können wir für den Anfang nicht gebrauchen. Unseren inneren Antreiber und Panikmacher, der meint, wir müssten ganz schnell die perfekte Entscheidung treffen, schicken wir vor die Tür. Und jetzt: Durchatmen. Runterkommen. Einen Tee kochen. Sind Sie soweit?

Meinen Klienten, die berufliches Neuland betreten wollen, empfehle ich grundsätzlich, sich in der ersten Phase ausschließlich auf sich selbst zu besinnen. Ausgangspunkt der aktiven Strategie ist die einfache – und sehr schwierige – Frage: »Was möchte ich wirklich tun?«

Wenn es mir gelungen ist, auf diese Frage Antworten zu finden, kann ich mich aufmachen, mir meinen Platz in der Arbeitswelt zu suchen. Das bedarf natürlich intensiver Recherchen. Ich muss herausbekommen, was ich zu bieten und was ich noch zu lernen habe. Ich brauche den Mut, Netzwerke zu knüpfen und Menschen und Unternehmen aktiv anzusprechen. Und schließlich geht es darum, mich und mein Angebot zu *bewerben*. Eine aktive Karrierestrategie braucht Initiative und Selbstmarketing. Sie verlangt viel mehr von mir, als nur Jobbörsen zu scannen und Bewerbungen zu schreiben!

Aber mit der aktiven Strategie bin ich fit für die heutige Arbeitswelt und alle Entwicklungen, die noch auf uns zukommen – weil ich der »Käpt'n auf der Brücke meines Karrieredampfers« bin. Im Mittelpunkt stehen dann meine Interessen und Fähigkeiten, und ich entscheide über meine Ziele und Strategien und was ich wem anbieten möchte. Was mir entscheidende Vorteile verschafft, sind die Begeisterung für meine Sache, meine selbstbestimmte Haltung und der daraus resultierende hohe Grad an Flexibilität. Denn über meine Karriere entscheidet nicht mehr, »was ich von Beruf bin«.

Manche Menschen schreckt dieser Ansatz erst einmal ab. Sie würden sich lieber darauf beschränken, Stellenanzeigen zu lesen und höchstens mal eine Initiativbewerbung zu schreiben. Aber sich mit ihren Wünschen und Fähigkeiten auseinandersetzen, sich den neuen Job »selbst stricken« und dann auch noch die Werbetrommel für sich rühren? Das ist mehr, als viele erst einmal bereit sind zu tun. Ich frage sie dann, wie denn ihre Alternative aussieht – wenn sie doch keine Vorstellung davon haben, was sie gern tun wollen? Wo wollen sie suchen? Und wollen sie sich wirklich auf jede freie Stelle bewerben, die halbwegs okay klingt? Menschen, die nicht überzeugt sind von ihren Zielen und dem, was sie zu bieten haben, sind für andere auch nicht unbedingt attraktiv. Außerdem werden interessante Stellen immer seltener ausgeschrieben, da mehr und mehr Menschen aktive Karrierestrategien nutzen und sich herzlich wenig um Stellenanzeigen kümmern.

Also, auch wenn Sie bei diesen Gedanken vielleicht schon kalte Füße bekommen – Sie sollten sich sehr gut überlegen, ob es nicht an der Zeit ist, Bedenken und den inneren Schweinehund beiseitezuschieben und sich selbst in den Mittelpunkt Ihrer beruflichen Ausrichtung zu stellen! Was Sie dazu brauchen, finden Sie im dritten Teil dieses Buches. Ich möchte Ihnen Werkzeuge vermitteln, die Ihnen bei Ihrer beruflichen Neuorientierung helfen werden. Jedes der folgenden Kapitel widmet sich einem anderen wichtigen Aspekt: Zunächst werden wir uns mit der »inneren Freiheit« beschäftigen und mit Haltungen, die unsere Handlungsmöglichkeiten einschränken oder aber erweitern können. Mit einem Test können Sie überprüfen, wie selbstwirksam Ihre Denkweise generell ist. Dann werde ich Ihnen zeigen, wie Sie unkonstruktives Grübeln beenden und eine hirngerechte Ideenfindung unterstützen können. Das darauf folgende Kapitel wird sich dem kreativen Denken und seiner Bedeutung bei der beruflichen Neuorientierung widmen. Sie werden lernen, wie Sie Ihre Kreativität für neue Ideen nutzen können. Danach wird es um berufliche Visionen gehen und wie wir dadurch Klarheit über unsere Ziele gewinnen. Das anschließende Kapitel wird Ihnen zeigen, wie Sie sich Ihrer Fähigkeiten bewusst werden und ein Kompetenzprofil erarbeiten können, und dann wird es um Ihre Interessen gehen und um Wege, sich einen besseren Zugang zu Ihren Wünschen zu schaffen. Danach werden wir uns noch einmal ausführlich den mentalen Blockaden und inneren Widersachern widmen. Mit Ihren beruflichen Zielen und Ihren Kriterien für zufriedenes Arbeiten werden wir uns dann beschäftigen. Außerdem wird es im darauf folgenden Kapitel darum gehen, wie Sie Ziele konstruktiv auf den Punkt bringen können. Im abschließenden Kapitel werde ich Ihnen schließlich Werkzeuge vermitteln, die Ihnen dabei helfen, Ihr Projekt »berufliche Neuorientierung« zu strukturieren, zu starten und schließlich auch durchzuhalten.

Natürlich möchte ich nur zu gern erreichen, dass Sie sich voller Energie und Begeisterung an Ihr Jobprojekt machen! Aber genauso wichtig ist mir, dass Sie sich ausreichend Zeit dafür nehmen. Wenn Sie schon lange mit Ihrer beruflichen Situation unzufrieden sind, ist es natürlich sehr menschlich, wenn Sie möglichst schon morgen neue Ufer erreichen wollen. Den eigenen Karriereweg aktiv zu gestalten bedeutet allerdings eine Menge Arbeit – und Abkürzungen auf diesem Weg führen leider selten zum Ziel.

Erfolgsfaktor »Innere Freiheit«

»Dem Gehenden schiebt sich der Weg unter die Füße.«

Martin Walser

Wenn der Lottojackpot mal wieder schwindelerregende Höhen erreicht, wird regelmäßig zum Sturm auf die Annahmestellen geblasen. Menschen werden ganz aufgeregt bei dem Gedanken, dass *sie* die Glücklichen sein könnten. »Ja, wenn ich so viele Millionen hätte, wäre alles anders! Ich bräuchte nie mehr zu arbeiten. Und ich hätte ein wunderbares Leben.«

Klar. Aber was genau würde ich dann tun? Was wäre denn für mich ein »wunderbares Leben«? Was möchte ich mit den Jahren und Jahrzehnten meines verbleibenden Lebens anfangen? Ich stelle diese Fragen meinen Coachingklienten sehr gern, wenn es um berufliche Veränderung geht. Meistens zeigt sich, dass die Antworten gar nicht so leicht so finden sind, wie es auf den ersten Blick scheint. Nie mehr arbeiten? Okay. Und dann? Nur noch vor dem Fernseher sitzen? Jeden Tag in den tollsten Restaurants essen? Auf Reisen gehen? Das alles wird wahrscheinlich ziemlich schnell langweilig. »Ich würde nur noch tun, was mir Spaß macht«, ist oft eine der ersten Antworten. Aber schon mit der Frage »Was macht Ihnen denn Spaß?« haben die meisten so ihre Probleme. Und 24 Stunden am Tag Spaß haben? 365 Tage im Jahr? Ganz schön anstrengend. Oder würde ich schon weiterhin arbeiten wollen – aber etwas Tolles, Sinnvolles, Soziales oder Kreatives tun?

Lassen Sie uns noch einen Schritt weiterträumen: Angenommen, ich dürfte mir einen Job wünschen – und ich hätte sofort alle nötigen Fähigkeiten und wäre sofort an dem Platz, wo ich sein möchte. Ich könnte Bundeskanzler sein, Rockstar oder Tennisprofi. Alles, was ich will! Wofür würde ich mich dann entscheiden? Wofür würden *Sie* sich spontan entscheiden? Was geht Ihnen dabei durch den Sinn?

Ich habe die Erfahrung gemacht, dass Menschen sehr unterschiedlich auf diese Frage reagieren: Einige denken spontan tatsächlich sehr weit, wünschen sich, ein weltberühmter Filmstar zu sein, ein Unternehmen zu besitzen und zu leiten, das Land zu regieren oder sich wie Mutter Teresa oder Albert Schweitzer für notleidende Menschen einzusetzen. Andere wollen etwas weniger Großes und lieber die Mittel haben, um zum Beispiel in Ruhe ihrem Hobby nachgehen zu können. Und eine dritte Gruppe antwortet wie diese Klientin von mir:

 Als Manuela zu mir kam, war sie 42 Jahre alt und seit vielen Jahren in der Personalbuchhaltung eines mittelständischen Unternehmens beschäftigt. Ihre Arbeit und das Team hatten sich in der ganzen Zeit kaum verändert – sie sagte mir, sie könnte ihren Job auch im Schlaf machen. Sie langweilte sich sehr und wünschte sich ganz dringend eine berufliche Veränderung.

Als ich Manuela die Frage nach ihrem – fiktiven – Traumjob stellte, antwortete sie sehr zögerlich: Sie hätte gern einmal Führungsverantwortung, aber die Leitung der Abteilung traue sie sich nicht zu. Und in ihrem Alter sei es ja auch schwierig, etwas ganz anderes zu machen. Vielleicht könne sie in einem Projekt mitarbeiten wie dem Umbau der Zeiterfassung, das gerade in ihrem Unternehmen begonnen hatte. Das würde ihr schon Spaß machen.

Ich versuchte, sie zu ermutigen, sich einen Wunsch auszudenken, der jenseits ihrer täglichen Erfahrungen lag – schließlich sei dies ja eine Fantasiefrage. Aber Manuela fiel es sehr schwer, sich von den Bedingungen ihres Alltags mental frei zu machen. Sie hatte auch sichtbar keinen Spaß an dieser Übung, viel zu groß war der Stress!

Vielleicht denken einige von Ihnen jetzt: Welchen Sinn hat es auch, sich solche Fantasiefragen zu stellen – damit kommen wir unserer Frage nach »realistischen Joboptionen« ja auch nicht näher. Das ist nicht ganz richtig. Denn wenn wir unsere großen Träume kennen, wissen wir, was uns wirklich am Herzen liegt – und daraus können wir kleinere, »realistischere« Ziele ableiten.

Aber mir geht es hier um etwas anderes: Dem einen fällt es leicht, seine großen Träume zu benennen, der andere fährt mental eher auf Sicht und hat nur wenig Zugang zu den eigenen Wünschen, so wie Manuela. Woran liegt das? Da die Frage nach dem Traumjob ja ausschließlich unsere Fantasie anspricht, bietet sie unseren Wünschen und Träumen freie Bahn. Ängste und innere Widerstände müssen sich nicht regen, weil es ja nicht um eine mögliche Umsetzung geht – also kein Risiko. Warum fällt es Menschen trotzdem so schwer, auch nur aus Spaß mal über den eigenen Tellerrand zu schauen? Ist das nur eine Frage mangelnder Fantasie?

Übrigens: Was wäre denn eigentlich *Ihr* Traumjob, wenn Sie alle Möglichkeiten hätten? Wie leicht fällt Ihnen die Antwort auf diese Frage?

Die innere und die äußere Freiheit

»Die Gedankenfreiheit haben wir.
Jetzt brauchen wir nur noch die Gedanken.«

Karl Kraus

Wir leben in einem System, das sicherlich nicht perfekt ist, aber uns als Normalbürgern doch so viele Freiheiten garantiert wie noch nie eine Gesellschaft zuvor. Wir können unseren Beruf frei wählen, Beziehungen eingehen und lösen, wie wir es für richtig halten, reisen, wohin wir wollen, wohnen, wo es uns gefällt, und doch so ziemlich nach unserer Façon glücklich werden. Außerdem garantiert man unserer Existenz eine Grundsicherheit, wie es sie auch noch nie gab. Großartige Lebensbedingungen!

Viele Menschen werden mir hier widersprechen: Was hilft mir die Freiheit der Berufsausübung, wenn ich keinen Job finde? Oder keinen Lebenspartner? Wenn ich nicht gesund bin? Oder ich nicht nach Monaco umziehen kann, obwohl ich es möchte, aber mein Konto leider leer ist? Und die Möglichkeiten, mit einem Hartz-IV-Budget zu leben, sind natürlich auch sehr beschränkt.

Unsere Freiheit wird also durch unsere äußeren Lebensbedingungen begrenzt. Allerdings nur eine Seite der Freiheit, nämlich die »äußere Freiheit«. Darunter verstehe ich die Freiräume, die das politische und juristische System, meine soziale, also auch berufliche Umgebung, meine materiellen Möglichkeiten, meine Ausbildung und meine Gesundheit mir ermöglichen. Man könnte die äußere Freiheit also als Summe aller Wahlmöglichkeiten beschreiben, die äußere und materielle Faktoren mir bieten.

Die andere Seite wird von meiner »inneren Freiheit« bestimmt. Was nützen mir nämlich all die vielen schönen äußeren Freiheiten, wenn ich sie nicht wahrnehmen und nicht für mich nutzen kann? Weil ich Angst vor dem Scheitern oder dem Urteil anderer Leute habe. Weil mein Selbstwertgefühl gering ist und ich nicht an mich und meine Fähigkeiten glaube. Weil ich es zuerst einmal anderen recht machen muss, da mir sehr wichtig ist, was sie von mir halten und denken. Wenn mein Leben voll von »Ich muss« ist und es kaum ein »Ich brauche« oder »Ich möchte« gibt.

Welchen Wert hat ein freier Tag, wenn ich unbedingt den Rasen mähen muss, mit X telefonieren muss, mich mit Y verabredet habe, weil es mal wieder sein musste (sonst wäre er mir böse), ja nicht einfach nur herumhängen kann (wo kämen wir da hin!) und die Wohnung ja nun wirklich mal wieder gestrichen werden muss. Welchen Wert hat also meine äußere Freiheit, wenn meine inneren Freiheitsgrade so begrenzt sind?

Wenn ich »freiwillig« jeden Tag zehn Stunden arbeite (weil ich mich nicht traue, früher zu gehen), wenn ich von meinem Kollegen fiese Bemerkungen mit einem Lächeln ertrage (weil ich mich ihm gegenüber hilflos fühle) oder nicht nach einer Gehaltserhöhung frage (weil ich Angst vor einem Nein habe) – dann hilft mir meine äußere Freiheit wenig.

Es ist bitter, wenn unsere innere Freiheit zu klein ist, um unser Leben zu gestalten, wie wir es wollen und brauchen, und wir das alles gar auf die Zeit nach der Pensionierung verschieben – weil wir glauben, dann die (äußere) Freiheit zu haben, all das zu tun, was wir schon immer wollten. Wir verschieben unser Leben, weil unsere innere (Un-) Freiheit uns anscheinend gar keine andere Wahl lässt.

Der neue Job und Ihre innere Freiheit

Wenn wir fest davon überzeugt sind, keine Alternative zu unserem toten Pferd zu haben, spielt unsere (geringe) innere Freiheit dabei eine zentrale Rolle. Aber meistens merken wir das gar nicht und glauben lieber, dass es uns an äußerer Freiheit mangelt! Wir verweisen dann gern auf die äußeren Bedingungen und argumentieren, dass Faktoren unserer äußeren Freiheit unsere Möglichkeiten begrenzen. Damit erklären wir unser Festhalten am Status quo: Es sind der Arbeitsmarkt, unser Arbeitgeber, andere Menschen, die angeblich unser Fortkommen behindern. Und die mangelnden materiellen Möglichkeiten, unser Alter, unsere Kompetenz – alles Faktoren der äußeren Freiheit. Anscheinend ist es für uns weniger unangenehm, auf die äußeren Gegebenheiten zu zeigen, wenn wir uns in Wirklichkeit innerlich eng fühlen. Wir schaffen uns die Vorstellung, kleine Rädchen in einer großen Maschine zu sein, und darin natürlich kaum Einfluss zu haben. Kein schlechtes Alibi.

Innere Un-Freiheit ist immer auch ein Ausdruck von Angst. Dass der rasante Wandel unserer Arbeitswelt und die Forderung nach immer mehr Selbstverantwortung und Flexibilität uns eine Heidenangst machen, halte ich für ganz natürlich. Das Gefühl von innerer Un-Freiheit scheint mir ein Rückzugsreflex auf eine viel zu komplexe Welt zu sein. Gleichzeitig nehmen unsere Möglichkeiten und unsere äußere Freiheit mit den Veränderungen des Arbeitsmarktes eher zu – und das ist keine schlechte Basis für berufliche Veränderungen.

Natürlich haben wir nicht alle die Freiheiten, die wir gern hätten, und selbstverständlich ist die äußere Freiheit recht unterschiedlich verteilt. Wenn es aber um die berufliche Neuorientierung geht, steht uns viel häufiger ein Mangel an innerer Freiheit im Weg als Faktoren der äußeren Freiheit!

Mein Anliegen ist es hier, Sie dazu anzuregen, genauer zu unterscheiden: Ist es wirklich der Mangel an äußeren Möglichkeiten und Fähigkeiten, der Sie begrenzt? Oder ist es vielmehr innere Un-Freiheit, die Sie daran hindert, die Zahl Ihrer Möglichkeiten zu sehen und zu nutzen? Denn dann hat es logischerweise wenig Sinn, auf äußere Bedingungen zu schauen und sich hauptsächlich daran abzuarbeiten.

Sie haben jetzt die Möglichkeit, einmal einen Blick auf die Grenzen Ihrer äußeren Freiheit zu werfen. Nutzen Sie dazu folgende Übung.

 Äußere Freiheitseinschränker

- Sammeln Sie bitte in der linken Spalte dieser Tabelle begrenzende Faktoren Ihrer äußeren Freiheit (wenn der Platz nicht reicht, fahren Sie auf einem Blatt Papier fort): Was schränkt Sie in Bezug auf Ihre berufliche Neuorientierung ein? Welche Menschen, finanziellen und materiellen Faktoren, mangelnden Fähigkeiten und Möglichkeiten oder äußeren Bedingungen – also alles, was nicht zu den mentalen Einschränkungen zählt – sind das?
- Auf welche Weise nimmt jeder Punkt Ihnen die Freiheit und begrenzt Sie?
- Mit welchen Gegenmaßnahmen können Sie möglicherweise Ihre Freiheit zurückgewinnen?

Ein Beispiel:

- Freiheitseinschränker:
»Ich muss für meine Familie sorgen.«
- Welche Grenze setzt er mir?
»Ich muss monatlich mindestens 2 200 Euro netto verdienen.«
- Wie könnte ich ihm begegnen?
»Meine Frau würde gern halbtags wieder arbeiten. Für die Zeit, bis mein neuer Job mindestens 2 200 Euro bringt, könnte ich unser Erspartes verwenden. Ich könnte meine Eltern um einen Kredit bitten.«

Wenn Ihnen die drei Fragen im Moment zu viel sind, sammeln Sie doch bitte auf jeden Fall die Einschränker. Und jetzt sind Sie dran!

1. Äußerer Freiheits-einschränker	2. Welche Grenze setzt er mir?	3. Wie könnte ich ihm möglicherweise begegnen?

Ich mache immer wieder die Erfahrung, dass beschränkende Faktoren von außen gar nicht mehr so unüberwindbar scheinen, wenn wir sie von unseren »inneren Einschränkern« getrennt betrachten.

Ein Beispiel: Für meinen Wunschjob brauche ich eine Fortbildung, die ein Jahr dauert und mich viel Zeit und Geld kosten würde. Kein kleines Problem – aber wenn ich die Fakten bedenke und berechne und nach Lösungen suche, habe ich eine echte Chance. Mischen sich innere Widersacher ein, ohne dass ich sie identifiziere, wird es allerdings schwierig. Mir geht dann vielleicht durch den Sinn: »Wie kann ich in meinem Alter noch eine so teure Fortbildung machen!«, »Meine Frau zieht da bestimmt nicht mit«, oder »Das sind doch nur Träumereien«. Auf den ersten Blick könnte ich meinen, dass mich hier äußere Faktoren begrenzen. Diese Sätze sind aber lediglich einschränkende Glaubenssätze, die über meine wirklichen Möglichkeiten gar nichts sagen! Aber sie nehmen mir meine Motivation und lassen mir meinen Wunsch als unerfüllbar erscheinen.

Wenn wir nicht zwischen unseren inneren und äußeren Freiräumen und Begrenzungen unterscheiden, sie in einen Topf werfen und dann feststellen, dass uns die Freiheit für unser Wunschprojekt fehlt, legen wir uns wirklich sehr große Steine in den Weg!

Ich bin der Käpt'n auf meiner Brücke!

»Die Freiheit ist ein Luxus,
den sich nicht jedermann gestatten kann.«

Otto von Bismarck

Für eine aktive Karrierestrategie ist ein hohes Maß an innerer Freiheit eine wichtige Voraussetzung. Je weniger ich mich innerlich begrenze, desto mehr Optionen kann ich wahrnehmen und nutzen. Eigentlich ganz logisch. Dann traue ich mich wirklich, der Käpt'n auf meiner eigenen Brücke zu sein! Als Käpt'n kann die See noch so stürmisch sein und mein Schiff auch gelegentlich ins Schlingern kommen – ich behalte das Ruder immer in der Hand und tue, was in meiner Macht steht, um mein Schiff auf den Kurs zu bringen, der mich zu meinem Ziel führen wird.

Einen entscheidenden Faktor unserer inneren Freiheit habe ich Ihnen schon im zweiten Teil vorgestellt: die Selbstwirksamkeitserwartung (Seite 104). Erinnern Sie sich? Je stärker meine Haltung von Selbstwirksamkeit geprägt ist, desto mehr bin ich davon überzeugt, Einfluss auf mein Leben zu haben. Wie groß oder klein meine äußere Freiheit auch sein mag, je selbstwirksamer ich denke, desto konsequenter werde ich diese Freiheiten für mich nutzen. Je mehr ich mich dagegen meinem Schicksal, anderen Menschen und der Welt hilflos ausgeliefert fühle, desto weniger nützen mir die Möglichkeiten, die ich tatsächlich habe – denn ich werde sie weder wahrnehmen noch mir zu eigen machen können.

Vielleicht denken jetzt einige von Ihnen so etwas wie: »Schön wär's ja, aber auf meinem Schiff habe ich wenig zu sagen – das steuern sowieso andere.« Dann ist es höchste Zeit, diese Meuterei zu beenden, denn es ist Ihr Schiff – Ihr Leben und Ihre Karriere! Natürlich unterliegen wir mehr oder weniger großen Einflüssen. Aber die letzte Entscheidung und die Verantwortung gehören ganz allein in Ihre Hände. Wenn andere Menschen das Kommando über Sie haben, liegt es ganz sicher auch daran, dass Sie es Ihnen überlassen haben.

Wenn Sie wissen möchten, wie hoch Ihre Selbstwirksamkeitserwartung ist, können Sie das mithilfe des folgenden Tests herausfinden.

Wie selbstwirksam denken Sie?

Lesen Sie sich die unten stehenden Aussagen durch und bewerten Sie sie folgendermaßen:

stimmt nicht = 1 Punkt stimmt eher = 3 Punkte
stimmt kaum = 2 Punkte stimmt genau = 4 Punkte

Bedenken Sie bitte, dass Sie nur dann ein aussagekräftiges Ergebnis erhalten, wenn Sie ehrlich antworten, was Sie wirklich denken – und nicht, wie Sie gern denken würden.

Aussage	Punkte
Wenn sich Widerstände auftun, finde ich Mittel und Wege, mich durchzusetzen.	
Die Lösung schwieriger Probleme gelingt mir immer, wenn ich mich darum bemühe.	
Es bereitet mir keine Schwierigkeiten, meine Absichten und Ziele zu verwirklichen.	
In unerwarteten Situationen weiß ich immer, wie ich mich verhalten soll.	
Auch bei überraschenden Ereignissen glaube ich, dass ich gut mit ihnen zurechtkommen kann.	
Schwierigkeiten sehe ich gelassen entgegen, weil ich meinen Fähigkeiten immer vertrauen kann.	
Was auch immer passiert, ich werde schon klarkommen.	
Für jedes Problem kann ich eine Lösung finden.	
Wenn eine neue Sache auf mich zukommt, weiß ich, wie ich damit umgehen kann.	
Wenn ein Problem auftaucht, kann ich es aus eigener Kraft meistern.	

© Matthias Jerusalem & Ralf Schwarzer, 1981

Ihre Gesamtpunktzahl beträgt: _____Punkte.

Interessiert es Sie, wie Ihr Ergebnis im Vergleich zum Bevölkerungsdurchschnitt aussieht? Knapp ein Viertel der Menschen erzielt zwischen 24 und 28 Punkten, gut ein Viertel zwischen 29 und 31 Punkten und 36 Prozent haben eine höhere Punktzahl.

Überrascht Sie Ihr Ergebnis, oder fühlen Sie sich in Ihrer Selbsteinschätzung eher bestätigt? Je höher Ihr Wert ist, desto weniger werden Sie wahrscheinlich dazu neigen, tote Pferde zu reiten. Möglicherweise ist Ihr Ergebnis aber hier relativ hoch – und Ihre Karrierestrategie ist trotzdem hauptsächlich reaktiv und Sie sehen generell für sich wenig berufliche Möglichkeiten. Manche Menschen weisen im Privatleben und im Job unterschiedliche Selbstwirksamkeitserwartungen auf.

Wenn wir zum Beispiel in der Arbeitswelt negative Erfahrungen gemacht haben, kann sich eine eigentlich selbstwirksame Haltung mit der Zeit ändern: Wir sind eher verunsichert, zweifeln an uns und unseren Möglichkeiten und nehmen uns immer mehr zurück. In der Logik der selbsterfüllenden Prophezeiung erleben wir immer weniger positive Resonanz und Erfolge. So wird aus einem Menschen mit einem hohen Grad an Selbstwirksamkeitserwartung mit der Zeit jemand, der sich im Beruf eher hilflos fühlt.

Gerade wenn der Test für Sie eine geringe Punktzahl ergeben hat, werden Sie sich bestimmt fragen, ob wir denn überhaupt Einfluss auf unsere Selbstwirksamkeitserwartung haben: Ja, das haben wir ganz sicher! Denn wenn unsere Haltung das Ergebnis von negativen Erfahrungen und selbsterfüllenden Prophezeiungen ist, können wir das Rad auch in die andere Richtung drehen. Die Unterscheidung zwischen inneren und äußeren Freiheitseinschränkern ist ein guter Anfang. Wie selbstwirksam wir uns selbst definieren, ist schließlich eine Frage unserer (subjektiven) Überzeugung!

Stellen Sie sich vor, man könnte Ihren Glauben an Ihre Einflussmöglichkeiten durch Hypnose erhöhen: Plötzlich wären Sie also überzeugt, der uneingeschränkte Käpt'n auf Ihrer Brücke zu sein. Meinen Sie nicht, dass Sie sich ganz anders verhalten würden als bisher? Wahrscheinlich würden Sie viel mehr wagen und ausprobieren. Und höchstwahrscheinlich würden Sie damit so einige Erfolge haben, die Sie vorher gar nicht für möglich hielten. Okay, ganz so einfach funktioniert

es leider nicht. Aber je mehr Sie lernen, Ihre inneren Freiheitseinschränker zu hinterfragen, aktiv nach Möglichkeiten suchen und sich
dann trauen zu handeln, desto mehr werden Sie eine selbstwirksamere
Haltung entwickeln. Wenn Sie das Steuerrad nicht in die Hand nehmen, werden andere Menschen es Ihnen ganz bestimmt auch nicht in
die Hand drücken!

Schluss mit der Grübelei: So schalten Sie Ihr Gehirn auf Neustart

 Als Ralf zum ersten Mal in meine Praxis kam, wirkte er auf mich wie ein Häuflein Elend. Ein sympathischer Mann, Mitte dreißig, seit seinem Informatikstudium in mehreren kleinen Unternehmen beschäftigt als »Mädchen für alles«, was mit EDV zu tun hat. Allerdings machte ihm seine Arbeit schon länger keinen Spaß mehr. Es war ihm »zu viel Technik« – ihm reichte es nicht mehr, dass sich sein Berufsleben darum drehte, ob die Server liefen oder nicht.

Er sei ratlos und immer verzweifelter, sagte er mir, weil er einfach nicht vorankomme. Er könne sich ja selbstständig machen, in einem größeren Unternehmen arbeiten, das ihm mehr Abwechslung bietet, oder vielleicht sogar etwas völlig anderes tun – Ideen hätte er ja einige. Ich fragte ihn, was er denn bisher unternommen habe und wie er bei seiner Suche vorginge.

»Na ja, ich denke eigentlich pausenlos darüber nach. Nachts kann ich oft nicht schlafen, weil ich grübele und immer wieder meine Optionen durchgehe und verwerfe«, meinte er. Über das Denken und Grübeln käme er einfach nicht hinaus – was ihn verwunderte, weil er doch wirklich viel Zeit dafür investierte …

Wie Ralf geht es sehr vielen meiner Klienten. Sie wollen sich bewegen, haben den großen und aufrechten Wunsch nach beruflichem Neuland, investieren viel kostbare Lebenszeit in Denken und Grübeln – und verzweifeln darüber, dass sie damit nicht weiterkommen. Wenn ich sie – wie Ralf – frage, wie sie denn bisher mit ihren Ideen und Fragen umgegangen seien, wissen viele gar nicht, was ich meine. »Was kann ich denn tun, außer darüber nachzudenken?«

Eine ganze Menge!

Vom Brainstorming zur Idee und weiter

»Träume realisieren ist richtige Arbeit.«

Svenja Hofert, Das Karrieremacherbuch

Angenommen, ein Unternehmen möchte ein neues Produkt auf den Markt bringen – ein Auto, eine Waschmaschine, einen Müsliriegel, ganz egal. Man wird sich auf verschiedenen Ebenen zusammensetzen und erst einmal überlegen, wie das Produkt überhaupt beschaffen sein soll. Am Anfang wird es natürlich sehr unterschiedliche Vorstellungen geben, einige schon recht konkrete Vorschläge, aber auch ganz grundsätzliche Aspekte und vielleicht auch völlig verrückte Ideen – schließlich soll ja etwas ganz Neues entstehen. Ein schön kreatives Durcheinander.

Jetzt stellen Sie sich aber vor, es ginge immer so weiter: Man würde brainstormen, auseinandergehen, jeder würde weiter darüber nachdenken, jedes Meeting würde mit einem »Schauen wir mal« enden. Über Wochen, Monate und Jahre würde man nichts anderes tun als zu grübeln und nachzudenken – nur den Druck auf die Mitarbeiter würde man immer mehr erhöhen, weil doch endlich einmal etwas dabei herauskommen müsse!

Glauben Sie, dass auf diese Weise jemals ein fertiges Produkt dabei entstehen könnte? Sehr wahrscheinlich nicht. Doch wie würde man auf produktivere Weise vorgehen? Zu Beginn gäbe es natürlich Brainstormings allein und in Teams. Jede Idee, sei sie auf den ersten Blick auch noch so abwegig (es könnte schließlich eine Perle darin sein!), würde aufgenommen und vor allem: festgehalten. Es ist so banal, und trotzdem nicht selbstverständlich: Sämtliche Ideen müssen schriftlich festgehalten, in Form von Zeichnungen und Texten visualisiert werden. Damit schafft man Grundlagen für die Weiterarbeit. Wie wir später noch sehen werden, ist für ein kreatives Arbeiten die Reihenfolge *Spinnen und Entwickeln – Kritisieren – Umsetzung überprüfen* sehr sinnvoll.

So würde man auch mit unserem Produkt verfahren: viele Ideen ausarbeiten, überprüfen, welche davon man weiterverfolgen will, und dann immer detaillierter konstruieren. Am Ende wird man sich zwischen mehreren fertig ausgearbeiteten Produktentwürfen entscheiden. Jede Phase dieses Prozesses hat ihre eigenen Fragen und Anforderungen. Es wäre wenig sinnvoll, sich noch kurz vor der Marktreife mit allgemeinen Fragen zu beschäftigen, die in den Beginn des Prozesses gepasst hätten. Es wäre ausgesprochen unklug, das Fass immer wieder aufzumachen und von vorne zu beginnen, oder?

Sie ahnen wahrscheinlich, worauf ich hinauswill: Genauso unklug und unproduktiv ging mein Klient Ralf an sein Projekt heran – oder anders formuliert: Er hat es nie geschafft, aus seinem Problem (»Mein Job ist ein totes Pferd!«) ein Projekt zu machen. Denn aus Grübeln und Nachdenken allein wird nie ein Schuh, geschweige denn ein neuer Job. Warum machen wir es also nicht wie ein Unternehmen in der Produktentwicklung?

Einen Arbeitsplan für das Produkt »Neuer Job« habe ich Ihnen ja schon vorgestellt, nämlich die »Acht Schritte auf dem Weg zum neuen Job« (Seite 52). Und ich habe dabei erklärt, dass man bei jedem Schritt stolpern und hängen bleiben kann. Wie mein Klient Ralf kommen viele Menschen über die dritte Phase einfach nicht hinaus – weil sie nicht wissen, wie sie vom Grübeln auf umsetzbare Ideen kommen.

Von der Assoziation zur Idee

Haben Sie Lust auf ein kleines Experiment? Dann halten Sie bitte kurz inne, und denken Sie für einige Sekunden an:

Das Meer

Was ist passiert? Wenn Sie sich genug konzentriert haben, wird Ihnen Ihr Gehirn verschiedene Informationen angeboten haben: Sie haben das Bild eines Meeres vor Augen? Sie erinnern sich an Erfahrungen am Meer? Sie haben den Geruch des Meeres in der Nase? Haben Sie sich an Erlebnisse erinnert? Was ging Ihnen durch den Sinn?

Unser Gehirn arbeitet assoziativ, das heißt, es öffnet die Schubladen mit verschiedensten Gedächtnisinhalten, die »seiner Meinung nach« für das Thema relevant sind, auf das Sie sich gerade konzentrieren. Es verfährt dabei nicht unbedingt logisch, sondern nach Kriterien wie Erfahrung, emotionalem Gehalt und wie häufig die Information bisher schon abgerufen worden ist. Vielleicht fällt Ihnen beim Wort »Meer« ein besonderer Urlaub Ihrer Kindheit ein. Oder Sie denken an Dinge, die scheinbar gar keinen Zusammenhang zu dem Begriff haben – weil Ihr Gehirn einen Verweis angelegt hat, der Ihnen momentan gar nicht bewusst ist.

Wenn wir uns einem Thema ausgiebig widmen und alles sammeln, was uns spontan dazu einfällt, nennen wir dies ein Brainstorming. Dabei bringen wir unser Gehirn in einen Arbeitsmodus, in dem es ausschließlich Assoziationen liefert. Jede Kritik oder Kommentierung ist jetzt unerwünscht. Wenn wir unsere Assoziationen auf einem großen Blatt Papier verteilen, nutzen wir die Technik des Mindmappings, also des »hirngerechten Visualisierens«. (Damit werden wir uns später noch beschäftigen.)

Konzentrieren wir uns dann auf die Wörter, die wir bisher notiert haben, werden auch sie weitere Assoziationen in unserem Gehirn auslösen – je nachdem wie viel es dazu gespeichert hat und wie wichtig ein Punkt ihm erscheint. So werden die Ergebnisse unseres Denkens immer breiter und weiter, und wir sammeln eine Fülle von Informationen. Und wahrscheinlich kommen wir auf Ideen, die uns vorher gar nicht bewusst waren – weil sie ganz tief in unserem Gehirn verbuddelt sind oder gerade neu entwickelt (»erbrütet«) wurden. Über Assoziationen kommen wir also an Inhalte, die uns sonst nicht spontan zur Verfügung stehen. Diese Erkenntnis ist für unser Thema außerordentlich wichtig!

Aber was geschieht, wenn wir uns – wie Ralf – lieber auf das Nachdenken und Grübeln beschränken, ohne uns die Mühe zu machen, schriftlich und visuell zu arbeiten? Natürlich wird auch dann unser Gehirn Assoziationen liefern – allerdings je nachdem, worauf wir gerade fokussieren. Und unsere Gedanken sind ja recht sprunghafte Wesen: Vielleicht konzentrieren wir uns eine Weile auf unsere Jobideen und -wünsche. Aber dann reagiert unser Gehirn auch auf andere Impulse und Gedanken wie: »Ich komme doch so nicht weiter«, »Ich *muss* endlich einen Job finden«, »Andere haben eben bessere Chancen und sind einfach besser«, »Das führt sowieso zu nichts«, »Ich hasse meinen Job« oder »Was denken meine Freunde nur über mich?«. Auch dazu liefert das Gehirn dann passende Informationen, die solche Gedanken bestätigen und weiterführen.

Je unzufriedener ich bin und je größer mein innerer Druck wird, desto mehr Raum nehmen meine negativen Gedanken ein. Und natürlich liefert mein Gehirn dazu entsprechende Gedanken, Bilder und Gefühle. Nur die werden mit Sicherheit nicht angenehm sein und mich überhaupt nicht weiterbringen! Ein Gedanken-Teufelskreis entsteht. Und die positiven Ideen, die durchaus das Zeug hätten, zu Jobprojekten zu werden – die gehen natürlich unter. Sie kennen bestimmt solche unproduktiven Grübeleien. Dann wissen Sie auch, wie schwer es ist, daraus auszusteigen.

Unser Gehirn kann allerdings nichts dafür, denn es macht nur seinen Job. Wir sind es, die so unkonstruktiv mit ihm umgehen! Deshalb dürfen wir uns auch nicht wundern, wenn wir gedanklich hängen bleiben und uns einfach keine guten Ideen kommen wollen.

Gebrauchsanweisung für hirngerechte Ideenfindung

»Der vernünftige Mensch passt sich der Welt an, der unvernünftige besteht auf dem Versuch, die Welt sich anzupassen.
Deshalb hängt aller Fortschritt vom unvernünftigen Menschen ab.«

George Bernard Shaw

Was könnte Ralf daraus lernen? Ganz einfach: Er arbeitet ab sofort seine Ideen nur noch schriftlich aus. Zu Beginn dieses Prozesses sollte er wirklich alle Ideen und Aspekte aufschreiben, egal ob sie ihm sinnvoll erscheinen oder nicht. Genau wie bei dem Beispiel einer Produktentwicklung wird er sich dann die interessanten, vielversprechenden Ideen herauspicken und weiter vertiefen und ausbauen. Wichtig ist, dass er sich auf die positiven Seiten konzentriert. (Was wir mit den negativen machen, werde ich Ihnen gleich und in weiteren Kapiteln erklären.) Dadurch wird sein Gehirn in der Spur gehalten und angeregt, auch nur dazu Material zu liefern. Seine inneren Widersacher hat Ralf schließlich lange genug mit Argumenten versorgt!

Ralfs erste Brainstormingphase braucht ausreichend Zeit, damit auch genug Ideen zusammenkommen und möglichst viele Aspekte einfließen können. (Zeit-)Druck und Kritik haben hier nichts zu suchen! Bevor er eine Idee verwirft, wird er sich seine Argumente sehr genau überlegen – sonst geht er womöglich nur seinen inneren Widersachern auf den Leim. Wie eine Auswahl von Automodellen, Waschmaschinen oder Müsliriegeln entstehen so verschiedene Joboptionen. Für jede von Ihnen erstellt er einen Umsetzungsplan, sodass er am Ende eine wirklich gute Entscheidungsgrundlage hat.

Ob das Auto, die Waschmaschine oder der Müsliriegel sich am Markt durchsetzen werden, kann natürlich keiner voraussagen. Und ob Ralf für seinen Wunschjob wirklich einen Arbeitgeber finden oder sich als Selbstständiger etablieren kann, wissen wir ebenso wenig. Aber er hat sein Bestes getan, um seinen Wünschen und Träumen ein Gesicht zu geben, die besten Ideen zu sammeln und damit möglichst hundertprozentig hinter seinem Projekt zu stehen. Begeisterung und Überzeugung sind wichtige Erfolgsfaktoren – insofern hat Ralf ganz sicher eine gute Chance, sein Jobprojekt in die Tat umzusetzen.

Visuell Arbeiten mit Projekttagebuch und Brainstorming

- Grundsätzlich empfehle ich, mit einem Projekttagebuch zu arbeiten. Das ist einfach ein Heft, das genug Platz bietet und handlich genug ist, dass Sie es immer bei sich tragen können, um es für Ideen, Geistesblitze, Beobachtungen, Fragen, Zeichnungen und alles, was Ihnen durch den Sinn geht, zu nutzen. Es soll Sie dazu motivieren, Ihre Gedanken grundsätzlich aufzuschreiben, anstatt beim Grübeln zu bleiben.
- In den ersten Phasen des Suchprozesses geht es ja in erster Linie darum

in die Breite zu denken, um möglichst viele und unterschiedliche Optionen und Aspekte zu entdecken. Dazu eignen sich am besten große Blätter Papier, auf denen Sie Ihre Gedanken ausbreiten können. Unterscheiden Sie beim Brainstorming auf keinen Fall zwischen »guten« und »schlechten« oder »unrealistischen« Ideen. Schreiben Sie grundsätzlich *alles* auf, was Ihnen in den Sinn kommt.

Ablenkstrategien unserer inneren Widersacher

Wenn unser Gehirn klare Vorgaben und Strukturen braucht, um produktiv zu arbeiten, versuchen unsere inneren Widersacher natürlich, genau dies zu verhindern. Schließlich könnte es sonst geschehen, dass wir tatsächlich eine Alternative zu unserem toten Pferd entdecken. Und dann drohten Risiken und Veränderungen. Deshalb versuchen sie, sich in diesen Suchprozess einzumischen und ihn ein bisschen zu bremsen und ein wenig abzulenken, bis er schließlich zum Stillstand kommt und alles bleiben kann, wie es immer war. Diese zwei Strategien unserer inneren Widersacher kennen Sie bestimmt:

Lass es lieber undeutlich! Wenn wir dieser Strategie folgen, verzichten wir darauf, Gedanken und Ideen zu visualisieren und aufzuschreiben. Wir strukturieren unseren Suchprozess nicht, sodass in unserem Kopf das Chaos wächst und wir weiterhin schön im Kreis denken. So haben unsere Ziele und Wünsche keine Chance, auf Dauer klare Konturen zu bekommen. Wir haben ja schon gesehen: Beim Grübeln gewinnen am Ende meistens negative Gefühle und einschränkende Glaubenssätze die Oberhand. Und da die meisten von uns eine strukturierte und visualisierte Suche nicht gewohnt sind, ist es relativ leicht, uns davon abzuhalten – wenn wir nicht aufmerksam und entschlossen sind.

Leg Dich lieber nicht fest! Kennen Sie die Geschichte von dem römischen Feldherren, der vor einer Schlacht die Brücke hinter seinem Heer abbrechen ließ, um sich selbst den Rückweg zu nehmen? Ihm und seinen Leuten blieb gar keine andere Möglichkeit als zu siegen. Auf Neu-Deutsch nennt man das heute »Commitment«. Je stärker meine Entschlossenheit ist, mein Ziel zu erreichen, desto größer sind meine Erfolgsaussichten. Eigentlich ganz logisch.

Aber Menschen legen sich ungern fest, wenn sie von sich und ihrem Ziel nicht ganz überzeugt sind. Dann halten sie sich einen Rückweg offen, sodass sie ihr Projekt jederzeit abblasen können, ohne ihr Gesicht zu verlieren. Ich höre oft Sätze wie: »Ich versuche das mal. Mal sehen, ob es funktioniert.« Und dann fehlt natürlich der Rückenwind, um die Sache durchzuziehen. Stellen Sie sich vor, unser Produktionsunternehmen würde sich vornehmen, »vielleicht mal zu schauen, ob wir nicht eventuell ein neues Produkt entwickeln und unter Umständen möglichst bald auf den Markt bringen«. Für die Mitarbeiter wäre so ein »Nicht-Commitment« doch ein klares Signal, sich jede Zeit der Welt zu nehmen und ein bisschen herumzuspielen – und sich vor allem einen neuen Job zu suchen, weil es diese Firma mit Sicherheit nicht mehr lange geben wird.

So halten Sie sich auf Kurs

- *Jedes Projekt braucht eine möglichst klare und detaillierte Zieldefinition. Wenn Sie Ihr Jobproblem oder Ihren Problemjob zu Ihrem Jobprojekt machen wollen, sollten Sie sich Ihr Ziel erstens definieren und sich zweitens darauf hundertprozentig festlegen. Am Ende dieses Buchteils werde ich Ihnen einige Tipps geben, wie Sie Ihrem Projekt eine Form geben und es an den Start bringen. Zwei Tipps möchte ich Ihnen hier schon geben, um den beiden Strategien Ihrer inneren Widersacher nicht auf den Leim zu gehen:*
- *Wenn »es« Sie drängt, bei Ihrer Suche nach einem neuen Job lieber undeutlich und an der Oberfläche zu bleiben, setzen Sie sich sofort ein Stoppsignal. Nehmen Sie Papier und Stift zur Hand, und versuchen Sie zu formulieren, worum genau es Ihnen geht. Egal ob es sich um Ideen, Wünsche, interessante Details, Fragen oder auch um Befürchtungen und Kritik handelt: »Be-schreiben« Sie es so detailliert wie möglich!*
- *Wenn Sie meinen, sich auf ein Ziel oder den nächsten Schritt nicht festlegen*

oder ein wichtiges Anliegen nicht ernst nehmen zu können, drücken Sie auf Stopp. Fragen Sie sich, woran es liegen könnte, dass Ihnen dies gerade so schwerfällt, und was Sie möglicherweise dafür brauchen. Wenn Sie erkennen, dass dieses Ziel, dieser Schritt oder dieses Anliegen im Moment eine Nummer zu groß ist, um sich darauf festzulegen: Geht es vielleicht eine Nummer kleiner? Oder können Sie sich leichter auf einen Zwischenschritt festlegen?

Arbeiten Sie zweigleisig

Kommen wir noch einmal auf unser Beispielunternehmen zurück: Wenn der Fahrplan für das Entwicklungsprojekt steht – wer sorgt dafür, dass er auch eingehalten wird? Wer prüft, welchen Stand das Projekt hat, und wer schlägt Alarm, wenn etwas aus dem Ruder zu laufen droht? Auch wenn jeder Beteiligte sich engagiert und sein Bestes gibt, es braucht trotzdem Instanzen, die den Prozess beobachten und steuern. In einem Unternehmen ist dies Sache von Projekt- und Qualitätsmanagern, Controllern und Führungskräften auf verschiedenen Ebenen. Man kann also grob von zwei Instanzen sprechen: der Entwicklungsarbeit und der Prozesssteuerung.

Was hat das mit Ihnen zu tun? Da Sie wahrscheinlich der einzige »Mitarbeiter« Ihres eigenen Jobentwicklungsprojekts sind (es sei denn, Sie lassen sich von einem Coach oder einem anderen Helfer begleiten), ist es sehr wichtig, dass Sie ebenfalls zwei Ebenen im Blick haben:

Die eigentliche Arbeit der Neu-Orientierung: Klären Sie Ihre Wünsche und Vorstellungen, erstellen Sie Ihr Fähigkeitsprofil, sammeln Sie Ideen und Möglichkeiten und suchen Sie nach potenziellen Jobs, wie ich es in den acht Schritten beschrieben habe.

Die Arbeit auf der Prozessebene: Achten Sie darauf, ob Ihr Projekt noch unter Dampf ist und in die gewünschte Richtung fährt. Lässt die Motivation zu wünschen übrig? Haben Sie den Eindruck, mental blockiert zu sein? Melden sich innere Widersacher? Stimmen die nächsten Schritte, das große Ziel oder der Zeitplan überhaupt noch?

Vielleicht klingt dies auf den ersten Blick recht theoretisch – Sie werden aber gleich verstehen, warum dieser Punkt in meinen Augen so wichtig ist.

Am Beispiel von Ralf haben wir gesehen, wie jemand zwar einen großen Wunsch nach beruflicher Veränderung hat und auch eine Menge Energie investiert, aber offensichtlich damit nicht weiterkommt. Denn sein Grübeln und Denken finden ausschließlich auf der ersten Ebene statt. Selbst wenn er noch mehr Zeit damit verbringen oder andere Menschen einbeziehen würde, käme er höchstwahrscheinlich nicht voran. Denn sein Problem liegt anscheinend auf der zweiten, der Prozessebene: Er hat nämlich nicht im Blick, *wie* er sucht und *wo* dabei sein Problem liegt. Wenn der Motor stottert, hat es ja auch wenig Sinn, einfach nur mehr Gas zu geben – besser suchen wir unter der Haube nach der Ursache dafür, oder?

Und darin liegt auch die Aufgabe eines Coaches: Anstatt sich auf gute Ratschläge zu beschränken, untersucht er auch auf der Prozessebene, woran es liegen könnte, wenn die Such- und Entwicklungsarbeit blockiert ist oder gar nicht erst in Fahrt kommt. Bei Ralf wurde so schnell deutlich, dass ihm die Werkzeuge für eine produktive Arbeit fehlten – er hatte sich vorher gar nicht gefragt, woran es liegen könnte, dass er aus dem Grübeln nicht herauskam.

Deshalb möchte ich Ihnen ans Herz legen, dass Sie sich selbst auf dem Weg Ihrer beruflichen Neuorientierung ein guter Coach sind! Und das bedeutet, dass Sie grundsätzlich zweigleisig fahren – also immer diese beiden Ebenen im Blick haben. Sie haben den Eindruck, dass Ihr Suchprozess stagniert und Sie nicht weiterbringt? Dann sollten Sie unbedingt eine Pause einlegen und sich mit der zweiten Ebene befassen: Stehen Ihnen vielleicht Ängste, Befürchtungen oder einschränkende Glaubenssätze im Weg? Haben Sie den Eindruck, innerlich blockiert zu sein, weil innere Widersacher auf die Bremse treten?

Oder haben Sie den roten Faden verloren und wissen nicht, welcher Schritt der nächste sein könnte?

Ganz wichtig ist es dann, nicht einfach weiterzumachen und gar den Druck zu erhöhen, sondern diese Hindernisse ernst zu nehmen und möglichst aus dem Weg zu räumen. Ein gutes Werkzeug dafür ist die Bedenkenliste (mit weiteren Werkzeugen werden wir uns später beschäftigen):

 Die Arbeit mit der Bedenkenliste

Wenn ich Menschen bei Ihrer Such-, Klärungs- oder Entwicklungsarbeit begleite, empfehle ich, während jeder Arbeitsphase immer eine Bedenkenliste parat zu haben. Die Gebrauchsanweisung dafür ist ganz einfach:

Hängen Sie ein Blatt Papier mit der Überschrift »Bedenkenliste« gut sichtbar an Ihrem Arbeitsplatz auf. Notieren Sie hier alle auftauchenden Widerstände, Bedenken und Ängste, wie beispielsweise:

● Ich bin doch viel zu alt dafür.
● Das wird sowieso nichts.
● Ich habe Angst zu scheitern.
● Ob ich damit genug Geld verdienen werde?
● Ich kann mich nicht entscheiden.
● Will ich das alles überhaupt?

Versuchen Sie, möglichst genau zu formulieren, welcher Gedanke sich Ihnen gerade in den Weg stellt.

Die Bedenkenliste hat folgende Aufgabe: Normalerweise nehmen wir vielleicht unsere Bedenken und Ängste wahr, empfinden sie aber als Störer und Widersacher und versuchen deshalb, sie zu bekämpfen und mundtot zu machen. Meist ignorieren wir sie ganz einfach oder ärgern uns über unsere eigenen negativen Gedanken. Aber davon werden sie bestimmt nicht kleiner – ganz im Gegenteil! Und dann mischen sie sich in unsere Denkprozesse ein, wo wir sie wirklich nicht gebrauchen können, weil jede Kritik unsere Ideenfindung stört und stoppt.

Deshalb empfehle ich Ihnen, psychologisch klüger vorzugehen. Indem Sie nämlich Ihre inneren Widerstände ernst nehmen und ihnen Raum geben, werden sie oft schon ein wenig leiser. Mit dem Aufschreiben sollten Sie Ihren Bedenken unbedingt mitteilen: »Ich werde mich mit euch beschäftigen – aber nicht jetzt.« Auf diese Weise können Sie schnell wieder zu Ihren produktiveren Gedanken zurückkehren. Und die Prozessarbeit auf der zweiten Ebene kann zu einem späteren Zeitpunkt stattfinden.

Erfolgsfaktor Kreativität

»Ihre Kreativität ist verkümmert, also ganz normal.«

Vera F. Birkenbihl

Ich habe schon an einigen Stellen von kreativem Arbeiten und kreativen Prozessen gesprochen – und hier widme ich diesem Thema jetzt ein ganzes Kapitel. Vielleicht fragen Sie sich, was denn Kreativität mit der Jobsuche zu tun haben soll? Ist etwa das Ziel dieses Buches, aus seinen Lesern lauter Künstler, Maler, Musiker, Designer oder Werbetexter zu machen? Natürlich nicht. Ich möchte Sie aber gern davon überzeugen, Ihre Kreativität zu stärken und sie für Ihre Neuorientierung einzusetzen – denn auf diese Weise werden Ihre Erfolgschancen deutlich steigen!

Allerdings weiß ich auch, dass ich damit nicht bei jedem von Ihnen auf Begeisterung und offene Ohren stoße. Denn häufig, wenn ich das K-Wort in den Mund nehme, erlebe ich die Reaktion: »Ich bin doch überhaupt nicht kreativ!« Geht so ein Satz auch Ihnen gerade durch den Kopf? Dann möchte ich Sie trotzdem bitten, sich mit diesem Kapitel zu beschäftigen – ich verspreche Ihnen, dass Sie und Ihr Projekt davon profitieren werden.

Erst einmal sollten wir uns von der Idee verabschieden, dass die Kreativität eine ganz besondere Fähigkeit ist, die ausschließlich Künstlern und vielleicht noch einigen »kreativen Berufen« vorbehalten ist. Das ist nämlich Unsinn! Die Fähigkeit, sich etwas Neues zu er-denken (das lateinische Wort *creatio* bedeutet »Schöpfung«), ist Teil der Grundausstattung unseres Gehirns. Das bedeutet, dass *jeder* von uns – genau, auch *Sie!* – kreativ ist. Gibt es nicht an jedem Tag kleine und große Probleme, für die Sie neue Lösungen finden müssen? Egal ob wir ein Kuchenrezept variieren, Kreuzworträtsel lösen, unseren nächsten Urlaub planen, eine Präsentation vorbereiten oder eine E-Mail schreiben – ohne die kreative Leistung des Gehirns wären unsere Ergebnisse alles andere als zufriedenstellend.

Wie weit wir uns dabei allerdings von Gewohnheiten und Vorgaben lösen und etwas Neues schaffen oder aber eingeschliffene Denkstrategien nur leicht abwandeln, ist individuell sehr unterschiedlich. Während der eine grundsätzlich sehr ähnliche Präsentationen hält und jeweils nur minimal variiert, versucht der andere jedes Mal, etwas ganz Neues zu entwickeln. Der eine backt nie den gleichen Kuchen, während der andere seine Fotos von verschiedenen Reisen gar nicht voneinander unterscheiden kann, weil sein Urlaub fast immer gleich abläuft. Wir sind also alle kreativ – nur wie intensiv wir diese Fähigkeit einsetzen, ist sehr, sehr unterschiedlich!

So wie wir eine Sprache verlernen, die wir nicht mehr sprechen, oder unser Gedächtnis nachlässt, wenn wir es nicht trainieren, verkümmert eben leider auch unsere Kreativität, wenn wir sie nicht nutzen. Wie ein Muskel abgebaut wird, den wir nicht gebrauchen, lassen auch ungenutzte Fertigkeiten unserer grauen Zellen mit der Zeit nach. Aber: Wir verlieren sie niemals ganz! Ich habe Ihnen ja schon erklärt, dass die Neuroplastizität unseres Gehirns dafür sorgt, dass wir genug »Rechenpower« zur Verfügung haben – wenn wir nur intensiv und lange genug trainieren. Und dies gilt glücklicherweise auch für unsere Kreativität.

Als Kinder waren wir alle unglaublich kreative Wesen! Wir erfanden pausenlos Geschichten und Identitäten, malten, bauten, bastelten und verwandelten jeden Alltagsgegenstand in etwas Zauberhaftes und Wunderbares. Und das war für uns ganz normal. Einige Menschen, leider nicht die Mehrheit, erhalten sich diese Fähigkeit ein Leben lang. Die meisten lernen aber irgendwann, sich zu vergleichen und zu bewerten, und damit werden die Produkte der eigenen Fantasie Ziele der Kritik von außen und innen. Mit der Zeit erscheint es uns vernünftiger, die Welt so zu sehen und uns so zu verhalten, wie andere Menschen es anscheinend auch tun.

Denn es ist ungefährlicher, nur solche Ideen, Gedanken und Sichtweisen zu äußern, die nicht allzu anders sind als die Ideen, Gedanken und Sichtweisen der Mehrheit. Und dann denken wir bald nur noch auf diesen Bahnen – und können uns gar nicht mehr vorstellen, welche anderen Bahnen es überhaupt geben könnte. Unsere Schulen, Universitäten und Ausbildungsstätten fordern vieles von uns, an unserer Kreativität zeigen sie aber sehr wenig Interesse. Warum sollte ein Jurist, Bankkaufmann, Polizist, Verkäufer oder Arzt auch bitte schön kreativ sein? Im Großen und Ganzen ermutigt und erzieht uns unsere Gesellschaft also nicht gerade zu kreativen Menschen.

Was hat Ihre berufliche Entwicklung mit Kreativität zu tun?

Wenn Sie zu den vielen Menschen zählen, die sich bisher kaum gefragt haben, welche beruflichen Möglichkeiten ihnen wirklich zur Verfügung stehen, lautet die Antwort auf diese Frage wahrscheinlich: Bisher anscheinend nicht viel. Aber das könnten Sie ändern: Unsere innere Freiheit bestimmt, ob wir uns erlauben, unsere Wünsche ernst zu nehmen und nach Möglichkeiten zu suchen, sie uns zu erfüllen. Unsere Kreativität brauchen wir, um diese Möglichkeiten auch zu entdecken und uns zu entwickeln.

 Silke war seit über zehn Jahren bei einem Architekturbüro als Bauleiterin angestellt. Sie erzählte mir, dass sie sich schon lange überfordert fühlte: Einerseits hatte sie einen hohen Leistungsanspruch an sich selbst, aber andererseits so viele unterschiedliche Aufgaben, dass sie ihnen einfach nicht gerecht werden konnte. Obwohl sie eine energievolle und zielstrebige Frau war, schien sie diesem Stress nicht mehr gewachsen zu sein, was ich gut verstehen konnte. Jetzt wollte sie sich auf die Suche nach einer neuen Tätigkeit machen, die ihr mehr entsprach.

Ich bat sie, doch einmal alle möglichen Alternativen aufzuschreiben. Auf der Tafel standen dann Begriffe wie »selbstständige Architektin«, »ein Hotel leiten«, »Möbel entwerfen«, »Reisen organisieren«. Sie erklärte mir die einzelnen Punkte, aber jede Idee schien ihr zu eng und langweilig zu sein – sie hatte

sich schließlich darüber schon lange Gedanken gemacht. Ich fragte sie dann, ob sie auch schon einmal überlegt hatte, diese Punkte miteinander zu kombinieren? Gäbe es vielleicht Möglichkeiten, als Architektin für oder mit Hotels zusammenzuarbeiten? Oder was käme dabei heraus, wenn sie die Begriffe »Architektur« und »Reisen« zusammenbrächte? Für Silke war dies ein ganz neuer Blickwinkel: Bisher hatte sie ausschließlich in den engen Bahnen der einzelnen Möglichkeiten gedacht. Indem sie jetzt ihre Interessen und Fähigkeiten miteinander kombinierte, entstanden plötzlich viele neue Optionen.

Als wir uns zur darauf folgenden Coachingstunde trafen, brachte sie ein großes Blatt mit, auf dem sie mehr als dreißig verschiedene berufliche Ideen gesammelt hatte. Natürlich hat sie später nur eine davon umgesetzt – aber ohne die Inspiration durch die große Vielfalt wäre sie wahrscheinlich niemals auf die entscheidende Idee gekommen.

Silke hat für sich das Rad nicht neu erfunden, aber indem sie sich erlaubte, ihre Optionen auf bisher ungewohnte Weise miteinander zu verknüpfen und zu weiten, konnte ihr Gehirn auf neuen Bahnen denken. »Kreativ zu suchen« heißt also nicht, möglichst verrückte und damit wahrscheinlich untaugliche Ideen zu produzieren, sondern neue Perspektiven einzunehmen und so zu erkennen, was wir sonst im Alltagstrott und unter dem Einfluss innerer Widerstände nicht sehen können und wollen.

Ein blockierter Mensch reagiert auf eine neue Idee mit »Ja, aber ...« und macht sie damit kaputt. Je kreativer unsere Haltung ist, desto eher antworten wir mit »Ja, genau ...« und spinnen die Idee weiter. Auch wenn wir noch nicht wissen, wohin sie uns führen wird. So eine Ja-genau-Haltung ist eine sehr gute Basis für eine aktive Karrierestrategie!

Wie funktionieren wir kreativ?

»Wer ohne Begleitung spazieren geht,
kommt in Begleitung vieler Gedanken zurück.«

Ernst R. Hauschka, Aphoristiker

In den Walt-Disney-Studios wurde in den sechziger Jahren ein Verfahren entwickelt, das dafür sorgen sollte, auf effektive Weise möglichst viele originelle Entwürfe zu produzieren. Als »Disney-Modell« wird es noch heute als Leitfaden für kreative Prozesse genutzt. Die Lösung, die man damals fand, ist bestechend einfach: Jeder Entwicklungsprozess wurde in drei Abschnitte unterteilt, und für jeden von ihnen gab es einen speziellen Raum.

Erster Raum: Hier durften ausschließlich Ideen gesponnen werden. Dafür gab es eine anregende Umgebung, Farben und kreative Medien, Bilder an den Wänden, Musik – denn leere Räume wirken nicht inspirierend auf uns.

Zweiter Raum: Mit den Ergebnissen aus dem ersten ging man weiter in den zweiten Raum, wo sie in Büroatmosphäre auf ihre Realisierbarkeit, Kosten und ein mögliches Publikum hin untersucht wurden.

Dritter Raum: Im letzten Raum dann durfte ausgiebig kritisiert und genörgelt werden. Dementsprechend bestand die Einrichtung aus Stehpulten und einer betont sachlichen Atmosphäre.

Damit war das Verfahren abgeschlossen, und es ging entweder an die Umsetzung, die Idee wurde verworfen oder zurück in den ersten Raum zur Weiterarbeit geschickt.

Was wurde auf diese Weise erreicht? Vielleicht ahnen Sie es schon: Der entscheidende Punkt dabei war, dass diese drei Prozesse voneinander getrennt wurden. Die Kreativitätsforschung hat gezeigt, dass dies eine unerlässliche Voraussetzung für kreatives Arbeiten ist. Ich habe es ja schon erwähnt, und sicherlich haben Sie auch schon die Erfahrung gemacht, wie schnell man kreative Gedanken abwürgen kann, wenn man ihnen sofort mit Kritik oder dem Verweis auf die »Realität« kommt. Ein Brainstorming ist schlagartig vorbei, wenn dabei kritisiert wird. Und wenn ich mich traue, einen Traum oder eine ausgefallene Idee laut zu äußern, und meinem Gegenüber dazu nur ein »Ja, aber …« einfällt, werde ich höchstwahrscheinlich ganz schnell den Kopf einziehen und mein kreatives Gehirn abschalten.

Und wenn nicht andere uns kritisch begegnen, erledigen wir dies meistens selbst: Vielleicht haben wir eine gute Idee für unsere berufliche Zukunft – aber anstatt mental im ersten Raum zu bleiben und sie zu entwickeln, haben wir nichts Besseres zu tun, als in die Räume zwei und drei zu rennen und unsere Idee plattzumachen! Damit machen wir es uns extrem schwer, denn wir haben ja schon gesehen, wie unser Gehirn assoziativ arbeitet: Um etwas hervorzubringen, braucht es Input (Material), den Raum und die Zeit, sich damit auseinanderzusetzen, und die Erlaubnis, gedanklich neue Wege auszuprobieren.

Kritik und Realitätsprüfungen bringen es aber in einen ganz anderen Modus der Informationsverarbeitung, der mit kreativen Prozessen nicht kompatibel ist: Anstatt Assoziationen zu folgen und breit (divergent) zu denken, fokussiert es (konvergent) auf die kritisierten Punkte – und der Ideenstrom ist gestoppt.

So nutzen Sie das Disney-Modell für Ihre Ziele

Keine Sorge, Sie brauchen sich dafür nicht drei Zimmer einzurichten. Es geht viel einfacher:

- Wenn Sie Ideen sammeln wollen für Ihr berufliches Projekt, sollten Sie sich dafür einen Platz suchen, der Sie inspiriert und Ihnen gefällt. Dies muss nicht Ihr Schreibtisch sein. Viele Menschen sind im Café oder an anderen öffentlichen Orten kreativ. Reize von außen sind förderlich, solange sie nicht zu viel Aufmerksamkeit fordern. (Vor dem Fernseher oder im Fußballstadion sind wir nicht kreativ!) Viele Menschen empfinden Bewegung wie Spazierengehen als förderlich. Ich persönlich entwerfe gern in meinem Lieblingspark – viele Ideen zu diesem Buch sind dort entstanden. Was könnten Ihre kreativen Orte sein?

- Achten Sie darauf, die Arbeit auf der ersten (kreativen) und zweiten (Prozess-)Ebene zu trennen: Wenn Ihre Ideensammlung von inneren Widersachern gestört wird, sollten Sie unterbrechen und sämtliche Einwände auf Ihrer Bedenkenliste festhalten. Führen Sie sich vor Augen, dass Sie gerade im Raum der Kritik oder der Realitätsprüfung sind – und gehen Sie bewusst zurück in den inneren Raum der Kreativität. Hilfreich ist es, bei Ablenkungen kurz aufzustehen, sich zu bewegen, vielleicht etwas zu trinken – und notfalls die Arbeit zu beenden, wenn Sie feststecken. Das ist besser, als sich mit inneren Widerständen herumzuquälen. Später werde ich Ihnen noch Tipps für den Umgang mit inneren Widersachern geben (Seite 203).
- Selbstverständlich brauchen auch Kritik und Realisierungsprüfung ihren Platz. Wenn Sie die Phase der Ideenfindung (vorerst) abgeschlossen haben, geht es an Recherche, Prüfung und Austausch. Dafür ist eine sachliche Umgebung okay. Immer wenn es dabei nötig wird, einen Punkt zu weiten und weiterzudenken, sollten Sie Ihren »kreativen Raum« nutzen.

Mut zu neuen Lösungen und Antworten

»Wenn Sie lernen, im Alltagsleben kreativ zu sein,
werden Sie vermutlich nicht die Weltanschauungen künftiger
Generationen verändern. Aber Sie werden die Welt anders erleben.«

Mihaly Csikszentmihalyi

Warum tun wir uns oft so schwer damit, einmal ein bisschen weiterzudenken? Warum graben wir unseren Vorgarten lieber noch ein weiteres Mal um, anstatt uns anzuschauen, was wir noch nicht kennen? Klar, es braucht Mut. Wenn ich mir anschaue, welche Möglichkeiten ich wirklich habe, könnte etwas umwerfend Attraktives dabei sein! Und dann gibt es womöglich keinen Weg zurück.

Meine Klientin Marion hatte seit ihrer Schulzeit in Büros als Sachbearbeiterin und Assistentin gearbeitet. Wie so viele hatte sie sich für diese Karriere entschieden, weil sie keine interessanteren Alternativen für sich gesehen hatte und ihr der Job als sicher und »ganz okay« erschienen war.

Jetzt, mit Anfang vierzig, hatte sie das Gefühl, »noch überhaupt nicht richtig gelebt zu haben«. Und zum ersten Mal im Leben stellte sie sich die Frage: »Was will ich wirklich tun?« Zuerst musste sie sich mit inneren Widersachern auseinandersetzen, weil sie so sehr verinnerlicht hatte, dass Sicherheit und die Meinungen anderer allererste Priorität haben. Aber dann machte sie sich auf die Suche. Egal ob sie las, im Internet surfte, mit Menschen redete oder unterwegs war – immer war sie sehr aufmerksam für Dinge, die bei ihr auf Interesse stießen. Und immer wenn sie zu mir kam, berichtete sie von neuen Ideen, die sie gerade verfolgte.

Dieser Prozess dauerte einige Wochen – doch dann war ihr plötzlich klar, was sie tun wollte: Mit einem Strahlen verkündete mir Marion, dass sie ein Guesthouse in einem kleinen Ort in Thailand eröffnen würde! Ihre Ersparnisse würden dafür erst einmal ausreichen – und dann »würde man schon weitersehen«. Ich wusste, dass sie seit vielen Jahren dort Urlaub machte und immer wieder träumte, dort auch zu leben. Aber durch die intensive Beschäftigung mit ihren Wünschen und Möglichkeiten gewann sie erst jetzt die innere Sicherheit, dass dies wirklich ihr Weg war.

Marions Freunde und vor allem ihre Familie konnten überhaupt nicht verstehen, wie sie so ein Risiko eingehen könne, und taten alles, ihr die Idee auszureden. Es war nicht leicht für sie, sich zu behaupten und damit umzugehen, kaum Unterstützung zu bekommen – aber heute leitet sie tatsächlich ein Guesthouse mit Restaurant, zusammen mit ihrem kanadischen Mann.

Marion ist ein gutes Beispiel dafür, wie viel Mut es oft braucht, einen Herzenswunsch zu entwickeln (und natürlich, ihm zu folgen und gegen innere und äußere Widerstände zu verteidigen!). Bei ihr kam die »perfekte« Idee nicht über Nacht. Aber sie hat sich nicht entmutigen lassen, so lange zu suchen, bis sie mit einer Antwort zufrieden war. Dass vor der Inspiration die Transpiration kommt, haben wir ja schon gesehen.

Wenn wir uns – wie der »Prinz am Pool« – nicht auf die Suche

machen, werden die Inspirationen wahrscheinlich ausbleiben. Solange wir glauben, dass gute Ideen schon irgendwann aus dem Nichts
auftauchen – oder eben nicht –, haben wir natürlich eine großartige
Entschuldigung für unsere Untätigkeit. Und das Risiko, von einer
tollen Idee aus dem Trott gerissen zu werden, ist eher klein. Sehr
klein.

Bei Marion brauchte es einige Wochen intensiver Auseinandersetzung mit sich selbst und ihren Möglichkeiten, bis sie die Thailand-
Idee ernsthaft in Betracht ziehen konnte und sie sofort wusste, dass
dies *ihr Projekt* war. Also ein ganz »normaler« kreativer Prozess.

Was oft Wochen und manchmal Monate braucht, kürzen Menschen gern etwas ab – nämlich auf ein paar Sekunden oder Minuten.
Und dann steht für sie schon fest, dass sie eben keine Idee haben. Denken Sie an »Die guten Gründe, ein totes Pferd zu reiten«: Die feste
Überzeugung, nicht zu wissen, was man wirklich möchte, haben die
allerwenigsten Menschen nach reiflicher Überlegung getroffen, sondern fast immer sehr schnell. Dafür aber immer und immer wieder.

Wenn wir uns selbst die Zeit und die Aufmerksamkeit verweigern,
nach unseren eigenen Antworten zu suchen, kann das einerseits an
inneren Widerständen und mentalen Blockaden liegen und andererseits am fehlenden kreativen Know-how. Mit den Blockaden werden
wir uns später noch einmal beschäftigen (Seite 198) – jetzt möchte ich
Ihnen noch einige kreative Werkzeuge vorstellen.

Tipps aus dem Werkzeugkoffer des kreativen Arbeitens

Zeit und Energie Ihre Kreativität braucht ausreichend und regelmäßig Zeit und eine Menge Energie. Sie wollen am Sonntagabend noch
ein bisschen an Ihren beruflichen Ideen arbeiten, während Sie eigentlich schon die Termine der kommenden Woche im Sinn haben? Vergessen Sie's lieber! Im Stress können wir nicht kreativ sein. Wenn Sie
gerade in einer turbulenten Phase stecken, sollten Sie Ihr berufliches
Projekt besser vertagen – sonst gibt es nur Frust.

Zeitplan Auch wenn es paradox klingt: Kreativität braucht einen Zeitplan. Legen Sie die kreative Phase Ihrer beruflichen Neuorientierung auf mehrere Wochen an – je nachdem, wie viel freie Zeit Ihnen zur Verfügung steht. Am besten nehmen Sie sich dafür regelmäßige Zeiten. Sehr wirkungsvoll sind gelegentliche kreative Auszeiten von mehreren Stunden: Vielleicht besuchen Sie besondere, für Sie anregende Orte in der Natur, Museen, Galerien oder ein besonderes Café? Natürlich können Sie jederzeit an Ihrem Projekt arbeiten – feste Verabredungen mit uns selbst schützen uns aber davor, die Arbeit an unserem Jobprojekt immer wieder zu verschieben, weil es gerade etwas scheinbar Wichtigeres gibt.

Kreative Orte Denken Sie an das Disney-Modell, und suchen Sie sich einen oder mehrere feste Orte in oder außerhalb Ihrer Wohnung, an denen Sie ungestört schöpferisch arbeiten können. Welches kreative Ambiente für Sie förderlich ist, können natürlich nur Sie entscheiden – experimentieren Sie!

Visualisierung Ich wiederhole, was ich Ihnen besonders ans Herz legen möchte, weil es unerlässlich für die Arbeit an Ideen ist: Schreiben und visualisieren Sie Ihre Gedanken. Die Gründe dafür habe ich Ihnen ja bereits erläutert. »Das kann ich doch auch im Kopf erledigen« ist garantiert nur eine Ausrede und eine wirklich schlechte Idee. Verwenden Sie ein Projekttagebuch für alles, das Ihnen zu Ihrem Jobthema durch den Kopf geht. Nutzen Sie möglichst Papier und Stifte, gerne mit vielen Farben, weil dadurch Ihr Gehirn angeregt wird. Die Arbeit am PC ist nicht zu empfehlen für kreative Prozesse.

Mindmapping Wenn Sie breit denken und möglichst viele unterschiedliche Gedanken entwickeln und festhalten möchten, ist eine Mindmap das optimale Werkzeug. Ein Beispiel für eine solche Mindmap finden Sie auf der folgenden Seite.

Beispiel für eine Mindmap

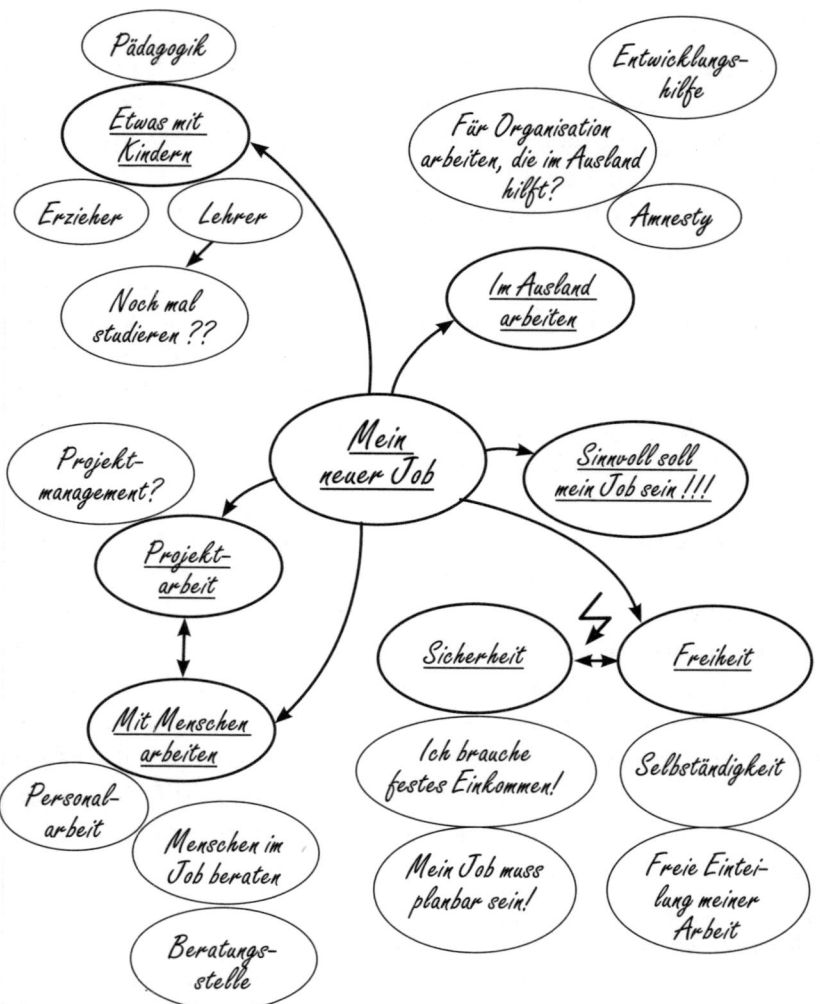

Eine Mindmap bildet unser Denken hirngerechter ab als eine Liste und lädt viel eher zum Weiterdenken ein. Arbeiten Sie möglichst mit großen Blättern. In die Mitte schreiben Sie Ihr Thema und sammeln über das ganze Blatt Ihre Ideen. Nutzen Sie den ganzen Raum. Fällt Ihnen etwas zu einem Punkt ein, notieren Sie dies in der Umgebung. Arbeiten Sie mit Pfeilen, Bildern und Farben – wie es Ihnen gefällt. Fehlt es Ihnen an Platz, kleben Sie einfach ein weiteres Blatt an Ihre Mindmap.

Brainstorming Wenn wir unser Gehirn dazu auffordern, möglichst frei zu einem Thema zu assoziieren und die Ergebnisse als Mindmap visualisieren, nennen wir dies ein Brainstorming. Dass Kritik hier nichts zu suchen hat, brauche ich ja nicht zu wiederholen. Was außerdem dabei wichtig ist: Wenn wir brainstormen, also unser »Hirn stürmen lassen«, kommt früher oder später ein Punkt, an dem uns nichts mehr einfällt. Brechen Sie dann auf keinen Fall ab! Schauen Sie mit etwas Abstand auf Ihre bisherigen Ergebnisse. Bei fast jedem Brainstorming gibt es eine oder mehrere solcher Leerphasen – danach kommen meistens neue, manchmal die besten Ideen! Beenden Sie die Arbeit erst, wenn Sie wirklich den Eindruck haben, dass der Prozess (vorerst) abgeschlossen ist.

Bedenkenliste Halten Sie bei jeder kreativen Arbeit eine Bedenkenliste bereit, um innere Widerstände oder kritische Argumente sofort notieren und damit – auf sanfte Weise – zum Schweigen bringen zu können.

Aufmerksamkeit Damit das Gehirn Output leisten kann, braucht es ja erst einmal Input – deshalb ist es wichtig, die eigene Aufmerksamkeit konsequent zu nutzen und zu trainieren: Interessante Informationen gibt es überall! Die Frage ist nur, ob Sie sie wahrnehmen. Ich empfehle meinen Klienten, ganz bewusst mit offenen Augen durch ihren Alltag zu gehen. Verzichten Sie im Bus, in der Bahn, im Flugzeug oder im Café auf Lektüre und iPod, und sehen sich lieber um. Schauen Sie auf Schilder, Werbung oder in Schaufenster mit der

Frage im Hinterkopf: »Wo entdecke ich Informationen für mein berufliches Projekt?« Selbst wenn Sie fernsehen oder ein Magazin durchblättern, können Sie darauf achten. Ich meine damit aber nicht, dass Sie sofort Hinweise für konkrete Jobs suchen sollen – denken Sie daran, dass Ihr Gehirn »Futter« für die Inkubationsphase braucht. Programmieren Sie Ihre Aufmerksamkeit daher lieber auf die Frage, was Sie anspricht, interessiert und Ihnen gefällt. Welche Bilder und Ideen erzeugen bei Ihnen gute Gefühle?

Medienfasten Um unsere Aufmerksamkeit zu unterstützen, ist es sinnvoll, Informationsquellen abzuschalten, mit denen wir sonst unseren »Prozessor« permanent am Laufen halten, ohne dass wir wirklich Wichtiges erfahren: Verringern Sie Ihren Konsum an TV, Kino, Büchern, Zeitungen und Musik für eine Weile, und verzichten Sie mal für eine Woche ganz darauf. Lesen Sie nur, was unerlässlich ist. Ich habe natürlich generell nichts gegen den Medienkonsum – wir verwenden diesen Input allerdings oft, um uns vom Nach-Denken und Nach-Fühlen abzulenken. Klar, Entspannung ist etwas Schönes, aber wenn Sie Ihre Kreativität trainieren wollen, sollten Sie einmal eine Woche »Medienfasten« ausprobieren. Es ist ungewohnt und manchmal unbequem – öffnet aber Ihre »Kanäle« und bringt Sie auf neue Gedanken.

Verrücktheiten Last but not least: Sie dürfen sich im kreativen Prozess ruhig ein bisschen verrückt fühlen und verhalten! Kreative Arbeit ist immer spielerisch und auf der Suche nach ungewohnten Blickwinkeln und Erfahrungen. Hinterfragen Sie Ihren gewohnten Blick auf Ihren Alltag. Erlauben Sie sich, mal auf etwas andere Gedanken zu kommen und die Welt auf ungewohnte Weise zu betrachten.

So zäumen Sie das Pferd von vorne auf: Ihre berufliche Vision

»›Einfach lächerlich, dass so ein Mädchen Sängerin werden will‹, befand die Gesangslehrerin Elvira de Hidalgo, als ihr eine pummelige und bebrillte Fünfzehnjährige in Athen zum ersten Mal gegenüberstand«, schreibt Susanne Gretter in ihrem Buch *Berühmte Frauen* (zitiert nach www.fembio.org). Dieses Mädchen wollte aber unbedingt eine Karriere als Sängerin machen – und sie hieß Maria Callas. John F. Kennedy versprach, Menschen auf den Mond zu schicken – während das amerikanische Weltraumprogramm gerade von einem Misserfolg zum nächsten stolperte. Der Wissenschaftler Wernher von Braun war überzeugt davon, diese Aufgabe bewältigen zu können. Theodor Herzl entwarf schon Ende des neunzehnten Jahrhunderts seine Idee eines jüdischen Staates und schaffte damit eine wichtige Voraussetzung für dessen Entstehen fünfzig Jahre später.

Was diese Menschen neben ihrer großen Entschlossenheit mitbrachten, war eine starke Vision. So wichtig Talent und Engagement auch sind – ohne eine Vorstellung von dem, was einmal sein soll, ist es schwer, sich selbst und andere Menschen zu begeistern und zu motivieren.

Um *Ihre* Vision soll es in diesem Kapitel gehen. Keine Sorge, ich werde jetzt nicht doch noch mit der »Du-kannst-alles-erreichen-Du-musst-es-nur-wollen«-Leier kommen. Mir geht es überhaupt nicht darum, mit bloßer Willenskraft die Welt aus den Angeln zu heben. Wenn Menschen große Ziele haben, ist das sicherlich toll – eine Vision kann aber auch für uns Normalsterbliche eine wichtige Motivationsquelle sein. Und die sollten wir unbedingt nutzen! Sie haben aber gar keine Vision? Schauen wir mal.

Christian wusste schon in der Mittelstufe, vielleicht sogar schon als Kind, dass er eines Tages Koch sein würde. Als ich ihn kennen lernte, war er bereits Ende vierzig. Seine Biografie hat mich sehr beeindruckt, weil er schon in so jungen Jahren ein ganz genaues Bild von dem hatte, was er einmal tun würde.

Viele Jugendliche haben eine Idee von ihrem Traumberuf, wollen Arzt oder Rechtsanwalt werden, weil es ihnen sinnvoll erscheint oder mit viel Anerkennung verbunden ist. Bei Christian war es anders, denn er hatte nicht nur ein Ziel, sondern eine ganz genaue Vorstellung davon, wie es einmal sein würde: Wie er sein Küchenteam leiten würde, welche Gerichte seine Spezialität sein würden, wie seine Gäste sich eines Tages bei ihm bedankten, wie sein eigenes Restaurant aussehen würde – ja, damals sah er sich in dieser Rolle, und wahrscheinlich hatte er schon die Gerüche seiner Küche in der Nase, bevor er jemals eine betreten hatte.

Mich hat die Klarheit von Christians Vision fasziniert. Er erzählte mir, wie selbstverständlich es für ihn eben immer gewesen war, dass er eines Tages ein angesehener Koch sein würde. Auch als seine Eltern ganz andere Pläne für ihn hatten, schien er zu keinem Zeitpunkt einen Zweifel an seinem Projekt gehabt zu haben. Wundert es Sie, dass Christian heute wirklich in seinem eigenen Haus die Küche leitet? Wahrscheinlich nicht. Sicherlich hätten Widrigkeiten ihn auch weniger erfolgreich werden lassen können, aber ich bin mir sicher, dass in jedem Falle eine Küche sein Zuhause geworden wäre.

Michelangelo soll angeblich einmal gesagt hat, dass eine Skulptur in seinem Kopf schon fertig sei, bevor er mit der Arbeit beginne – er müsse nur noch das überflüssige Gestein entfernen. So ähnlich muss es Christian auch empfunden haben. Aber etwas kleiner geht es auch. Menschen denken oft, dass eine Vision immer etwas sehr Großes, eigentlich Unerreichbares ist. Ich habe dieses Kapitel ja auch mit großen Visionen begonnen – nur macht nicht ihre Größe die Vision aus, sondern ihre Qualität. Was heißt das?

Was zählt, ist Qualität

Wenn jemand eine Vision (lat. *visio* = Anblick, Erscheinung) hat, sieht er ein Bild vor seinem inneren Auge. Eine starke Vision ist also vor allem eine sehr sinnliche Vorstellung. Sich vorzunehmen, »ein großes Unternehmen zu gründen und jede Menge Geld zu verdienen«, hat deshalb mit einer Vision überhaupt nichts zu tun!

Einigen Menschen fällt es leicht, in Bildern zu denken, andere sind eher auditive Typen und können sich Sprache und Geräusche leichter vorstellen. Wieder andere machen Situationen an Atmosphären oder Emotionen fest. Generell gilt, dass eine Vision umso stärker wirkt und in unserem Gehirn verankert wird, je mehr sinnliche Kanäle sie anspricht. Christians Vision ist deshalb ein gutes Beispiel: Wäre sein Wunsch ausschließlich rational vernünftig gewesen (»Ich will Koch werden, weil ...«), hätte er mit Sicherheit viel weniger inneren Rückenwind gehabt. Für ihn stand aber schon immer im Mittelpunkt, wie er es erleben würde, wenn sein Traum eines Tages Realität geworden ist. Die sinnliche Vorstellung hat sich immer fester in seinem Gehirn verankert; sie veränderte sich natürlich mit der Zeit und wurde immer detaillierter. Doch schließlich musste er sie »nur« noch umsetzen.

Ob wir gerade etwas real oder nur in der Fantasie erleben, macht für unser Gehirn wenig Unterschied. Deshalb können wir im Kino Ort und Zeit vollkommen vergessen und fühlen uns als Teil des Geschehens auf der Leinwand. Oder wenn wir uns an ein besonders glückliches Ereignis erinnern, werden heute dieselben Gefühle in uns wach wie in der damaligen Situation. Aus diesem Grund können wir uns mental auf zukünftige Ereignisse vorbereiten – Trainer von Leistungssportlern sagen, dass Wettkämpfe schon vor dem Start im Kopf gewonnen werden. Genauso wie uns eine positive Erfahrung bestärkt, wirkt schon die Vorstellung einer zukünftigen Erfahrung motivierend auf unser Handeln und Empfinden. So baut uns eine Vision eine emotional-sinnliche Brücke auf dem Weg zu unserem Ziel.

Sie wollen vielleicht keine Olympiade gewinnen – aber Sie sollten die Vorstellungskraft Ihres Gehirns unbedingt nutzen, um Ihrem beruflichen Projekt zu mehr Schwung zu verhelfen.

Eine Vision ist mehr als ein Ziel

»Wenn das Leben keine Vision hat, nach der man strebt,
nach der man sich sehnt, die man verwirklichen möchte,
dann gibt es auch kein Motiv, sich anzustrengen.«

Erich Fromm

Wenn Sie sich beruflich verändern wollen oder müssen, werden Sie
sich wahrscheinlich mit verschiedenen Zielen auseinandersetzen. Am
Anfang stehen ja meistens Weg-von-Ziele, die uns sagen, dass es Zeit
ist, unser totes Pferd zu verlassen. Dann fragen wir uns logischerweise, welche Hin-zu-Ziele wir anpeilen wollen. Wir können dabei in
verschiedenen Zeithorizonten denken: Das Nahziel ist wahrscheinlich der nächste Job, den wir am liebsten schon in den nächsten Monaten antreten wollen. Dabei werden wir uns hauptsächlich an dem
orientieren, was wir *heute* können, wollen und zur Verfügung haben.
Wenn wir kurzfristig einen Neustart planen, brauchen wir natürlich
heute schon die nötigen Ressourcen und Fähigkeiten. Mittelfristig,
im Abstand von mehreren Jahren, sieht die Sache schon anders aus:
In fünf Jahren hat sich meine Lebenssituation womöglich verändert,
ich kann in dieser Zeit finanzielle Rücklagen anlegen, mich fortbilden
und damit ein Jobprojekt vorbereiten, das heute noch nicht umsetz-
bar ist.

Egal ob meine Ziele kurz- oder mittelfristig angelegt sind, ich werde
sie immer ausgehend von meiner jetzigen Situation denken, planen
und bewerten. Das Ergebnis wird ein klar definiertes Projekt sein, das
auch meinen Bedenken standhalten muss. In der Umsetzungsplanung
verlangen Ziele immer eine logisch durchdachte Herangehensweise
und ein möglichst lückenloses Konzept.

Eine Vision ist nicht dazu da, auf so eine Weise umgesetzt zu werden. Wenn wir von ihr sofortige Umsetzbarkeit verlangen, überfordern wir sie. Ihre Aufgabe ist vielmehr, uns die richtige Richtung zu
zeigen, da sie sich immer auf das Wesentliche konzentriert. Unsere
Vision verrät, worum es uns im Kern geht. Deshalb muss unsere berufliche Vision immer auch Teil unserer Lebensvision sein. Ein »Visionsfilm« spielt meistens in der eher fernen Zukunft. Er ist keine de-

taillierte Dokumentation, die genau aufzeigt, wie es einmal sein wird. Vielmehr arbeitet er mit Puzzleteilen von Bildern, Eindrücken, Atmosphären, Gefühlen, die nicht unbedingt zusammenpassen, sich auch widersprechen und lückenhaft sein können. Daraus lässt er eine Collage entstehen, die vor allem sinnliche Qualitäten hat. Das Besondere an meinem Visionsfilm ist: Er ist unglaublich attraktiv! Er macht mir deutlich, welche Themen mein Leben ausmachen (sollen) und motiviert mich, ihn eines Tages in die Wirklichkeit umzusetzen.

Menschen mit sehr detaillierten und interessanten Visionen sind meistens überdurchschnittlich erfolgreich – Christian gehört mit Sicherheit zu ihnen. Viele Menschen haben allerdings nur sehr verschwommene Vorstellungen, wohin ihr Leben gehen soll. Und die Mehrheit hat sich wahrscheinlich noch nie Gedanken über ihre berufliche oder private Vision gemacht.

Was geht Ihnen gerade durch den Sinn? Machen Sie sich manchmal Gedanken über Ihre berufliche und private Vision? Und wenn ja: Was wissen Sie schon darüber?

Oder verstehen Sie gerade nur Bahnhof? »Wer Visionen hat, sollte zum Arzt gehen«, hat Helmut Schmidt einmal über Willy Brandt gesagt. Denken Sie vielleicht, dass dieses Thema mit *Ihrer* beruflichen Entwicklung nun wirklich gar nichts zu tun hat?

Eine gute Vision ist unwiderstehlich

»Jedes starke Bild wird Wirklichkeit.«
                    Antoine de Saint-Exupéry

Sabine kam zu mir, weil sie auf ihre Arbeit als Flugbegleiterin keine Lust mehr hatte. Lange Zeit war dies ihr Traumberuf gewesen, die Arbeitsbedingungen verschlechterten sich allerdings immer mehr, und sie wollte jetzt eine Arbeit »vor Ort« mit regelmäßigen Arbeitszeiten, um die Möglichkeit zu haben, eine Familie zu gründen. Da ihr Mann sehr gut verdiente, brauchte ihr neuer Job nicht unbedingt lukrativ zu sein.

Im Coaching entstand bald die Idee, ihr langjähriges Hobby zum Beruf zu machen und eine eigene Praxis für Yoga und Entspannungstechniken zu gründen. Obwohl diese Idee offensichtlich eine Herzensangelegenheit für sie war, blieb Sabine unentschlossen. Was wollte sie auf welche Weise anbieten? Wer sollte ihre Zielgruppe sein? Wie würde sie überhaupt Kunden gewinnen? Auf keine dieser Fragen hatte sie eine Antwort und war viel zu verunsichert, um an die Realisierung ihrer Idee zu denken. Also erforschten wir ihre Vision: Als »Profi« fiel es Sabine leicht, sich erst einmal zu entspannen. Dann bat ich sie, in ihrer Fantasie zwanzig Jahre in die Zukunft zu reisen und zu schauen, was ihr hier begegnet. Sie möge alles berichten, was ihr in den Sinn käme – egal ob es »vernünftig« schien oder zu unserem Thema passte. Je länger sie erzählte, desto mehr Details fielen ihr ein. Natürlich besuchte sie auch den Ort, an dem sie in zwanzig Jahren arbeiten würde: Sie beschrieb mir ihre Praxistür, was auf dem Schild stand, wie ihre Arbeitsräume aussahen, welche Farben und Atmosphäre sie sah, die Kunden und Mitarbeiter und so weiter.

Hinterher war sie begeistert über das, was sie erlebt und gesehen hatte – dabei war nichts davon ihr wirklich neu gewesen. Sie hatte sich nur zum ersten Mal auf ihre Vision eingelassen! In den folgenden Wochen arbeitete sie an einer Collage: Sie malte Bilder, suchte nach Fotos und Symbolen und trug immer neue Details zusammen. Natürlich ging es jetzt nicht darum, ihre Ideen sofort in die Tat umzusetzen – schließlich war sie noch Anfängerin und die erträumte Praxis ziemlich groß. Aber Sabine war klar, wohin ihre Reise gehen sollte, und es fiel ihr leicht, die ersten Schritte dorthin zu gehen. Heute hat sie einen Raum für Einzelarbeit in einer Heilpraktiker-Praxis und gibt Yogaunterricht an der VHS. Sie schaut aber schon nach Räumen für ihre erste eigene Praxis.

Sabines Beispiel zeigt, welchen Nutzen die Visionsarbeit haben kann: Ohne eine Vision laufen wir Gefahr, zu klein zu denken und uns zu sehr auf Lösungen für unsere heutigen Probleme zu konzentrieren. Dann hangeln wir uns von Problem zu Problem, ohne die »große« Richtung im Blick zu haben.

Indem wir unsere Fantasie aktivieren, erlauben wir unserem Gehirn, Beschränkungen unserer heutigen Wirklichkeit auszublenden und uns vom kleinlichen Detaildenken zu lösen. Wir nutzen dann die Kraft unserer sinnlichen Vorstellungen und gewinnen Abstand zum

Heute mit seinen Ängsten und Blockaden – als würden wir einige Schritte zurückgehen, um ein großes Gemälde in seiner Gesamtheit zu betrachten. Auf diese Weise bekommen wir ein Bild von unserem Lebensentwurf.

»Aber wer weiß, ob ich in zwanzig Jahren diese Vorstellung überhaupt noch umsetzen möchte oder kann? Vielleicht denke ich dann völlig anders. Und es ist doch wichtiger, wie ich heute leben möchte.« Diesen Einwand höre ich manchmal, wenn ich von dem Wert einer Vision spreche. Er beruht auf einem Missverständnis: Natürlich geht es darum, *heute* etwas Positives für mein Leben zu erreichen! Ich entwickle meine Vision nicht, um diesen tollen Plan erst in zwanzig Jahren umzusetzen. Und selbstverständlich kann es sein, dass dann etwas überhaupt nicht mehr erstrebenswert sein wird, was mir heute als das Nonplusultra erscheint. Meine heutige Vision ist immer eine Momentaufnahme meiner Gegenwart. Aber sie nutzt mir auf zweierlei Weise:

- Sie macht mir deutlich, welche Wünsche und Werte mir wirklich wichtig sind, indem sie meinen Lebensentwurf als Ganzes betrachtet.
- Sie zeichnet mir ein Zukunftsbild, das ich heute schon ansteuern kann, weil es mir die richtige Richtung weist.

So arbeiten Sie mit Ihrer Vision

»Fantasie ist alles. Es ist die Vorschau
auf die kommenden Ereignisse des Lebens.«
Albert Einstein

Konnte ich Sie neugierig machen? Egal ob Sie sich schon mit Visionen befasst haben, Ihnen beim Lesen vielleicht einige Ideen kamen oder Sie noch eher im Dunkeln tappen, ich möchte Ihnen jetzt zeigen, wie Sie sich ganz praktisch einer Vision nähern können. Bevor Sie sich an die Arbeit machen, möchte ich Ihnen aber noch die folgenden Punkte ans Herz legen:

- Wenn wir uns mit Visionen beschäftigen, (ge-)brauchen wir dafür hauptsächlich unsere Fantasie. Eine kritische und logisch-rationale Haltung erschwert diesen Prozess sehr. Daher schieben Sie bitte alle aufkommenden Einwände, die Ihre Gedanken unvernünftig oder unlogisch finden, sanft beiseite, und ermutigen Sie Ihre Fantasie immer wieder. Visionsarbeit ähnelt der kreativen Arbeit und braucht den gleichen inneren Freiraum – nur geht es hier nicht um möglichst viele, bunte Ideen, sondern um Wünsche und Träume, die tief in Ihnen verwurzelt sind. Wir brauchen auch hier eine Menge Mut, um uns auf ungewohnte und vielleicht manchmal verrückt scheinende Eingebungen einzulassen. Ich weiß, dass es vielen Menschen schwerfällt, sich mit etwas so »Irrationalem« wie einer Vision zu beschäftigen. Und viele sind fest davon überzeugt, so etwas gar nicht zu haben. Selbst wenn es Ihnen so geht: Was haben Sie zu verlieren?

- Bitte erwarten Sie nicht von sich, sofort ein detailliertes Bild Ihrer beruflichen Zukunft zu haben. Ihre Vision ist keine Powerpointpräsentation, die Sie nach Belieben einschalten können. Einige Menschen haben sehr schnell viele und klare Bilder und Eindrücke. Andere erleben erst einmal Leere – und es dauert, bis ihnen erste Bilder in den Sinn kommen. Vielleicht sind es bei Ihnen nur unzusammenhängende Fragmente. Das ist völlig okay. Je entspannter Sie damit umgehen und trotzdem am Ball bleiben, desto klarer wird sich Ihre Vision mit der Zeit entwickeln.

- Für die Arbeit an einer Vision reicht es nicht, sich einmal für eine Stunde an den Schreibtisch zu setzen. Die Übung, die ich Ihnen gleich beschreiben werde, ist nicht mehr als ein Auftakt. Deshalb ist es auch nicht so bedeutsam, wie gut sie bei Ihnen »funktioniert«. Viel wichtiger ist es, dass Sie die große Perspektive der Vision in Herz und Kopf bewegen und immer bei sich haben. Dadurch wird sie reifen und Ihnen immer deutlicher werden.

Die Visionsarbeit im Coaching findet natürlich im Gespräch statt. Das bedeutet, dass ich nachfragen und immer wieder zum Fantasieren anregen kann. Leider kann ich Ihnen dies hier nicht anbieten. Daher habe ich für Sie eine »Gebrauchsanweisung« entwickelt. Vielleicht mögen Sie diese Übung auch gemeinsam mit einem anderen Menschen machen? Das wäre bestimmt hilfreich. Wichtig ist dabei, dass Sie sich jeweils ausschließlich auf einen von Ihnen konzentrieren und sich nicht nur über Ihre beiden Visionen »unterhalten«.

Der Start auf dem Weg zu Ihrer beruflichen Vision

Überlegen Sie vor der Übung, welchen Zeitpunkt in Ihrer Zukunft Sie sich ansehen möchten – das ist sehr wichtig! Er sollte mindestens zehn Jahre entfernt sein. Hilfreich ist es, sich auf ein bestimmtes Alter zu konzentrieren wie »Ich bin heute sechzig Jahre alt«. Für die berufliche Vision ist es gut, wenn Sie sich für einen Punkt in Ihrem Leben entscheiden, an dem sich Ihr neuer Beruf voll entwickelt haben wird oder Sie sogar schon dabei sind, ihn abzuschließen.

Am besten lesen Sie diese Anleitung einige Male durch, bis Sie sie im Kopf haben. Oder Sie machen sich kurze Notizen, um während der Übung möglichst wenig abgelenkt zu werden. Sie können sich die folgende Anleitung auch mit einem Diktiergerät aufnehmen. Legen Sie sich auf jeden Fall Papier und einen Stift bereit. Und so starten Sie Ihre Visionsarbeit:

- Nehmen Sie sich mindestens eine Stunde Zeit. Sie sollten nicht abgelenkt sein durch aktuelle Themen, die Sie gerade stark beschäftigen – unmittelbar vor dem Besuch des Steuerprüfers sind Sie womöglich nicht entspannt genug.
- Suchen Sie sich einen Ort, der Ihnen Ruhe und möglichst wenig Ablenkung bietet. Das könnte Ihr Lieblingssessel sein, oder legen Sie sich auf das Sofa. Am besten schließen Sie dabei die Augen.
- Entspannen Sie sich so gut es Ihnen gerade möglich ist. Konzentrieren Sie sich einige Minuten auf Ihren Atem. Kommen Ihnen störende Gedanken, nehmen Sie sie nur zur Kenntnis und schieben sie sanft aus Ihrer Aufmerksamkeit. Vielleicht hilft Ihnen ruhige klassische oder Meditationsmusik dabei.

- Wenn Sie soweit sind, beginnen Sie, indem Sie sich auf einen Satz konzentrieren wie:»Ich bin heute XX Jahre alt.«Wiederholen Sie diesen Satz – laut oder mit Ihrer inneren Stimme – immer wieder. Beobachten Sie, welche Eindrücke, Bilder, Ideen oder Stimmungen in den Sinn kommen. Was immer in Ihnen aufsteigt ist okay. Bitte filtern Sie auf keinen Fall etwas aus, weil es scheinbar nicht zu Ihrem Thema passt – Sie können nämlich noch gar nicht überblicken, was sich damit ausdrücken möchte. Wichtig ist nur, dass Sie gedanklich in der Zukunft bleiben.

- Egal, welche Eindrücke Ihnen in den Sinn kommen, folgen Sie Ihnen gedanklich. Achten Sie darauf, was Sie sehen, hören, spüren, riechen und denken. Versuchen Sie, immer mehr Details wahrzunehmen. Was zieht Ihre Aufmerksamkeit besonders an? Was interessiert Sie? Versuchen Sie, so wenig wie möglich zu bewerten – schauen Sie sich Ihre Vision an wie einen Kinofilm.

- Wie fühlen Sie sich in der Szene Ihrer Vision? Was empfinden Sie anders oder neu an sich? Vielleicht können Sie sich von außen betrachten wie in einem Spiegel? Was fällt Ihnen auf an dem Menschen, den Sie sehen? Wie hat er sich entwickelt, was hat er hinzubekommen? Was hat er abgelegt?

- Konzentrieren Sie sich auf den Satz»So arbeite ich heute mit XX Jahren«. Wenn sich Ihre Fantasie nicht ohnehin schon auf Ihre Arbeit gerichtet hat, wiederholen Sie diesen Satz einige Mal, bis Ihnen Eindrücke in den Sinn kommen. Vielleicht sind sie nicht klar oder verständlich, oder sie haben scheinbar gar nichts mit Arbeit zu tun.

- Gibt es Details, Gegenstände, Kleinigkeiten, die auf Ihren zukünftigen Beruf schließen lassen? Sehen Sie einen bestimmten Ort? Gibt es Menschen in Ihrer Vision? Welche Qualitäten haben Ihr Leben und Ihre Arbeit gewonnen? Was ist Ihnen besonders wichtig? Folgen Sie den Eindrücken, die sich Ihnen zeigen. Lassen Sie sich Zeit dabei.

- Wenn Sie das Gefühl haben, dass Sie genug erlebt haben, beenden Sie Ihre Fantasiereise. Konzentrieren Sie sich wieder auf die Gegenwart. Öffnen Sie die Augen, und lassen Sie sich einige Minuten, um das, was Sie eben erlebt haben, noch einmal Revue passieren zu lassen.

- Nehmen Sie sich Papier und Stift und schreiben Sie möglichst genau auf, was Sie in Ihrer Vision erlebt haben. Beschreiben Sie es wie einen

Film. Bitte bewerten Sie nicht. Egal, ob es ein geschlossenes Bild war oder nur wenige Fragmente und Ideen, die scheinbar gar nicht zusammenpassen oder die keinen Sinn ergeben. Schreiben Sie alles auf.

- Nehmen Sie Ihre Eindrücke mit in den Alltag. Erwarten Sie nicht, dass daraus eine klare Jobidee wird. Denken Sie möglichst oft daran – vielleicht bevor Sie einschlafen oder morgens nach dem Aufwachen? Wahrscheinlich werden sich dann neue Details ergeben oder Ihr Bild verändert sich.

Ihre Vision als Visionalisierung

Wie wir ja schon gesehen haben, regen Bilder unser Gehirn an, neue Assoziationen hervorzubringen. Um Ihre Vision zu entwickeln, ist es daher sinnvoll, sie bildhaft festzuhalten.

- Gehen Sie mit offenen Augen durch den Alltag, und halten Sie Ausschau nach Bildern und Symbolen, die in Ihre Vision passen. Es geht dabei wirklich nicht um Logik! Vielleicht sind es Bilder von Räumen, Häusern, Menschen, Landschaften, Möbeln, Bürogegenständen – ja, vielleicht ist es das Bild eines Bürostuhles, auf dem Sie einmal Ihrer neuen Tätigkeit nachgehen werden. Wichtig ist nur, dass es Ihnen intuitiv stimmig erscheint.
- Sammeln Sie solche Bilder und Symbole. Kleben Sie diese auf ein Blatt Papier und lassen Sie eine Collage Ihrer Vision entstehen. Und bitte: Es geht nicht um Schönheit oder Vollkommenheit! Hängen Sie Ihre Collage an einem Ort auf, an dem Sie sie häufig sehen, und ergänzen Sie sie, wann immer Ihnen ein neues Detail über den Weg läuft.
- Vielleicht möchten Sie auch Bilder zeichnen oder malen? Wunderbar! Nutzen Sie alle kreativen Medien, um Ihre Vision zu visualisieren, oder sammeln Sie Gegenstände, die Sie dabei inspirieren.
- Wenn Sie mit Bildern gar nicht arbeiten wollen, schreiben Sie zu Ihrer Vision. Sehr sinnvoll ist auch hier die Mindmapping-Technik, die Sie im letzten Kapitel kennen gelernt haben.

- Denken Sie daran, dass Ihr Gehirn ein Gewohnheitstier ist. Ihre berufliche Vision wird sich wahrscheinlich nur dann weiterentwickeln, wenn Sie sich immer wieder mit ihr beschäftigen – und dabei ist jede Visualisierung eine Unterstützung.

 Ihre Vision und Ihr Berufsfindungsprozess

Die Arbeit an Ihrer Vision basiert auf Fantasie und Intuition, daher habe ich Sie gebeten, kritische Gedanken auszuschließen. Im Nachhinein können Sie selbstverständlich analysieren, welche Bedeutung Ihre Vision für Ihre momentane Situation hat. Halten Sie auch das wieder schriftlich fest. Folgende Fragen können Ihnen dabei helfen:

- Unabhängig davon, ob Ihr Visionsbild sehr detailliert oder eher verschwommen war: Was lernen Sie daraus über Ihre Wünsche und Werte? Was ist Ihnen für Ihren Beruf aus dieser großen Perspektive von Bedeutung? Wie lautet jetzt Ihre Antwort auf die Frage: »Was ist mir für meine berufliche Entwicklung besonders wichtig?«
- Welche Aspekte Ihrer beruflichen Vision konnten Sie in Ihrer bisherigen Laufbahn schon verwirklichen? Und welche in Ihrer jetzigen Tätigkeit?
- Angenommen, Sie würden sich heute dafür entscheiden, Ihre Vision so schnell wie möglich lebendig werden zu lassen: Wie viel Zeit würden Sie dafür brauchen? Und welche Zwischenstationen könnten auf dem Weg dahin liegen? Was würde diese Entscheidung für Ihre jetzige Situation bedeuten?

Was können Sie wirklich?
Ein frischer Blick auf Ihre Fähigkeiten

Wenn wir uns beruflich verändern wollen, kommen wir nicht daran vorbei, uns mit unseren Kompetenzen auseinanderzusetzen. Haben wir kein klares Bild von unseren Fähigkeiten, können wir weder den Wert unserer Leistung einschätzen noch anderen klarmachen, was sie an uns haben. Und wir neigen dann wahrscheinlich dazu, uns eher kleiner zu machen und zu fühlen, als wir in Wirklichkeit sind. Dann wird man bei unseren Bewerbungen und natürlich im Vorstellungs- und Kundengespräch schnell merken, dass wir nicht hinter dem stehen, was wir können und anbieten. Oder würden Sie ein Auto von jemandem kaufen, von dem Sie den Eindruck haben, dass er selbst von der Kiste nicht sonderlich begeistert ist?

Arbeite ich mit einem Menschen an seiner beruflichen Neuorientierung, gehört dazu natürlich immer auch ein sehr genauer Blick auf seine Fähigkeiten. Wir prüfen, welche besonderen Stärken er hat, wofür er besonders geeignet ist und was für eine gewünschte Tätigkeit noch fehlt und erworben werden muss. Den meisten fällt das allerdings ziemlich schwer. Frage ich, was mein Gegenüber denn gut kann, höre ich nicht selten zuerst: »So richtig gut kann ich eigentlich nur sehr wenig.« Hake ich nach, werden entweder nur recht allgemeine Fähigkeiten benannt (»Ich bin ziemlich flexibel und ehrgeizig.«) oder sehr spezifische (»Ich beherrsche Excel, Powerpoint und spreche Englisch.«). Oder eine direkte Antwort wird vermieden, indem er berichtet, was er *tut*, nicht was er *kann*.

Warum tun sich viele von uns so schwer mit dem, was sie können? Warum ist es uns manchmal peinlich, unsere Fähigkeiten und Stärken zu benennen? Selbst in Bewerbungen formulieren viele ihre Kompetenzen so unpersönlich und pauschal, als hätten sie gar nichts mit ihnen zu tun – als sei dies nur eine unappetitliche Formalität, die eben abgehakt werden muss.

Kompetenzprofil und Selbstbild

Wie steht's mit Ihnen? Wenn Sie glauben, etwas überdurchschnittlich gut zu können – fällt es Ihnen leicht, das auch zu sagen und zu vertreten? Oder ist Ihnen der Gedanke daran schon unangenehm? Denken Sie womöglich, dass es gar nichts gibt, das Sie überdurchschnittlich gut können? Neigen Sie dazu, Ihr Licht unter den Scheffel zu stellen? Dann sollten Sie unbedingt ein möglichst detailliertes Kompetenzprofil erstellen! Wie das geht, erfahren Sie im Folgenden.

»Ich kann doch nur, was ich tue.«

 Ina hatte ihre berufliche Laufbahn als Hilfskraft im Büro begonnen und sich zur Sekretärin und Assistentin entwickelt. Nach fünfzehn Jahren in verschiedenen Unternehmen wollte sie sich jetzt von der Büroarbeit lösen und sich möglichst im psychosozialen Bereich betätigen. Ich bat Ina, ihr Kompetenzprofil zu erstellen. Sie kam zur nächsten Stunde mit einer sehr detaillierten Aufstellung, die mir allerdings recht einseitig schien, weil dort nur typische Bürotätigkeiten und -kenntnisse aufgeführt waren. Nein, mehr könne sie nicht, sagte mir Ina, als ich Zweifel anmeldete.

Nach vielem Bohren und Nachhaken entstand aber ein viel komplexeres Bild: Ina verfügte nämlich über viele soziale und psychologische Kompetenzen, eine gute Intuition, ein schnelles Verständnis für soziale Systeme – außerdem konnte sie zum Beispiel sehr professionell präsentieren. Zum Teil beruhte das auf Talent, sie hatte aber auch privat und beruflich an zahlreichen Kursen und Fortbildungen teilgenommen. Darüber hinaus hatte sie in ihrem Job vieles gelernt, was nicht zum klassischen Profil einer Assistentin gehörte. Als sie schließlich ihr vollständiges Fähigkeitsprofil erarbeitet hatte, war sie erstaunt darüber, über wie viele Fähigkeiten sie tatsächlich verfügte!

Diese Erfahrung mache ich häufig: Wenn Menschen über lange Zeit dieselbe Tätigkeit ausüben, reduziert sich ihr Selbstbild immer mehr. Sie glauben dann, dass sie nur über solche Fähigkeiten verfügen, die sie täglich anwenden. Und auch dabei sehen viele nur ihre Hard Skills, also die sachbezogenen Fertigkeiten, und unterschätzen ihre Soft Skills, nämlich ihre kommunikativen und sozialen Fähigkeiten. Was oft völlig übersehen wird, sind Fähigkeiten, die im Privatleben gelernt wurden oder einfach »Teil der persönlichen Ausrüstung« sind. So sind zum Beispiel ein gutes Einfühlungsvermögen, die Gabe, Menschen zu motivieren und zu führen, räumliches Vorstellungsvermögen oder Überzeugungskraft wichtige Fähigkeiten, die selten benannt werden.

Es ist leider ein verbreiteter Irrtum, dass nur, was in unserem Arbeitszeugnis steht, auch nennenswerte Fähigkeiten sind. Wir Deutschen scheinen immer noch davon überzeugt zu sein, dass wir nur können dürfen, was uns jemand bescheinigt und zertifiziert hat. Und dann denken wir: Ich kann nur, was ich bin. So war Ina erst davon überzeugt, nur das zu können, was eine Sekretärin nun einmal kann. Natürlich sind ein Bachelor, Master, Meister oder eine Promotion nicht unwichtig – nur reichen schöne Abschlüsse und Zeugnisse allein kaum aus, wenn ich nicht überzeugend darstellen kann, was ich kann, wer ich bin und was ich will.

»Ich will doch nicht als Angeber gelten.«

»Rechtfertige deine Begrenztheit,
und du machst sie Dir ganz sicher zu eigen.«
Richard Bach, Illusionen

Bei der Erstellung ihres Kompetenzprofils schlage ich meinen Klienten vor, dazu auch Menschen aus ihrer Umgebung zu befragen. Und häufig sind sie anschließend erstaunt darüber, welche Fähigkeiten andere ihnen zuschreiben. Wenn sie darüber nachgedacht haben, kommen dann aber fast alle zu dem Schluss, dass dies wohl tatsächlich nicht falsch ist. Vielleicht kennen Sie dieses Phänomen auch: Es fällt uns vie leichter, die Kompetenzen anderer einzuschätzen als unsere eigenen. Und oft sehen wir uns selbst dabei viel kritischer als andere.

Wenn ich mit Menschen an ihrer Selbstpräsentation arbeite und sie ermutige, mehr von sich zu zeigen, stoße ich häufig auf Widerstand. Darunter kommen fast immer einschränkende Glaubenssätze zum Vorschein. Wir haben uns mit diesen kleinen, schlichten und falschen »Wahrheiten« ja schon im letzten Teil beschäftigt (Seite 88). Hier sind es oft Sätze wie:

- »Wenn ich positiv über mich spreche, bin ich ein Angeber.«
- »Nur eingebildete Menschen halten sich selbst für kompetent.«
- »Es ist doch peinlich, wenn ich so deutlich sage, was ich kann.«

Diese Glaubenssätze stammen aus einer falsch verstandenen Bescheidenheit. Viele von uns haben schon als Kind gelernt, nicht zu dick aufzutragen oder gar zu zeigen, dass wir stolz sind auf das, was wir können. Heute, als Erwachsene, haben wir diese inneren Imperative derart verinnerlicht, dass wir gar nicht merken, wie sehr unser Selbstbild durch sie eingeschränkt wird.

 Wie sieht es bei Ihnen aus: Entdecken Sie bei sich solche Glaubenssätze? Vermeiden Sie auch, positiv über Ihre Fähigkeiten zu sprechen, weil sie es unangenehm finden? Wenn ja: Was ist so schlimm daran? Und wo haben Sie das gelernt?

Wir erleichtern uns unsere Selbstdarstellung gern, indem wir ausschließlich auf verbriefte Kompetenzen verweisen. »Ich habe Abitur« oder »Ich bin Fahrzeugelektroniker« geht dann leichter von den Lippen als »Ich bin ein guter Zuhörer« oder »Ich trete im Kundenkontakt überzeugend auf«. Wenn ich nämlich zeige, dass ich von meinen Kompetenzen überzeugt bin, gehe ich ein großes Risiko ein: Jemand könnte dies infrage stellen! Reaktionen wie »Ich finde nicht, dass Sie gut zuhören können« oder »Na ja, der tollste Verkäufer sind Sie aber nicht« würden natürlich wehtun und mich verletzen. Kein Wunder, wenn ich dieser Gefahr lieber aus dem Weg gehe, indem ich selbst nicht allzu gut von mir denke und spreche – bevor es andere tun!

So ein Verhalten entspricht natürlich überhaupt nicht dem Selbstbild eines erwachsenen Menschen. Möchten wir nicht eigentlich viel souveräner sein? Dann würde es uns nicht stören, wenn jemand weniger von uns hält als wir selbst. Aber: Wir sind nun einmal kränkbare Wesen, der eine mehr, der andere weniger. Und unsere Stärken und Schwächen – gerade wenn es um unsere berufliche Identität geht – sind ein sehr sensibles Thema für die meisten von uns. Machen wir uns also bewusst, dass es alte Ängste und Glaubenssätze sind, die uns hier behindern. Wir müssen uns wirklich nicht mehr klein und bescheiden geben, um anerkannt zu werden, wie das vielleicht noch im Kindesalter der Fall war. Unsere heutige berufliche Situation ist eine ganz andere!

Und was vielen Menschen gar nicht bewusst ist: Es geht ja nicht darum, plötzlich eine »Hoppla-hier-komm-ich«-Haltung an den Tag zu legen. Es ist durchaus möglich, ein bescheidener und eher zurückhaltender Mensch zu sein, und sich trotzdem gut und kompetent zu präsentieren. Auch wenn es sich zunächst ungewohnt anfühlt – wir können tatsächlich lernen, ein bisschen mehr zu riskieren und zu zeigen, was wir so alles können und draufhaben!

»Bitte sagen *Sie* mir doch, was ich kann!«

Immer wenn es in Unternehmen darum geht, Fähigkeiten und Entwicklungspotenziale von Mitarbeitern und Bewerbern einzuschätzen und zu vergleichen, sind möglichst objektive Testverfahren sinnvoll. Andererseits sind solche Methoden immer recht grob, weil sie sich auf wenige, messbare Kriterien beschränken müssen. Das Zauberwort heißt: Potenzialanalyse.

Ich erlebe nicht selten folgendes Anliegen: »Ich bin mir nicht sicher, was ich kann. Und ob ich wirklich kann, was ich meine zu können. Aber Sie als Psychologe können mir bestimmt objektiv sagen, ob mein Selbstbild stimmt.« Natürlich ist die Vorstellung attraktiv, dass jemand mit einem unklaren Kompetenzselbstbild sich einigen Tests unterzieht und dann genau weiß, wo seine Stärken liegen – und vielleicht sogar, wohin sein beruflicher Weg aufgrund dessen gehen sollte. Das klingt nach einer tollen Abkürzung, die es uns erspart, uns mit unseren Fähigkeiten und Schwächen auseinanderzusetzen.

Wie alles, was attraktiv und damit gut zu verkaufen ist, gibt es dazu auch ein reichhaltiges Angebot an Büchern, Seminaren und Onlinetests. Nur bringen sie leider selten die Klarheit, die sie versprechen. Ich höre immer wieder, dass am Ende bei diesen Verfahren herauskommt, was die Menschen ohnehin schon über sich wussten. Werden berufliche Empfehlungen gegeben, sind die fast immer sehr pauschal und kaum zu gebrauchen. Außerdem entsprechen sie selten den Interessen des Teilnehmers.

Anstatt Ihnen hier ein paar schicke Potenzialtests zu präsentieren, möchte ich Ihnen jetzt lieber einen zwar arbeitsintensiveren, aber viel erfolgversprechenderen Weg zeigen: Nehmen Sie es selbst in die Hand, und machen Sie sich mit der folgenden Übung ein eigenes Bild Ihrer Fähigkeiten.

So erstellen Sie Ihr Kompetenzprofil

Die Arbeit am Kompetenzprofil ist Teil der vierten Phase der Berufsfindung, denn hier geht es ja um die »kreative Suche«. Das Wissen um die eigenen Fähigkeiten und Interessen (um die es im nächsten Kapitel gehen wird) ist das Rohmaterial, aus dem sich berufliche Ideen entwickeln können. Deshalb ist es sehr wichtig, dass Sie so großzügig wie möglich mit Ihren Fähigkeiten sind! Je kritischer Ihr Blick ist, desto dünner wird das Ergebnis sein. Sammeln Sie erst einmal alle Fähigkeiten, die Ihnen in den Sinn kommen – egal ob Sie Ihnen für den Beruf relevant erscheinen oder nicht. Zusammenfassen und einordnen können Sie Ihre Ergebnisse danach. Sonst besteht die Gefahr, dass Ihre Ansprüche zu hoch sind und Sie viel zu wenige Fähigkeiten gelten lassen.

Wenn Ihnen bei dieser Arbeit Zweifel kommen oder ein innerer Kritiker meint, dass Sie über eine Fähigkeit doch gar nicht wirklich verfügen: Lassen Sie sich bitte nicht beirren, und notieren Sie sie trotzdem! Es ist besser,

Sie sammeln auch Kompetenzen, die Sie vielleicht nur ansatzweise besitzen, als dass Kompetenzen unberücksichtigt blieben.

Versuchen Sie unbedingt, jede Fähigkeit so differenziert wie möglich zu beschreiben. Begriffe wie »flexibel«, »teamorientiert«, »sozial kompetent«, »motiviert« oder »lösungs- und zielorientiert« lesen sich zwar in Stellenausschreibungen sehr nett, sagen aber herzlich wenig. Es sind letztlich nur Oberbegriffe für ganze Bündel von Fähigkeiten. Nehmen wir an, Ihnen fällt ein, dass Sie gut und gern in Teams arbeiten: Notieren Sie ruhig einen Oberbegriff wie »guter Teamplayer« oder »teamorientiert«. Im nächsten Schritt sollten Sie sich dann aber fragen, was *genau* Sie dabei gut können: Sind Sie zum Beispiel ein guter Moderator? Welche Prozesse und Teams moderieren Sie dann besonders gut? Können Sie gut zuhören? Wann und wem? Versuchen Sie, immer spezifischer zu werden. Das Ziel ist ein Kompetenzprofil, das nur *Sie* beschreibt – würde es für die Hälfte Ihres Bekanntenkreises ebenfalls gelten, braucht es unbedingt noch Feinschliff.

Und schließlich: Ihr Kompetenzprofil will natürlich visualisiert werden – verwenden Sie also am besten die Mindmapping-Technik (siehe Seite 157). Sammeln Sie alle Fähigkeiten auf *einem* Blatt Papier.

- *Brainstorming:* Beginnen Sie mit einem allgemeinen Brainstorming: Setzen Sie sich vor ein großes Blatt Papier, und fragen Sie sich, was Sie generell gut können. Notieren Sie alles, was Ihnen einfällt. Sind Sie sich einmal nicht sicher, versehen Sie einfach den Punkt mit einem Fragezeichen. Versuchen Sie, wie ich es eben erklärt habe, immer präziser zu werden.
- *Aktuelle Fähigkeiten:* Überlegen Sie sich, welche Fähigkeiten Sie für Ihre jetzige Tätigkeit brauchen und anwenden. Es kann hilfreich sein, unter zwei Gesichtspunkten zu schauen:
  - Welche spezifischen Fähigkeiten benötigen Sie? Das sind solche, die Sie speziell für diesen Job brauchen (z. B. SAP-Programmierung oder Lohnbuchhaltung).
  - Welche globalen Fähigkeiten wenden Sie an? Das sind Fähigkeiten, die auch in vielen anderen Jobs gebraucht werden (komplexe Sachverhalte präsentieren oder Kundenwünsche schnell herausarbeiten).

- **Ältere Fähigkeiten:** Untersuchen Sie aus demselben Blickwinkel Ihre berufliche Biografie: Welche Fähigkeiten haben Sie früher in anderen Jobs oder Ihrer Ausbildung gezeigt und erworben? Sehen Sie sich Zeugnisse und andere Dokumente an, die etwas darüber verraten können.
- **Fremdeinschätzung:** Bitten Sie mindestens fünf Menschen, Ihnen als »Zeugen« eine Einschätzung Ihrer Fähigkeiten zu geben. Fragen Sie am besten Menschen aus verschiedenen Bereichen Ihres Lebens, weil Sie so ein breiteres Bild bekommen: Familie, Freundes- und Bekanntenkreis, Kollegen und Ex-Kollegen, Vorgesetzte, Ausbilder …
- **Erfolgserlebnisse:** Scannen Sie Ihre Biografie seit dem ersten Schuljahr bis heute nach allen privaten und beruflichen Erfolgserlebnissen. Es geht nicht um »objektive Erfolge« oder besondere Leistungen, sondern darum, was Ihnen oder anderen damals – ganz subjektiv – als Erfolg erschien. Vielleicht wurden Sie zum Klassensprecher gewählt, haben einen Konflikt gut gelöst, sich im Bewerbungsverfahren durchgesetzt oder Menschen für ein Projekt gewonnen? Schreiben Sie alle Erlebnisse auf, die Ihnen in den Sinn kommen!
- **Analyse:** Analysieren Sie im Anschluss jeden einzelnen Punkt darauf, welche Fähigkeiten Ihnen dabei geholfen haben, und notieren Sie sie in Ihrer Mindmap, falls sie nicht schon aufgeführt sind. Erfolge mögen schon lange her sein – meistens bleiben uns Fähigkeiten erhalten, über die wir einmal verfügt haben.
- **Ausdauer:** Beschäftigen Sie sich mehrere Tage mit der Sammlung Ihrer Fähigkeiten – ein Termin reicht ganz sicher nicht aus. Vielleicht hängen Sie die Mindmap Ihrer Fähigkeiten in Ihrer Wohnung gut sichtbar auf, sodass Sie häufig darauf schauen und Punkte ergänzen können.

Auswertung

Wenn Sie den Eindruck haben, dass Ihre Sammlung den allergrößten Teil Ihrer Fähigkeiten abbildet, können Sie sich an die Auswertung machen. Überprüfen Sie bitte noch einmal, ob die gesammelten Begriffe wirklich spezifisch sind und in Ihrer Gesamtheit wirklich Sie beschreiben (und nicht auch viele andere Menschen). Folgende Fragen können Ihnen bei der Auswertung helfen:

- Welcher Gesamteindruck entsteht bei Ihnen, wenn Sie sich Ihre Sammlung ansehen?
- Welche Schwerpunkte erkennen Sie? Was taucht besonders häufig auf?
- Was überrascht Sie, und was passt nicht zu Ihrem bisherigen Selbstbild?
- Werden Kompetenzen deutlich, die Sie sich bisher nicht zugeschrieben haben?
- Angenommen, Sie wüssten nicht, von wem diese Sammlung stammt: Was würden Sie schätzen, was dieser Mensch beruflich macht oder machen müsste?

Dann geht es weiter:

- Kennzeichnen Sie erstens die Fähigkeiten, die bei Ihnen – in Ihren Augen – besonders ausgeprägt sind, und zweitens solche, die Sie in Zukunft verstärkt nutzen und weiterentwickeln möchten.
- Übertragen Sie nun diese markierten Fähigkeiten auf ein neues Blatt.
- Bringen Sie sie in eine Reihenfolge, die nach Ihrem Verständnis ihre Bedeutung widerspiegelt.
- Sind es mehr als zehn Punkte? Überlegen Sie, ob Sie die Zahl reduzieren können.
- Gehen Sie diese Punkte nacheinander durch, und formulieren Sie jeden davon als Satz, der möglichst genau beschreibt, was Sie können.

Herzlichen Glückwunsch! Sie haben soeben Ihr Kompetenzprofil entwickelt.

Ihr Ergebnis

Sind Sie zufrieden mit Ihrem Ergebnis? Inwieweit entspricht es Ihrem Selbstbild?

Manchmal reagieren Menschen unzufrieden auf ihr Profil, weil es ihnen wenig Neues zeigt. Auch wenn dies wenig spektakulär ist – es belegt immerhin, dass sie über eine gute Selbsteinschätzung verfügen.

Andere sind völlig überrascht, weil ihr Profil Kompetenzen aufzeigt, die ihnen in dieser Ausprägung vorher kaum bewusst waren – ihr Selbstbild braucht anscheinend einige Korrekturen, denn dann haben sie ihre Fähigkeiten wahrscheinlich bisher viel zu wenig eingesetzt.

Ihr Kompetenzprofil zeigt Ihnen, was Sie in Ihrem zukünftigen Job tun *können*. Im folgenden Kapitel wird es darum gehen, was Sie tun *wollen*.

Im Mittelpunkt: Ihre Interessen

Wenn Sie ab sofort eine lebenslange Rente bekämen, die so gut bemessen ist, dass Sie für den Rest Ihrer Erdentage nicht mehr zu arbeiten bräuchten – würden Sie trotzdem weiter in Ihrem jetzigen Job bleiben? Oder wäre Ihre Kündigung einer der ersten Schritte Ihres neuen Lebens? Die meisten Menschen würden ihren Job wohl eher nicht als Hobby betreiben, weil sie nicht genug Interesse daran haben. »Mein Job als Hobby? Ich arbeite, um meine Miete zu zahlen – nicht, um Spaß zu haben.« Okay, das Arbeitsleben ist nun mal kein Ponyhof. Das hatten wir schon.

Aber warum machen wir es denn nicht umgekehrt: Warum machen wir nicht ein Hobby zu unserem Beruf? Wenn wir schon Geld verdienen müssen, warum denn nicht mit dem, was wir ohnehin gern tun? Mit Sicherheit wären wir darin sogar besser als in einem Job, der uns nicht die Bohne interessiert.

»Also werden wir alle professionelle Briefmarkensammler, Grillfachleute, Kleingärtner und Profi-Fußballgucker? Klar, mit meinem Jodel-Diplom mach ich mich selbstständig. Und Reiter werden schließlich auch immer gebraucht!« Sicher fragen Sie sich jetzt: Was bei Loriot so herrlich absurd war, meint der Autor tatsächlich ernst? Nun, da kann ich nur antworten: ein bisschen.

Bittere Wurzel, aber süße Frucht?

»Je mehr Vergnügen du an deiner Arbeit hast,
umso besser wird sie bezahlt.«

Mark Twain

Wenn wir täglich acht Stunden arbeiten und sechs Wochen Urlaub im Jahr haben, sind dies (ohne Krankheits- und Feiertage) 1 840 Stunden im Jahr. Gehen wir ganz grob davon aus, dass wir 45 Jahre unseres Lebens arbeiten, kommen über 82 000 Stunden dabei heraus. Eine ganze Menge. Wenn mir mein Job gleichgültig bis unangenehm ist – und das geht ja der Mehrzahl der Menschen so –, muss mir diese Zahl kalte Schauer über den Rücken jagen! Kein Wunder, wenn wir eine Rente mit 67 Jahren für uns persönlich als Alptraum empfinden, die Uhren im Büro scheinbar langsamer laufen oder das Leben für uns nur am Wochenende stattfindet.

Die Mehrheit der Menschen betrachtet ihren Job in erster Linie als notwendiges Übel, vor dem man sich drückt, wenn es irgendwie geht und vertretbar erscheint. Hätten sie nicht ihre inneren Antreiber, Perfektionisten und eine Heidenangst, von anderen schlecht beurteilt und abgelehnt zu werden, stünde es schlecht um unsere Volkswirtschaft. Aber wir reißen uns ja zusammen.

Bei vielen von uns ist dieses Bild von Arbeit tief verwurzelt und wird kaum hinterfragt. Will sich jemand nur mit einem Job zufriedengeben, der auch seinen Interessen entspricht, muss er wohl damit rechnen, als Traumtänzer oder naiv bezeichnet zu werden. Eine kriselnde Wirtschaft und der Arbeitsmarkt im Allgemeinen werden gern als zusätzliche Argumente gegen solche »Flausen im Kopf« benutzt. Unser Verständnis ist geprägt von der Auffassung, dass Arbeit in erster Linie Pflicht ist, die nicht der Freude dienen und nicht infrage gestellt werden soll. Viele von uns haben schon im Elternhaus negative Glaubenssätze gelernt und verinnerlicht, wie beispielsweise:

- »Dienst ist Dienst, und Schnaps ist Schnaps.«
- »Arbeit macht nun einmal keinen Spaß.«
- »Arbeit hat bittere Wurzel, aber süße Frucht.«

Wie sieht's bei Ihnen aus: Welche Glaubenssätze zur Arbeit im Allgemeinen haben Sie gelernt? Kann, darf oder sollte Arbeit Spaß machen – oder ist ein Teil von Ihnen da ganz anderer Meinung?

Es ist schon merkwürdig, dass in unserer Gesellschaft Spaß, Selbstverwirklichung und immer neue Kicks ganz groß geschrieben werden und sich die Mehrheit aber trotzdem scheinbar damit abfindet, dass Arbeit nun einmal eine spaß- und sinnfreie Angelegenheit ist. Oder muss unser Privatleben gerade deswegen so schön bunt und selbstverwirklicht sein, weil unser Berufsleben so trist ist? Sicherheit, Bezahlung, Aufstiegschancen, Ansehen – diese Faktoren sind für viele von uns wichtiger als die Frage, wie interessant eine Tätigkeit für sie ist. Und wenn unsere Unzufriedenheit eines Tages nicht mehr auszuhalten ist, sind viele verunsichert, widerspricht der Wunsch nach Veränderung doch eingeschliffenen Überzeugungen von Arbeit und Pflicht.

Ich werde immer wieder gefragt, ob man denn eigene Interessen so sehr in den Mittelpunkt stellen und den sicheren Job gar kündigen dürfe – oder ob so ein Wunsch nicht viel zu verrückt und gefährlich sei. Ja, viele Menschen wollen lieber glauben, dass eine Midlifecrisis ihnen zeitweise die Vernunft vernebelt, als sich einzugestehen, dass sie wirklich anders leben und arbeiten wollen! Aber je mehr wir uns trauen, uns von unseren Interessen leiten zu lassen, desto motivierter und überzeugender werden wir uns fühlen und auftreten. Und dies ist ein nicht zu unterschätzender Erfolgsfaktor!

Anna hatte lange in verschiedenen Eventagenturen gearbeitet. Als sie zu mir zu einem Coaching kam, stand ihr vierzigster Geburtstag bevor, den sie als Anlass nehmen wollte, beruflich die Weichen neu zu stellen. Sie wollte endlich einen Job, der ihren Interessen entsprach. Im Coaching erzählte sie mir von einem alten Traum: Seit ihrer Jugend wollte sie im Filmgeschäft arbeiten – aber das war in ihren Augen nur eine Spinnerei. Ich bat sie, diesen Wunsch »nur so zum Spaß« trotzdem einmal ernsthaft zu betrachten. Und da fing Anna an, tatsächlich Optionen für sich zu entdecken, die ihr gar nicht so verrückt erschienen: Sie konnte sich vorstellen, für Filmfestivals zu arbeiten oder für Produktionsfirmen im Marketing oder im PR-Bereich tätig zu sein.

Nachdem ihr klar geworden war, dass dies »ihr Ding« ist, entwickelte sie eine ungeheure Energie! Sie sprach mit vielen Menschen und Institutionen der Branche und lernte viel über Jobs und Kommunikationswege. Anna lehnte ab, über einen Plan B nachzudenken, solange sie nicht alles versucht hatte, ihren Traumjob zu bekommen. Natürlich wusste sie, dass sie als Branchenfremde mit Ende dreißig für potenzielle Arbeitgeber nicht automatisch die erste Wahl sein würde. Aber sie war sich auch ihrer Qualitäten bewusst und sah Ihre Entschlossenheit und Begeisterung als ihre Trumpfkarte an! Über mehrere Praktika bekam sie schließlich einen Fuß in die Tür und ist heute tatsächlich in ihrem Wunschbereich freiberuflich tätig.

Erstellen Sie Ihr Interessenprofil

»Unsere Neigungen zeigen an, in welche Richtung
sich unser Leben entfalten möchte.«

Ernst R. Hauschka, Aphoristiker

Annas Ausgangsbasis war nicht schlecht: Ihre Erfahrungen und ihr Talent im Eventbereich machten sie auch für ihr neues Betätigungsfeld attraktiv, sie hatte kaum Scheu, an fremde Türen zu klopfen und den Kontakt zu suchen – und sie wusste, wohin sie wollte, und war fest entschlossen, dafür nichts unversucht zu lassen. Natürlich ist nicht jeder bereit und in der Lage, alles auf eine Karte zu setzen. Vor allem, wenn er sich noch gar nicht sicher ist, was für eine Karte es sein soll.

Wenn Sie sich einen neuen Job wünschen, der wirklich Ihren Interessen entspricht, sollten Sie zwei Dinge getrennt voneinander betrachten: Im ersten Schritt sollten Sie sich ausschließlich damit beschäftigen, was Sie beruflich interessiert – auch wenn Sie dabei befürchten, dass Ihre Gedanken unrealistisch sind. Erst dann ist es im zweiten Schritt sinnvoll, sich zu fragen, wo und in welchem Maße Sie Ihre Interessen beruflich verfolgen wollen.

Betrachten wir diese zwei Fragen nicht separat, kommt uns möglicherweise das »Ganz-oder-gar-nicht«-Prinzip in die Quere: Wenn ich meine Interessen dann tatsächlich ernst nehme, meine ich, sie nur auf einem Wege verwirklichen zu können. »Am liebsten spiele ich in meiner Freizeit Schlagzeug, also muss ich professioneller Drummer werden.« »Ich jodele für mein Leben gern, da bleibt mir wohl nichts anderes übrig, als mich mit meinem Jodel-Diplom selbstständig zu machen.« Kein Wunder, wenn jemand beim Blick auf den Arbeitsmarkt für Schlagzeuger und Diplom-Jodler dann doch lieber Buchhalter bleibt!

Das Problem ist hier die scheinbar zwangsläufige Schlussfolgerung: »Wer A sagt, muss auch B sagen.« Was für ein Unsinn! Nehmen wir doch einmal an, ich bin tatsächlich begeisterter Hobby-Schlagzeuger und mit meinem Job als Buchhalter unzufrieden: Anstatt nur die Option »Profi-Musiker« zu sehen, könnte ich schauen, wo ich mein Hobby auf andere Weise einbringen kann. Vielleicht bleibe ich der Buchhaltung treu, versuche aber für ein Unternehmen zu arbeiten, das Musikinstrumente herstellt. Oder für eine Musikerzeitschrift. Bin ich bereit, mich von der Buchhalterei zu trennen? Welche Fähigkeiten habe ich neben meiner Musikleidenschaft zu bieten? Kann ich mir vorstellen, für einen Konzertveranstalter oder eine Plattenfirma zu arbeiten? Es gibt sicherlich viele Möglichkeiten, die von meinem Hobby unterschiedlich weit entfernt sind – und es liegt an mir zu entscheiden, was für mich richtig ist.

Ein Rennpferd ist ganz sicher nicht die einzige Alternative zu meinem toten Pferd – denn selbst auf einem Kaltblüter komme ich deutlich schneller voran! Bedenken Sie: Wenn Sie 80 000 Stunden Ihres Lebens mit Arbeit verbringen und ein neuer Job Sie nur 10 Prozent mehr interessiert als der bisherige, bedeutet dieser vermeintlich kleine Unterschied doch einen großen Gewinn für Ihre Lebenszufriedenheit.

Ihr Interessenprofil

Für Ihre berufliche Neuorientierung ist die Klärung Ihrer Interessen – neben Ihren Fähigkeiten – die zweite wichtige Säule. Um entscheiden zu können, welchen Interessen Sie möglicherweise in Ihrem neuen Beruf nachgehen wollen, sollten Sie unbedingt Ihr Interessenprofil erstellen. Verwenden Sie wieder die Mindmapping-Technik, und sammeln Sie alle Interessen, die Ihnen in den folgenden Arbeitsschritten begegnen, auf einem Blatt. Nehmen Sie sich auch für diese Aufgabe ausreichend Zeit, hängen Sie das entstehende Profil gut sichtbar zu Hause auf, und ergänzen Sie kontinuierlich, wenn Ihnen neue Punkte einfallen.

Verzichten Sie beim Zusammentragen Ihrer Interessen auf eine Unterscheidung zwischen privaten und beruflichen Interessen, denn alles, was Sie heute in Ihrem Privatleben interessiert, könnten Sie morgen zu Ihrem Job machen. Sammeln Sie ganz unspezifisch alles, was Sie mögen und interessant finden – egal, ob es eine Sache des Herzens oder des Kopfes ist. Sie segeln gern? Sie mögen Blumen? Sie sind gern unter Menschen? Sie interessieren sich für Mineralien? Sport ist Ihnen wichtig? Schreiben Sie alles auf! Versuchen Sie bitte auch hier, möglichst genau zu sein und sich immer wieder selbst zu fragen, ob Sie Ihr Interesse noch etwas spezifischer formulieren können. Sie segeln gern? Auf welchen Booten? Allein oder mit anderen? Auf dem Stadtsee oder dem Atlantik? Interessieren Sie sich auch für Boote, Material oder Geräte?

Nun geht es los – mit den folgenden sechs Schritten erarbeiten Sie sich Ihr Interessenprofil:

- *Hausdurchsuchung:* Auch wenn es merkwürdig klingt: Schauen Sie sich bitte Ihre Wohnung einmal ganz genau an, als sähen Sie sie mit den Augen eines Fremden. Suchen Sie nach Details, die etwas über Ihre Interessen und Vorlieben verraten. Dies können Bücher, DVDs, Bilder, Möbel, Fotos oder andere Gegenstände sein.
- *Forschungsausflüge:* Unternehmen Sie Ausflüge in Umgebungen, die Ihnen möglichst viele Anregungen geben; so können Sie entdecken, woran Ihr Interesse hängen bleibt. Gehen Sie spazieren, wo Sie sich wohlfühlen. Verbringen Sie Zeit in einer Buchhandlung und in einem Zeitschriftengeschäft: Schauen Sie dort auch durch Abteilungen und Regale, die Sie sonst nicht anschauen. Besuchen Sie Museen, Messen, Märkte. Nutzen Sie jede Umgebung und Gelegenheit, um nach Ihren Interessen Ausschau zu halten, und machen Sie sich dabei Notizen. Vielleicht entdecken Sie Interessen, die Ihnen bisher kaum bewusst waren.

- *Kinderträume:* Versuchen Sie sich einmal zu erinnern, was Sie in Ihrer Kindheit und Jugend schön, spannend, aufregend, interessant oder anziehend fanden. Welche Hobbys und Lieblingsspiele hatten Sie? Was haben Sie besonders gern gemacht, und wo haben Sie sich am liebsten aufgehalten? Und schließlich: Was davon ist Ihnen bis heute geblieben?

- *Traumberufe und Berufsträume:* Beides verrät viel über unsere Interessen.

  - Was wollten Sie in Kindheit und Jugend am liebsten werden? Und wie sieht es heute aus? Ich habe Ihnen diese Frage zu Anfang des Kapitels über die innere Freiheit schon einmal gestellt: Angenommen, Sie könnten sich jetzt einen Beruf aussuchen, und Sie bekämen alle dafür notwendigen Fähigkeiten geschenkt – was wäre Ihre Wahl? Möchten Sie Astronaut, Bundeskanzler oder Rockstar sein? Lassen Sie bitte Ihre Fantasie spielen. Hier hat diese Frage einen sehr realen Hintergrund. Erstellen Sie eine Liste Ihrer alten und neuen Traumberufe.

  - Gehen Sie anschließend alle Traumberufe dieser Liste nacheinander durch. Fragen Sie sich bei jedem, was genau Sie daran so interessant fanden und finden. Ein Beispiel: Sie wären tatsächlich gern Astronaut? Warum? Fasziniert Sie die Technik? Oder der hohe Druck? Komplexe Prozesse? Dass Sie extrem auf sich selbst gestellt sind? Das Ansehen? Oder das Risiko? Tragen Sie alle Ihre Antworten für jeden Traumberuf in das Interessenprofil ein.

- *Außensicht:* Befragen Sie Freunde, Kollegen und Bekannte, welche Interessen sie bei Ihnen wahrnehmen – möglicherweise sehen sie Seiten von Ihnen, an die Sie noch gar nicht gedacht haben.

- *Auslese:* Haben Sie jetzt den Eindruck, dass Ihre Sammlung Ihre Interessen gut abbildet? Markieren Sie dann bitte

  - alle Punkte, für die Sie sich in Zukunft verstärkt engagieren wollen, und

  - entscheiden Sie dann, welchen davon Sie möglicherweise in ihrem zukünftigen Beruf nachgehen möchten. Bedenken Sie, dass es noch nicht darum geht zu klären, ob Ihnen dies im Moment »realistisch« erscheint!

Nehmen Sie Ihre Interessen ernst, arbeiten Sie damit und entwickeln Sie mögliche Projekte daraus in Verbindung mit Ihren Fähigkeiten. Wie Sie dies praktisch tun können, werde ich Ihnen in den letzten beiden Kapiteln erklären.

»Ich weiß aber gar nicht, was mich interessiert.«

»Wie hoch ist doch jede wahre Neigung zu schätzen in einer Welt, wo Gleichgültigkeit und Abneigung eigentlich recht zu Hause sind.«

Johann Wolfgang von Goethe

Für diejenigen unter uns, die wissen, was sie wollen und was sie interessiert, ist es nicht leicht nachzuvollziehen: Es gibt nicht wenige Menschen, die keine oder nur sehr verschwommene Vorstellungen ihrer Interessen haben. Dies sind nicht unbedingt die chronisch Unentschlossenen, die offensichtlich nie wissen, was sie wollen, und dann lieber untätig bleiben. Ganz im Gegenteil!

Mir begegnen nicht selten sehr dynamische und erfolgreiche Menschen, die sofort sehr konkrete Angaben machen, wie ihr neuer Job aussehen soll. Aber sie beziehen sich dabei oft nur auf Zahlen und sachliche Kriterien, ohne dass sie dabei vermitteln, was ihnen wirklich am Herzen liegt. Ein höheres Gehalt, mehr Verantwortung, eine Führungsposition, ein internationales Betätigungsfeld, eine Projektleitung – klingt alles prima. »Aber warum interessieren Sie diese Punkte? Was versprechen Sie sich davon für Ihr Leben?«, möchte ich dann wissen. Auf diese Fragen bekomme ich dann keine oder ausweichende Antworten, und mein Gegenüber wird unsicher.

Denn viele Menschen definieren ihre Karriereziele, indem sie ihre bisherige berufliche Biografie einfach in die Zukunft verlängern – als würden sie ein Lineal anlegen und eine (natürlich nach oben zeigende!) Linie in die Zukunft ziehen. Was sie als Wünsche formulieren, sind dann nur die Konsequenzen ihrer Karrierelogik. Haben sie gestern ein Team mit fünf Mitarbeitern geleitet, müssen es morgen natürlich zehn sein. Logisch. Aber gleichzeitig fühlen sie sich immer unglücklicher mit ihrer Arbeit. Das passt nicht zusammen. Und kaum einer verspricht sich wirklich mehr Zufriedenheit von seinen vordergründigen Karrierezielen. Nur: Was soll jemand tun, wenn er keine anderen Ziele kennt, an denen er sich orientieren könnte?

Ich erlebe oft folgendes Bild: Jemand hat scheinbar schon lange (manche schon immer) kaum Interessen, Hobbys oder Dinge, die mehr als nur oberflächlich Spaß machen. Mal ein Buch lesen, ins Kino gehen, eher lockere soziale Kontakte und ab und zu ein Urlaub, das war's. Das bedeutet natürlich, dass er auch keine Idee hat, welche Arbeit ihm Freude und Sinn vermitteln könnte – denn seine jetzige Tätigkeit tut das nicht. Trotzdem ist er aber in seinem Job sehr engagiert, ehrgeizig und zielstrebig, sodass er als sehr erfolgreich gilt. Dadurch bleibt ihm wenig Zeit für ein Privatleben und private Interessen. Und das ist natürlich auch ein Vorteil, weil er nicht das Gefühl hat, viel zu verpassen, und sich nicht der schwierigen Frage nach seinen Interessen und (Lebens-)Zielen stellen muss.

Solange es mit der Karriere dynamisch vorangeht, scheint auch alles in Ordnung – bis Geld und Erfolg auch vordergründig keine Motivation mehr sind, um einfach immer so weiterzumachen. Wenn diese alten Verhaltens- und Denkmuster nicht mehr funktionieren, geraten viele Menschen in eine Krise.

Ein Klient von mir, nennen wir ihn Kai, war in genau dieser Situation. Er meinte *wirklich verzweifelt:* »*Aber man muss doch wissen, was man will!*« *Nur hatte er leider überhaupt keine Idee, was das für ihn sein könnte. Normalerweise löste er Probleme, indem er sich noch mehr anstrengte. Doch das funktionierte hier natürlich nicht.*

Im Coaching wurde dann klar, wie es gekommen war, dass er so wenig Zugang zu seinen Wünschen hatte: Schon als Kind bekam er vor allem für seine Leistungen in der Schule und beim Sport die Aufmerksamkeit seiner Eltern. »*Das Gewinnen war natürlich immer viel wichtiger als die Freude am Spiel!*« *Als es darum ging, sich für einen Beruf zu entscheiden, ließen ihm die Eltern zwar* »*jede Freiheit*«*, aber Kai spürte zum ersten Mal, dass er – anders als viele Freunde – einfach nicht wusste, was sein Herz wollte. Er tat, was ihm und der Familie vernünftig erschien, und studierte BWL. Das ließ ihm viele Möglichkeiten – und schließlich könne er sich ja immer noch entscheiden, was er damit* *anfangen wollte. Es folgte eine Karriere wie vom Reißbrett mit Auslandserfahrungen, schnellem Aufstieg und früher Promotion. Jetzt, mit Ende dreißig, wurde ihm schmerzhaft bewusst, dass er in den letzten zwanzig Jahren keine einzige berufliche Entscheidung getroffen hatte, die wirklich von Wünschen oder Lebenszielen motiviert war.*

Kai begann, seine bisherigen Entscheidungskriterien und Prioritäten zu hinterfragen. Anfangs war es schwer, weil ihm klar wurde, dass die Landkarte, nach der er sich bisher durchs Leben bewegt hatte, ihm und seiner Persönlichkeit gar nicht entsprach. Er wusste aber jetzt, dass er sich in Zukunft viel mehr an seinen eigenen Wünschen und Interessen orientieren wollte.

Wenn wir wenig Zugang zu unseren Interessen haben, können wir dies nicht mal eben trainieren, wie wir beispielsweise lernen können, eine gute Präsentation zu halten! Hier geht es darum, etwas nachreifen zu lassen, was wir in einer frühen Lebensphase nicht entwickeln konnten. So ein Prozess braucht Zeit und viel Geduld, denn wir müssen (und dürfen!) dann lernen, unsere inneren Impulse wahrzunehmen und ihnen zu folgen. Ständiger Input von außen, Stress und ein Leben auf der Überholspur lassen dies kaum zu.

So schärfen Sie Ihr Gespür für Ihre Interessen und Wünsche

Entdecken Sie bei sich Ähnlichkeiten zu Kais Geschichte? Fühlen Sie sich angeregt, Ihren Interessen und Wünschen in Zukunft mehr Aufmerksamkeit zu schenken und sich stärker als bisher an ihnen zu orientieren?

Wenn Sie feststellen, dass Sie seit langem sehr wenig auf sie achten und sich vielleicht schon Jahre nicht mehr gefragt haben, was Sie wirklich wollen, werden Sie dies nicht von heute auf morgen verändern können. Bedenken Sie, was ich Ihnen über das konservative Gehirn und das Prinzip der Autobahn (Seite 74) erzählt habe: Wenn wir Verhaltens- und Wahrnehmungsmuster ändern wollen, brauchen wir dafür Entschlossenheit und Geduld. Aber was wir lange vernachlässigt haben, können wir reaktivieren.

Ich möchte Ihnen zum Abschluss dieses Kapitels noch einige Tipps geben, wie Sie beginnen können, Ihren Impulsen mehr Beachtung zu schenken – diese Übungen sind quasi eine Vorstufe zu der Frage nach beruflichen Wünschen und Interessen:

- **Leerstunde:** Damit Impulse und Wünsche überhaupt in Ihr Bewusstsein aufsteigen können, brauchen sie Leerraum. Wenn Sie gewohnt sind, sich möglichst ständig abzulenken und sich von Reizen überfluten zu lassen, haben Impulse von innen keine Chance. Dann ist es sinnvoll, dass Sie sich konstruktive Leerräume schaffen. Nehmen Sie sich doch bitte regelmäßig, vielleicht zweimal in der Woche, eine Stunde, die nur Ihren Interessen gehört: Wichtig ist, dass Sie dann allein sind und auf jeden Medienkonsum verzichten. Suchen Sie Orte auf, wo etwas Ihr Interesse wecken könnte. Warten Sie nicht zu Hause auf dem Sofa darauf, dass etwas passiert. Gehen Sie raus und bewegen Sie sich. Achten Sie auf jeden inneren Impuls – das kann ein Gefühl, eine Idee oder ein Bedürfnis sein. Notieren Sie, was Ihnen in den Sinn kommt. Erwarten Sie nicht, dass beim ersten Versuch etwas Spektakuläres passiert. Haben Sie Geduld.

- **Gedächtnisstütze:** In Ihrem privaten und beruflichen Alltag gibt es unendlich viele Möglichkeiten, nach Ihren Interessen Ausschau zu halten – wenn Sie wirklich hinschauen! Und das wird wahrscheinlich erst einmal ungewohnt sein. Also benötigen Sie dafür eine Erinnerungshilfe: Überlegen Sie bitte, worauf genau Sie ab sofort achten wollen, und formulieren Sie es in einer möglichst kurzen Frage. Vielleicht: »Was interessiert mich hier?«, »Was hat gerade meine Aufmerksamkeit?« oder »Welchen Impuls spüre ich gerade?«. Besorgen Sie sich kleine Klebepunkte, und platzieren Sie einige davon an Stellen, auf die Sie häufiger blicken. Das kann zum Beispiel Ihr PC-Monitor sein, ein Spiegel, Ihr Portemonnaie, der Kühlschrank oder Ihr Terminkalender. Jedes Mal, wenn Ihr Blick auf einen dieser Punkte fällt, stellen Sie sich Ihre Frage. Konzentrieren Sie sich einige Sekunden, und schauen Sie, ob Ihnen eine Antwort kommt. Nehmen Sie sie einfach nur zur Kenntnis. Wahrscheinlich wird es erst ungewohnt sein, und Ihnen kommen kaum Antworten. Das ist ganz normal – hören Sie nicht auf, sich Ihre Frage immer und immer wieder zu stellen.

- *Tagebuch:* Legen Sie sich Ihr Tagebuch an Ihr Bett. Gehen Sie vor dem Einschlafen den vergangenen Tag noch einmal durch, und fragen Sie sich, was heute Ihr Interesse oder Ihre Aufmerksamkeit geweckt hat. Was haben Sie heute über Ihre Interessen gelernt? Scheuen Sie sich bitte nicht, auch scheinbar Banales und Selbstverständliches aufzuschreiben. Wichtig ist auch hier, dass Sie dies regelmäßig tun – also möglichst jeden Abend.

Endlich raus aus der mentalen Blockade!

»*Ja, jetzt sehe ich ein, dass ich schon viel zu lange auf meinem toten Pferd gesessen habe. Und ich weiß jetzt: Mein Pferd IST tot und wird nicht mehr aufstehen. Ich werde sofort damit beginnen, mir ein neues, gesundes und richtig gutes Pferd zu suchen. Wow. Ich bin frei! Ich werde meine Kreativität nutzen und viele tolle Ideen haben. Angst war gestern. Ich bin schließlich der Regisseur meines Lebens! Ich habe eine Menge Fähigkeiten und Interessen, und meine Vision werde ich auch noch finden. Wer könnte mich jetzt noch aufhalten?!*

Okay, dann fang ich mal an.

Oder vielleicht koche ich mir doch erst einen Kaffee? Aber dann geht's so richtig los. Na ja, die Steuererklärung ist überfällig. Mache ich besser gleich.

Aber morgen hält mich nichts mehr. Ganz bestimmt.«

Wer Sie jetzt noch aufhalten kann? Vielleicht Sie selbst?

Wir nähern uns langsam dem Ende dieses Buches. Haben Sie vielleicht schon begonnen und arbeiten bereits an Ideen für Ihren neuen Job? Ist in Ihnen die Überzeugung gewachsen, der Käpt'n auf Ihrer Brücke zu sein? Spüren Sie Elan und Energie? Oder haben Sie das Gefühl, dass Sie noch irgendwie festhängen? Glauben Sie, dass Sie im Prinzip den nächsten Schritt tun *könnten*, aber wahrscheinlich doch nicht tun *werden* – vielleicht weil es bisher immer so war? Sind Sie skeptisch und trauen sich eher doch nicht zu, eine berufliche Veränderung anzupacken?

Time to say good bye: Abschied von Ihrem toten Pferd

»Estragon: Komm, wir gehen!
Wladimir: Wir können nicht.
Estragon: Warum nicht?
Wladimir: Wir warten auf Godot.
Estragon: Ach ja.«

Samuel Beckett, Warten auf Godot

Es könnte alles so schön sein. Wir könnten uns doch so leichtfüßig in berufliches Neuland aufmachen – wenn da nicht unsere »andere« Seite wäre, die uns immer wieder ausbremst. Wir haben gesehen, dass sie uns auf verschiedene Weisen und in verschiedenen Phasen des Neuorientierungsprozesses stoppen kann. Manchmal tut sie dies schon gleich zu Beginn und sorgt dafür, dass wir gar nicht erst auf neue Gedanken kommen. Wenn wir es aber trotzdem schaffen und schon mögliche Auswege erkennen, stellen uns unsere inneren Widersacher auch gern noch auf der Zielgeraden ein Bein!

Dann wissen wir, was wir jetzt eigentlich tun wollen und könnten – lassen aber doch lieber alles beim Alten. Der entscheidende Impuls scheint uns zu fehlen. Vielleicht fangen wir wieder an, »gute Gründe« für unser Nichthandeln zu finden. Wir fühlen uns energielos und resigniert. Geht es Ihnen vielleicht auch so? Haben Sie sich vorgenommen, endlich aktiv zu werden, oder haben Sie sogar schon mit der Arbeit begonnen? Und droht jetzt die Gefahr, dass Sie dieses Buch zu den anderen Ratgebern ins Regal stellen und sich vornehmen »Wenn ich mal Zeit habe, werde ich mich damit beschäftigen«? Oder denken Sie gar »Das kann mir ja doch nicht helfen«?

Also doch lieber zurück auf's tote Pferd?

Wenn Sie sich jetzt blockiert fühlen, werfen sich Ihre inneren Widersacher wahrscheinlich so richtig ins Zeug, damit diese Lektüre möglichst wenige Konsequenzen auf Ihr Handeln und Denken hat. Es wäre sehr schade, wenn die sich damit durchsetzten! Lassen Sie uns lieber schauen, wie Sie psychologisch klug mit einer inneren Blockade umgehen können.

Michael war in einer Kulturbehörde zuständig für die Öffentlichkeitsarbeit. Ihm machte seine Arbeit Spaß, aber die Belastung war sehr hoch. Ins Coaching kam er, weil er befürchtete, ihr auf Dauer nicht gewachsen zu sein. Er erzählte mir, dass er schon seit vielen Jahren davon träumte, sich eine Auszeit zu nehmen und für ein Jahr durch Asien zu reisen. Aber das ginge natürlich nicht, weil es mit seinem Job unvereinbar wäre und seine Freundin und die Familie ihn dabei auf keinen Fall unterstützen würden. Deshalb sei dieser Plan ein Ego-Trip und völlig unrealistisch. Okay.

Während er aber davon sprach, leuchteten seine Augen, und es war nicht zu übersehen, dass diese Reise ein echter Herzenswunsch war. Ich hakte nach und erfuhr, dass er noch keinem Menschen gesagt hatte, wie sehr er sich dieses Projekt wünschte – und über Auszeitregelungen hatte er sich bei seinem Arbeitgeber überhaupt noch nicht informiert. Für Michael stand trotzdem fest, dass seine Freundin zutiefst gekränkt und er an seinem Arbeitsplatz unabkömmlich wäre.

Mir schien das Problem eher seine mentale Blockade zu sein als andere Menschen oder der Arbeitsplatz. Deshalb analysierte ich mit Michael, welche seiner Persönlichkeitsanteile welches Ziel verfolgten: Sein »Innerer Abenteurer« wollte grenzenlose Freiheit ohne Bindungen und Kompromisse. Er wäre lieber heute als morgen aufgebrochen. Michaels »Innerer Beamter« dachte nur an mögliche Risiken und wollte selbstverständlich zu Hause bleiben und brav seinen Job machen. Dann war da noch »Der Soziale« – er brauchte vor allem Harmonie und war nur darauf bedacht, dass andere Menschen ihn mögen. Vor Kritik oder gar Ablehnung hatte er große Angst.

Mit der Technik der Ich-Bühne brachten wir alle seine Anteile an einen Tisch und ließen sie einen Kompromiss aushandeln, mit dem jeder von ihnen leben konnte: Michael beschloss auf diese Weise, nur ein halbes Jahr zu reisen. Eine personelle Veränderung in seiner Abteilung konnte er nutzen, sodass jemand für seine Vertretung bereitstand. Seine Freundin war mit seiner Idee einverstanden, nachdem beide verabredet hatten, dass sie Michael für zwei Wochen auf seiner Reise begleiten würde.

Einige Zeit nach seiner Rückkehr schrieb mir Michael, dass diese Reise »die beste Idee seines Lebens« und für seine persönliche und berufliche Entwicklung sehr wichtig gewesen sei.

Ich bin blockiert = Wir sind blockiert

Um den Ausweg aus einer inneren Blockade zu finden, ist es wichtig, erst einmal zu verstehen, welcher gedankliche oder emotionale Konflikt ihr zugrunde liegt. Natürlich hätte ich mit Michael auch eine Pro- und Contra-Liste seines Reisewunsches erstellen können. Geholfen hätte das wahrscheinlich nicht, weil die Konzentration auf rationale Argumente unserer inneren Welt selten gerecht werden kann. In dem Kapitel über die Psychologie der mentalen Blockade habe ich Ihnen ja schon einiges über ihre innere Dynamik erklärt. Lassen Sie mich die Kernpunkte noch einmal zusammenfassen:

- Unser Ich ist nicht einheitlich, sondern besteht aus verschiedenen Ich-Anteilen.
- Jeder Anteil hat eindeutige Überzeugungen von sich selbst, den anderen und der Welt und besitzt eine »eigene Persönlichkeit«.
- Unsere Ich-Anteile können miteinander oder gegeneinander arbeiten. Arbeiten sie gegeneinander, nennen wir es einen inneren Konflikt, dessen Konsequenz meist eine Blockade ist.
- Werden wir mit Veränderungsdruck von innen oder außen konfrontiert, werden einige Anteile höchstwahrscheinlich Widerstand leisten, während andere die Veränderung wünschen. Deshalb erleben wir berufliche Neuorientierung selten ohne Blockaden.
- Blockaden können wir an verschiedenen Symptomen erkennen wie zum Beispiel Angst, Niedergeschlagenheit, Energielosigkeit, Handlungsunfähigkeit oder Rationalisierung (die bei näherem Hinsehen keinen Sinn ergeben).
- Das System unserer Ich-Anteile ist gut aufeinander eingespielt und daher sehr stabil gegen Veränderungen. Auf Druck oder (Selbst-) Kritik reagiert es grundsätzlich mit Widerstand. Deshalb ist Druck ein untaugliches Mittel, wenn wir uns innerlich blockiert fühlen.
- Jeder Ich-Anteil ist ein Teil unserer Persönlichkeit. Wir können unliebsame Anteile daher nicht »loswerden«.

Mit den Augen eines Kindes

Natürlich ist es nicht leicht zu ertragen, wenn wir einerseits gern handeln würden und andererseits spüren, dass etwas in uns immer wieder auf die Bremse tritt. Aber lassen Sie uns doch einmal versuchen, die Sache aus einem anderen Blickwinkel zu sehen: Ich habe Ihnen ja schon erklärt, dass viele Ich-Anteile früh in unserem Leben entstehen. Dies gilt besonders für Anteile, die sehr auf Sicherheit oder die Meinung anderer bedacht sind. Als Kind fühlten wir uns der Welt und den Menschen gegenüber ziemlich hilflos und abhängig. Wir waren darauf angewiesen, dass uns die Erwachsenen beschützten, die Welt erklärten und sie uns zugänglich machten. Aber nur selten hat das hundertprozentig geklappt, und so blieben dann Unsicherheiten und Ängste in uns zurück – das ist ganz normal.

Während wir erwachsen werden und lernen, selbst für uns zu sorgen, bleiben uns auf diese Weise Haltungen, Sichtweisen und Glaubenssätze aus der Kindheit erhalten. Sie bewirken, dass wir die Welt in manchen Situationen durch Kinderaugen sehen. Wir können dies bemerken, wenn wir uns plötzlich klein und ohnmächtig fühlen, verwirrt sind oder meinen, es unbedingt anderen Menschen recht machen zu müssen, damit sie uns mögen. In diesem Moment fehlt uns die innere Stärke und Sicherheit des Erwachsenen.

Nehmen wir als Beispiel den Ich-Anteil, den Michael seinen »Inneren Beamten« nannte: Dieser Teil hat Angst vor der Ungewissheit, die Veränderungen mit sich bringen könnten. Er glaubt, dass die Welt an sich gefährlich ist, und dass man deshalb besser bei dem bleibt, was man kennt und hat. Am besten, das Leben läuft jeden Tag auf die gleiche Weise ab – dann kann nichts passieren. Solche inneren Beamten kennen die meisten von uns. Was wir selten wahrnehmen ist, wie viel Angst in ihnen steckt und wie kindlich ihre Psyche eigentlich ist! So kritisch und entwertend sie auch oft sind – sie sehen die Welt durch die Augen eines Kindes.

Wenn wir meinen, unser Leben und unseren Job verändern zu müssen, gerät so ein Ich-Anteil natürlich in Bedrängnis! An Michaels Sprache war sogar zu erkennen, wie jung sein Beamter war, wenn er

Sätze sagte wie: »Das kann ich doch nicht machen. Dann sind doch alle böse auf mich. Und meinem Arbeitgeber brauche ich damit nicht unter die Augen zu treten.« Hören Sie das Kind?

Alles, was uns in so einer Situation oft einfällt, ist dann, uns selbst Druck zu machen und uns zu kritisieren. Stellen Sie sich vor, wie ein verängstigtes Kind darauf reagieren muss – dass es nicht den Fuß von der Bremse nimmt und noch starrer wird, ist doch verständlich, oder?

Bitte denken Sie nicht, dass kindliche Ich-Anteile ungesund oder neurotisch sind. Sie sind einfach ein Teil unserer Psyche, und das bedeutet überhaupt nicht, dass wir als Persönlichkeit durch sie weniger erwachsen sind. Wenn wir ihr Wesen anerkennen, haben wir die beste Chance, unsere inneren Blockaden zu lösen. Wir müssen dafür allerdings unseren Blick auf uns selbst ein wenig verändern: So wie es keine generell »schlechten« Kinder gibt, gibt es auch keine schlechten Ich-Anteile. Auch wenn sie uns nerven und unseren Plänen im Wege stehen: Wir sollten sie unbedingt ernst nehmen und uns mit ihren Ängsten und Sichtweisen auseinandersetzen.

Indem Michael verstand, dass sein innerer Beamter kein schlechter Kerl ist, und seine Ängste berücksichtigte, gelang es ihm, seine Blockade zu lösen und handlungs- und entscheidungsfähig zu werden.

Unsere Ich-Bühne

Wir können unser Ich mit einer Bühne vergleichen, auf der verschiedene Spieler – je nach Szene und Stück – positioniert sind. Einige stehen ganz vorn im Scheinwerferlicht, andere fast unsichtbar im Hintergrund. Und es gibt einen Spielleiter – ich nenne ihn unseren Ich-Manager –, der dafür zuständig ist, dass die Zusammenarbeit funktioniert und das Ergebnis stimmt. Wenn Sie gerade über Ihre Ich-Anteile nachdenken, nehmen Sie damit die Funktion des Ich-Managers an und sind Moderator Ihrer Anteile. Sie entscheiden schließlich, wie Sie sich in Ihrer inneren Vielstimmigkeit verhalten wollen.

Läuft es gut, ziehen alle an einem Strang und arbeiten zusammen. Sind wir aber innerlich blockiert, verhält sich jeder als Solist und arbeitet vor allem *gegen* seine Mitspieler. Völlig aus dem Ruder läuft die Aufführung, wenn der Ich-Manager parteiisch ist und sich mit einigen des Ensembles identifiziert und andere am liebsten feuern würde. Und genau das geschieht, wenn wir unsere Persönlichkeit in Licht- und Schattenseiten aufteilen und meinen, dass wir die konstruktiven Teile »sind« und die anderen nur genügend unterdrücken müssen, um ein guter und erfolgreicher Mensch zu sein!

Die Darsteller

Welche Darsteller auf unserer Ich-Bühne spielen, ist individuell unterschiedlich, aber es gibt einige klassische Rollen, die häufig auftauchen, wenn es um berufliche Veränderungen geht:

- Mindestens ein Anteil wünscht sich Veränderung – Sie hätten dieses Buch nicht in der Hand, wenn nicht ein Teil von Ihnen etwas Neues wollte. Vielleicht ist da ein »Abenteurer«, der neue Erfahrungen sucht, ein »Entwicklungsbeauftragter«, der lernen und sich erweitern will, oder ein »Spaßsucher«, dem es Freude macht, wenn er sich mit neuen Situationen beschäftigen darf.
- Viele von uns haben einen pflichtbewussten Anteil, der nur die Parole kennt: »Was muss, das muss.«
- Was wären wir ohne unseren inneren »Leistungsträger«, der vor allem zeigen will, was er kann?
- Sein Mitspieler mag der »Perfektionist« sein, dem egal ist, *was* er tut – die Hauptsache ist, er macht es perfekt.
- Ganz wichtig – wenn auch leider oft nur in einer Nebenrolle – ist der »Selbstfürsorger«, der aufpasst, dass es uns, unserer Psyche und unserem Körper gut geht.
- Oft erwähnt habe ich schon den »Inneren Kritiker«: Ein echter Klassiker! Ihn interessiert nur, was nicht gut läuft – und darüber verbreitet er sich dann gern und laut. Sein Zwillingsbruder ist der

»Nachtreter«: Der sieht nur, was schon (schlecht) gelaufen ist, und bohrt gern in dieser Wunde.

- Vielleicht kennen Sie den »Inneren Sicherheitsbeauftragten«, dem nur am Herzen liegt, jedes mögliche Risiken zu vermeiden?
- Und dann wäre da noch der »Schlendrian«, der sich nicht gern anstrengt, fünfe gerade sein lässt und am liebsten den bequemsten Weg geht.

Kommen Ihnen einige dieser Charaktere bekannt vor? Die Liste ließe sich natürlich verlängern. Schon bei dieser kleinen Auswahl wird deutlich, dass einige Anteile sich ähnlich sind oder wahrscheinlich ähnliche Ziele haben – und andere eher zusammenpassen wie Feuer und Wasser.

Ja, so sieht es in uns aus. Werfen wir einen Blick auf das Schauspiel »Berufliche Veränderung«: Es gibt Menschen, deren innere Anteile in der Mehrzahl eher mutig sind und Lust auf Neuland haben. Ihre inneren Gegenspieler sind weniger ängstlich und lassen sich leicht mitziehen. Menschen mit so einer Ich-Bühne haben keine Probleme mit beruflichen Kurswechseln und gehen dabei gern auch höhere Risiken ein. Dann gibt es Menschen, deren konservative innere Fraktion so stark ist, dass sie über Veränderungen nicht einmal nachdenken und vielleicht nur in stillen Stunden einmal träumen, wie schön es woanders sein könnte. Und wir kennen natürlich die »normal blockierten Menschen wie du und ich«. Auf ihrer Ich-Bühne gibt es Kräfte beider Fraktionen, für und gegen Veränderungen. Ob das Ergebnis dynamisch und lebendig oder eher eine kräftezehrende Hängepartie ist, hängt davon ab, wie die Ich-Anteile miteinander umgehen.

Ein psychologisch kluges inneres Konfliktmanagement bemüht sich darum, alle Mitspieler und Meinungen zu berücksichtigen, sie an einen Tisch zu bringen und alle an dem Projekt zu beteiligen. Das klingt für Sie noch etwas theoretisch? Dann möchte ich Ihnen jetzt zeigen, wie Sie die Technik der Ich-Bühne für Ihr Jobprojekt einsetzen können.

Die konstruktive Arbeit auf der Ich-Bühne

»Zwei Herzen schlagen, ach, in meiner Brust.«

Johann Wolfgang von Goethe, Faust I

Wenn zwei oder mehrere Herzen in Ihrer Brust schlagen, wird Ihnen die folgende Technik ganz bestimmt helfen. Sie ist eines der wichtigsten Werkzeuge diese Buches – deshalb werde ich sie ausführlich schildern. Vielleicht erinnern Sie sich, dass ich Ihnen empfahl, bei Ihrem Jobprojekt immer »zweigleisig« (Seite 144) zu arbeiten, nämlich neben der eigentlichen Sucharbeit die innere Prozessebene immer im Blick zu behalten. Dabei habe ich Ihnen geraten, innere Widerstände auf einer Bedenkenliste festzuhalten. Die Technik der Ich-Bühne ist ein sehr gutes Werkzeug, um diese inneren Prozesse zu klären.

Die Technik der Ich-Bühne

- **Die Konfliktlandkarte:** Erstellen Sie zuerst eine »Landkarte« des Konfliktfeldes mithilfe der Mindmapping-Technik: Nehmen Sie sich dafür ein großes Blatt Papier, und sammeln Sie alle Aspekte, Gedanken und Gefühle zu Ihrem Thema, die Ihnen in den Sinn kommen. Geht es Ihnen um berufliche Veränderung? Dann beginnen Sie vielleicht mit Ihrem Wunsch oder Ziel wie beispielsweise »Ich möchte einen Job, der mir Spaß macht« oder spezifischer »Ich möchte in der Eventplanung arbeiten«. Dazu melden sich innere Widersacher und sagen zum Beispiel »Dazu bin ich doch viel zu alt« oder »Das ziehe ich doch sowieso nicht durch«. Versuchen Sie bitte, alles aufzuschreiben, das Ihnen durch Kopf und Herz geht. Auch wenn es Ihnen vielleicht peinlich oder unsinnig erscheint. Es geht darum, hier Ihr Denken und Fühlen abzubilden – und das ist nun einmal gerade nicht so geordnet und klar, wie Sie es gern hätten.
- **Wer tummelt sich auf Ihrer Ich-Bühne?** Versuchen Sie jetzt bitte, die verschiedenen Ich-Anteile herauszuarbeiten, die sich in Ihrer Land-

karte zeigen: Es hilft Ihnen bestimmt, wenn Sie sich Ihre Anteile als wirkliche Personen vorstellen. Hinter Sätzen wie »Das klappt doch sowieso nicht« oder »Dafür fehlen mir die Voraussetzungen« steckt zum Beispiel wahrscheinlich ein »Charakter« mit ziemlich schlechtem Selbstwertgefühl.

Beschreiben Sie bitte jeden Ich-Anteil, den Sie entdecken, und ordnen Sie jeden Punkt der Konfliktlandkarte einem dieser Anteile zu. Im Zweifelsfall lassen Sie lieber mehr Anteile entstehen, als dass Sie zusammenfassen, was gar nicht zusammengehört. Egal ob drei oder zehn Anteile dabei herauskommen, verwenden Sie für jeden davon ein eigenes Blatt Papier oder eine Karteikarte.

- *Das Interview: Wer will hier eigentlich was?* Jetzt geht es darum, die Psyche Ihrer Ich-Anteile besser zu verstehen: Beschäftigen Sie sich bitte nacheinander mit jedem von ihnen. Bleiben Sie unbedingt so neutral wie möglich – auch wenn Sie einigen Teilen Ihrer Persönlichkeit bisher eher kritisch gegenüberstanden. Bedenken Sie: Genau aus diesem Grund *sind* Sie blockiert! Versuchen Sie, herauszubekommen, was genau ein Ich-Anteil antreibt. Fragen Sie sich, was er erreichen, bewirken, was er unbedingt verhindern möchte – und was er befürchtet, wenn er sich nicht engagiert. Was wäre sein Super-GAU?

Nehmen wir als Beispiel einen Anteil, der vor allem durch sein geringes Selbstwertgefühl geprägt ist: Er ist fest davon überzeugt, nicht gut genug zu sein und dass andere viel besser sind. So sorgt er dafür, dass ich mich immer wieder selbst kleinmache und darauf verzichte, mich mit anderen zu messen. Wovor hat er solche Angst? Vielleicht zu versagen und dafür ausgelacht und gedemütigt zu werden? Dass er sich vor anderen schämen muss? Das könnte für ihn das Schlimmste sein. Und durch seine Augen betrachtet scheint diese Gefahr sehr real zu sein. Insofern ist es nur logisch, dass er sich lieber selbst kleinmacht – bevor andere es tun.

Auf der Ich-Bühne hat er mit Sicherheit Gegenspieler: Vielleicht einen Anteil, der gern ausprobiert und zeigt, was er kann. Und auf seine Weise sorgt der unsichere Anteil dafür, dass der mutige nicht zum Zuge kommt. Wenn Sie Ihre Ich-Anteile erkunden, sollten Sie auf solche Polarisierungen achten – Sie werden sie mit Sicherheit entdecken.

- *Wer hat hier welche gute Absicht?* Sie haben jeden Ihrer Anteile interviewt? Dann fällt es Ihnen jetzt bestimmt nicht mehr schwer, für jeden von ihnen zu sagen, welche gute Absicht er verfolgt. Denn auch, wenn seine Wirkung Ihnen unkonstruktiv erscheint – kein Ich-Anteil möchte etwas Schlechtes bewirken. Bedenken Sie bitte, was ich eben über die kindliche Psyche vieler Anteile gesagt habe: Das Verständnis und das Verhaltensrepertoire eines Kindes sind ganz anders als die eines Erwachsenen! Versuchen Sie doch einmal, Ihre ängstlichen und vermeidenden Anteile unter diesem Aspekt zu betrachten.

  Notieren Sie bitte zu jedem Ihrer Ich-Anteile seinen Kernwunsch, also das, was er unbedingt erreichen und bewirken will. Für unser eben angesprochenes Beispiel wäre das also: »Ich muss verhindern, dass andere wegen meiner Leistung auf mich herabsehen.« Jeder dieser Wünsche ist ein Schlüssel zur Lösung Ihrer Blockade.

- *Die Namensgebung:* Es lässt sich mit einem Anteil leichter arbeiten, wenn er einen Namen hat: Stellen Sie sich vor, Sie beschäftigen sich gerade mit Ihrem neuen Jobprojekt, und ein innerer Widersacher meldet sich. Anstatt sich mit ihm zu identifizieren und zu denken: »Ach, das schaffe ich doch sowieso nicht«, können Sie ihn als Teil Ihrer Ich-Bühne erkennen und benennen: »Da ist er ja wieder, mein innerer Pessimist …«

  Also: Benennen Sie bitte jeden Ihrer Anteile (Verzichten Sie auf negative Bezeichnungen – Sie wissen, warum!), und notieren Sie seinen Namen.

- *Der runde Tisch:* Legen Sie jetzt die Blätter oder Karten mit den Charakterisierungen und Namen Ihrer Ich-Anteile im Kreis vor sich auf einen Tisch. Auch wenn es Ihnen merkwürdig erscheint: Versuchen Sie sich vorzustellen, Sie würden hier eine Konferenz moderieren, und Ihre Anteile würden rund um den Tisch sitzen.

  Das Thema ist Ihr Anliegen, das den inneren Konflikt ausgelöst hat – in unserem Fall also wahrscheinlich Ihr Wunsch nach beruflicher Neuorientierung. Notieren Sie dieses Thema, und überlegen Sie, was jeder Anteil dazu zu sagen hat. Natürlich gibt es eine Kontroverse darüber. Versuchen Sie, Kompromisse zu erdenken, die von jedem unterstützt werden können. Das bedeutet, dass jeder Anteil sich aus seiner Komfortzone herausbewegen muss. Was können ängstliche Anteile noch gut aushalten? Wo können die mutigen und neugierigen Anteile mit kleineren Schritten zufrieden sein? Wie könnte man Bedenken entschärfen?

Wichtig ist, dass Sie ein guter Moderator bleiben und jeden Anteil ernst nehmen. Es würde Sie nur zurück in die Blockade führen, wenn Sie jetzt an Ihren Ängsten und Bedenken wieder herumkritisierten! Notieren Sie Ihre Kompromisse, und fragen Sie dann jeden Anteil noch einmal, ob er damit leben kann. Nehmen Sie notfalls kleine Veränderungen vor. Am Ende steht Ihr »Abschlusspapier«.

- *Der Bauch-Check:* Wie geht es Ihnen, wenn Sie jetzt an Ihr Projekt denken? Fühlen Sie sich gelöster? Spüren Sie Energie und Lust, sich an die Arbeit zu machen? Wenn die Arbeit auf Ihrer Ich-Bühne gut gelaufen ist, werden Sie sofort einen Unterschied spüren! Wenn Sie sich genauso blockiert wie eh und je fühlen, sollten Sie den Prozess noch einmal von vorne durchgehen und schauen, wo Sie etwas (oder jemanden) nicht berücksichtigt haben.
- *Und so geht's weiter:* Es ist wichtig, dass Ihre Ich-Anteile Ihnen vertraut werden. Achten Sie möglichst oft darauf, wer sich wann im beruflichen und privaten Alltag meldet. Fragen Sie sich, oder besser: ihn, was gerade sein Anliegen ist. Wenn Sie Symptome Ihrer Blockade spüren, sollten Sie sich möglichst sofort Ihre Ich-Bühne anschauen: Welcher Teil von Ihnen hat gerade ein Problem, und was braucht er?

Sinnvoll ist es, dass Sie Ihre Ich-Bühne gut sichtbar visualisieren – vielleicht mit farbigen Namenskarten an der Wand.

Bringen Sie Ihre Ziele auf den Punkt

Peter war mit seinen Coachingergebnissen sehr zufrieden: Dass er beruflich etwas ganz anderes machen wollte, war ihm schon länger klar. Die Suche nach neuen Optionen hatte ihm richtig Spaß gemacht, und er wusste jetzt, dass er eine beratende oder therapeutische Tätigkeit anstrebte. Er konnte sich sogar vorstellen, mit seinen 37 Jahren noch ein Psychologiestudium zu beginnen. In seiner Vision hatte er sich mit siebzig Jahren gesehen, wie er in einem Seminarhaus auf dem Land einen Workshop leitet. Dieses Bild gefiel ihm sehr, und er war voller Energie, wenn er von seiner beruflichen Entwicklung sprach.

Jetzt war im Coaching der Punkt gekommen, an dem es darum gehen sollte, die verschiedenen Optionen zu konkretisieren und zu formulieren. Mehrmals nahm sich Peter diese Hausaufgabe mit, kam dann aber jedes Mal mit ganz neuen Ideen in die Stunde. Einmal erklärte er, er könne sich nun eher vorstellen, Sozialarbeit zu machen. Dann gefiel ihm die Idee, ein Projekt zu gründen, in dem er mit jungen und alten Menschen gemeinsam therapeutisch arbeitet. Und schließlich hatte er für sich die Möglichkeit entdeckt, sich zum Coach fortzubilden. Von jeder Idee war er aufrichtig begeistert – aber bevor etwas Konturen bekommen konnte, hatte er schon wieder die nächste Möglichkeit entdeckt.

Es dauerte einige Stunden, bis Peter erkannte, welches Muster seinem Verhalten zugrunde lag: Er war zwar ein Mensch voller kreativer Ideen und Tatendrang, aber nur sehr selten setzte er etwas davon auch um, weil es ihm einfach nicht gelang, die Brainstorming-Phase hinter sich zu lassen und seine Ideen zu konkretisieren.

Peters Beispiel zeigt, dass Ideenreichtum, Offenheit und Fantasie allein nicht ausreichen. Wir haben gesehen, dass wir ohne Kreativität und Fantasie kaum in der Lage sind, uns berufliches Neuland zu schaffen. Durch diese Prozesse, die hauptsächlich in unserer rechten Gehirnhälfte ablaufen, entwickeln wir das Rohmaterial für mögliche berufliche Wege. Nur sind wir damit natürlich noch nicht am Ziel angekommen. Haben wir die Phase der Ideenfindung – wie Peter – erst einmal abgeschlossen, benötigen wir verstärkt unsere linke Hirnhälfte mit ihren analytisch-rationalen Fähigkeiten, um aus Ideen und Wünschen konkrete Projekte zu machen.

Vielen Menschen geht es wie Peter: Unter dem Einfluss innerer Widersacher (»Lass es möglichst undeutlich« und »Leg Dich nur nicht fest«) fällt es Ihnen schwer, ihren Ideen Konturen zu geben. Und außerdem fehlt ihnen das Know-how, um ihre Ziele und ihre Zielkriterien auf konstruktive Weise zu formulieren. Darum soll es jetzt gehen.

So kommen Sie auf die Zielgerade

»Dem weht kein Wind, der keinen Hafen hat,
nach dem er segelt.«

Michel de Montaigne

Wenn unser »Innerer Kreativer« ein buntes Bild unser Wünsche und Möglichkeiten zaubert, und wenn unser »Innerer Visionär« uns zeigt, wie sinnvoll und interessant unser Leben einmal sein wird, dann ist es die Aufgabe unseres »Inneren Projektmanagers«, aus Ideen konkrete Ziele zu formulieren und ihre mögliche Realisierung zu planen.

Gehen Sie s.m.a.r.t. vor!

Haben wir ausreichend darüber nachgedacht, was wir in Zukunft wirklich tun wollen, werden wir früher oder später an den Punkt kommen, an dem wir – wie wir Hamburger es ausdrücken würden – sagen: »Jetzt mal Butter bei die Fische.« Und damit meinen wir: »Bring's auf den Punkt!« Nach der Phase der kreativen Suche geht es in diesem Schritt der beruflichen Orientierung um die Konkretisierung unserer Ideen. Wir formulieren jetzt unsere möglichen Jobprojekte, indem wir sie bis ins Detail durchdenken und beschreiben, um schließlich eine optimale Basis für unsere Entscheidung zu haben.

Ein sehr gutes Werkzeug ist dabei die s.m.a.r.t.-Formel: Gewöhnlich wird sie für die Formulierung von Zielen eingesetzt – sie hilft uns aber auch dabei, unser Jobprojekt auf den Punkt zu bringen.

Ist Ihr Projekt ...

s.pezifisch? Was Sie erreichen und tun wollen, muss absolut eindeutig und unmissverständlich definiert sein. Es bringt Ihnen nichts, wenn Sie »irgendetwas vielleicht und irgendwie« planen! Wenn es in Ihrer Planung unbekannte Faktoren gibt, versuchen Sie, auch diese so genau wie möglich zu fassen und verschiedene Alternativen zu durchdenken.

m.essbar? Arbeiten Sie mit möglichst konkreten und überprüfbaren Zahlen und Daten. Woran werden Sie und andere eines Tages unzweideutig erkennen können, dass Sie ihr Ziel erreicht und Ihr Projekt verwirklicht haben?

a.ttraktiv? Ein Ziel muss sexy sein! Das bedeutet, dass der Gedanke an Ihr Jobprojekt – auch wenn Sie dabei Lampenfieber haben – bei Ihnen gute Gefühle auslösen sollte. Lässt es Sie kalt, läuft etwas falsch! Dann ist Ihr Projekt entweder nicht attraktiv genug, oder Sie haben sich noch kein ausreichend detailliertes Bild davon gemacht und das Ganze ist noch viel zu theoretisch.

r.ealisierbar? Die Wahrscheinlichkeit muss hoch sein, dass Sie Ihr Ziel mit Ihren Mitteln auch erreichen können. Im Alter von 45 Jahren ohne Vorbildung oder eine Menge Geld noch Astronaut werden zu wollen, ist schlicht Traumtänzerei. Sie sollten genau überlegen, ob Sie Ihre Zeit und Energie in ein kaum umsetzbares Jobprojekt investieren wollen.

t.erminiert? Wollen Sie Ihren neuen Job »irgendwann einmal« antreten? Wahrscheinlich nicht. Deshalb sollten Ihre Jobprojekte grundsätzlich mit konkreten Zeitpunkten und Terminen arbeiten. Bedenken Sie aber: Etwas Zeitdruck ist okay – ein nicht erfüllbarer Zeitplan jedoch demotiviert und schadet dem Projekt nur.

Ohne Commitment läuft es nicht

Ich kann die schönsten Jobprojekte entwerfen – nur habe ich wenig davon, wenn ich nicht entschlossen bin, eines davon am Ende auch in die Tat umzusetzen! Sonst lenke ich mich vielleicht damit nur von meinem Jobfrust ab und kann mir und anderen erzählen, was für tolle Pläne ich schmiede, und das ist wirklich nicht Sinn der Sache. Ich sollte mich hundertprozentig darauf festlegen, am Ende meines Orientierungsprozesses eine Entscheidung zu treffen. Hier ist – um es mit dem schönen neudeutschen Wort auszudrücken – »Commitment« gefragt. Ist es mir nicht möglich, mich auf meinen Weg der Neuorientierung zu »committen«, mich also ganz und gar zu meinem Ziel zu bekennen, ist die Aufgabe momentan wahrscheinlich zu groß oder ich bin innerlich zu blockiert. Dann bitte zurück auf Los!

Abhängig vom »Wenn«

Schwierig sind »Wenns« in meiner Planung: Wenn nämlich das Erreichen eines Ziels von Faktoren abhängig ist, auf die ich keinen oder wenig Einfluss habe, kann ich auch nicht die Verantwortung dafür übernehmen. Das kann natürlich ganz praktisch sein – wenn es nicht klappt, lag es ja schließlich nicht an mir … Nehme ich mir zum Beispiel ganz fest vor, mich mit meinen Joboptionen zu beschäftigen, *wenn* ich genügend Zeit habe, öffne ich dem Selbstbetrug Tür und Tor. Dann läuft mein Neuorientierungsprozess möglicherweise über Monate und Jahre und verläuft irgendwann im Sande.

Ein Zielmentor hilft

Der Weg der beruflichen Veränderung ist manchmal steinig und zäh. Deshalb ist es hilfreich, in regelmäßigen Abständen mit einem Menschen den Stand der Dinge und die Motivationslage zu besprechen. Das kann ein professioneller Coach sein, aber auch ein Bekannter oder Freund, der die Rolle des Mentors übernehmen mag. Sein Job ist nicht, gute Ratschläge zu geben, sondern zuzuhören, nachzufragen und gemeinsam die nächsten Schritte zu besprechen.

Ihre Zielkriterien bitte!

Wenn jemand über längere Zeit beruflich unzufrieden ist, neigt er oft dazu, an seinem Job ausschließlich negative Seiten zu sehen. Das ist ganz normal, denn unser Gehirn lässt uns größer und wichtiger erscheinen, was uns leiden lässt. Sie kennen dies bestimmt: Je mehr ich mich auf einen Schmerz konzentriere, desto schlimmer erscheint er mir. Dann ist die Konsequenz: Die Kollegen sind alle unerträglich, der Chef sowieso, die Strukturen chaotisch, die eigene Arbeit nur langweilig und sinnlos und das Unternehmen ein einziges Übel. Auf der anderen Seite soll der neue Job natürlich vollkommen anders sein! Je dunkler der Status quo, desto heller strahlt die Zukunft. Je mehr ich im Moment leide, desto größer werden meine Hoffnungen und Erwartungen an meine neue Tätigkeit.

Aber ganz ehrlich: Haben wir uns nicht von unserem heutigen Job auch einmal mehr versprochen? Schien es uns damals nicht eine gute Entscheidung zu sein, den Arbeitsvertrag zu unterschrieben? Erschien uns anfangs unser Chef nicht umgänglich und kompetent, die neuen Kollegen sehr nett oder die Aufgabe interessant? Hat sich all das wirklich so grundlegend geändert? Oder ist es eher unsere Wahrnehmung, die sich geändert hat? Natürlich können wir auch einfach behaupten, dass wir heute einen klareren Blick auf die Verhältnisse haben und damals viel zu gutgläubig waren – aber wäre das glaubwürdig?

Gaby arbeitete erst ein knappes Jahr in ihrer neuen Firma – und war schon zutiefst unglücklich: Die Arbeit als Sachbearbeiterin in einem mittelständischen Unternehmen fand sie an sich ganz okay. Aber sie verbrachte den ganzen Tag allein in ihrem kleinen Büro. Es gab so gut wie keinen Austausch mit Kollegen oder Kunden, weil sie sich fast ausschließlich mit Daten in ihrem PC beschäftigte. Sie sagte mir ganz verzweifelt, dass sie sich fühlte wie in einem Käfig, in den man sie jeden Tag für acht Stunden sperrte.

Als wir uns ihre Jobkriterien näher anschauten, wurde schnell deutlich, dass für Gaby Kommunikation und der Umgang mit Menschen ganz oben auf ihrer Prioritätenliste standen. Das war ihr natürlich auch prinzipiell klar gewesen – doch als sie sich um ihren heutigen Job bewarb, schaute sie in erster Linie auf das Gehalt, die Tätigkeit an sich und die sichere Position. Wie viel Austausch sie mit anderen Menschen haben würde, hatte sie im Vorstellungsgespräch nicht geklärt. Ohne es zu merken, hatte Gaby schon immer bei Bewerbungen ganz andere Kriterien an ihren neuen Job angelegt als die, die wirklich darüber entscheiden, wie viel Freude ihr die Arbeit macht. Und so war es nicht verwunderlich, dass sie häufig enttäuscht wurde.

Viele Menschen werden immer wieder auf ähnliche Weise von ihrer Arbeit enttäuscht. Sie haben schon einige neue Jobs mit großem Optimismus angetreten, und anfangs schien ihnen jedes Mal alles perfekt zu sein. Dann fing das perfekte Bild aber immer zu bröckeln an und verkehrte sich ins Gegenteil, bis alles nur noch negativ erschien. Was Menschen heute zum Jobwechsel motiviert, sind oft Faktoren, die auch in früheren Tätigkeiten nicht stimmten. Anscheinend gelingt es ihnen nicht, ihre Prioritätenliste bei der Jobsuche darauf einzustellen und sich bessere Bedingungen zu schaffen. Oft liegt das daran, dass viele ihre Jobs regelmäßig nach Kriterien wie Einkommen, Aufstiegschancen, Status oder der vermeintlichen Sicherheit aussuchen, obwohl sie dann immer wieder unter menschlicher Kälte, Langeweile oder starren Hierarchien leiden.

Wir sollten uns also der Faktoren unserer beruflichen (Un-)Zufriedenheit sehr bewusst sein und vor allem: sie in unseren Entscheidungsprozess einbeziehen! Wie der Job genau aussehen wird, den Sie früher oder später ausüben wollen, mag Ihnen heute noch unklar sein. Was

Sie aber jetzt schon – zumindest ansatzweise – definieren können, sind Kriterien, die Ihnen für Ihre Arbeit besonders wichtig sind.

Die Kriterien Ihrer beruflichen (Un-)Zufriedenheit

Lassen Sie uns jetzt einen Blick auf Ihre beruflichen Zufriedenheitskriterien werfen. Die Gründe für berufliche (Un-)Zufriedenheit lassen sich sehr gut anhand folgender acht Faktoren analysieren:

Bitte überlegen Sie für jede der acht Fragen, wie positiv oder negativ der jeweilige Faktor in Ihrer jetzigen beruflichen Situation ausgeprägt ist. Bewerten Sie den Ist-Zustand jedes Faktors – aus Ihrer subjektiven Sicht – von ☹ bis ☺.

Entscheiden Sie dann, wie wichtig Ihnen jeder der Faktoren im Moment und für Ihre zukünftige Tätigkeit ist nach: – – (ganz unwichtig) bis ++ (sehr wichtig).

1. Gehalt: Entspricht Ihre Bezahlung in Ihren Augen der Leistung, die Sie erbringen – im Vergleich zu Kollegen innerhalb und außerhalb des Unternehmens? (Oder fühlen Sie sich unterbezahlt?)

Ist-Zustand	☺☺	☺	☺	☹	☹☹
Subjektive Bedeutung	++	+	0	–	– –

2. Status: Sind Sie zufrieden mit dem Status, der mit Ihrer Position verbunden ist? (Oder haben Sie nicht das Ansehen, das Sie sich wünschen und das Ihnen in Ihren Augen zustehen sollte?)

Ist-Zustand	☺☺	☺	☺	☹	☹☹
Subjektive Bedeutung	++	+	0	–	– –

3. Sinn/Werte: Vermittelt Ihnen Ihre Tätigkeit genug Sinn, und entpricht sie Ihrem Wertesystem? Erscheint Ihnen sinnvoll, was Sie tun? (Oder widerspricht es womöglich sogar Ihren Überzeugungen?)

Ist-Zustand	☺☺	☺	😐	🙁	🙁🙁
Subjektive Bedeutung	++	+	0	–	– –

4. Interessen: Entspricht Ihre Arbeit Ihren Interessen? Macht sie Ihnen Spaß? (Oder ist sie Ihnen völlig egal und berührt Sie überhaupt nicht?)

Ist-Zustand	☺☺	☺	😐	🙁	🙁🙁
Subjektive Bedeutung	++	+	0	–	– –

5. Abwechslung: Bietet Ihnen Ihr Job die Abwechslung und Vielseitigkeit, die Sie brauchen? (Oder haben Sie den Eindruck, wie eine Maschine immer nur dasselbe zu tun – finden Sie Ihren Job eintönig und monoton?)

Ist-Zustand	☺☺	☺	😐	🙁	🙁🙁
Subjektive Bedeutung	++	+	0	–	– –

6. Work-Life-Balance: Wie steht es mit Ihrer Work-Life-Balance – sind bei Ihnen Beruf und Privatleben für Ihr Gefühl in einem guten Gleichgewicht? Wie hoch ist der Stressfaktor in Ihrem Job auf längere Zeit gesehen? (Oder leben Sie anscheinend nur, um zu arbeiten? Leidet Ihr Privatleben schon lange unter Ihrem Job?)

Ist-Zustand	☺☺	☺	😐	🙁	🙁🙁
Subjektive Bedeutung	++	+	0	–	– –

7. Wertschätzung: Bekommen Sie genug Anerkennung für Ihre Tätigkeit? Erhalten Sie ausreichend Feedback? (Oder wünschen Sie sich mehr Lob? Haben Sie das Gefühl, keiner nimmt wahr, was Sie tun?)

Ist-Zustand	☺☺	☺	☺	☺	☹☹
Subjektive Bedeutung	++	+	0	–	– –

8. Soziale Kontakte: Sind Sie zufrieden mit den sozialen/menschlichen Bedingungen Ihrer Arbeit?
(Oder brauchen Sie eine viel höhere Qualität an Kommunikation und sozialem Miteinander?)

Ist-Zustand	☺☺	☺	☺	☺	☹☹
Subjektive Bedeutung	++	+	0	–	– –

Welche Kriterien sind Ihnen am wichtigsten? Formulieren Sie bitte Ihre Kriterienliste für Ihre nächste berufliche Tätigkeit: Beschreiben Sie so genau wie möglich, welche Bedingungen dieser Job erfüllen soll (verwenden Sie dafür die s.m.a.r.t.-Formel, die Sie auf Seite 208 kennen gelernt haben!). Sammeln Sie zuerst alles, was Ihnen wichtig erscheint. Entscheiden Sie sich dann für Ihre fünf Top-Kriterien.

Inwieweit haben Ihre bisherigen Tätigkeiten Ihren Kriterien entsprochen? Haben Sie sie bisher bei Ihren Karriereentscheidungen ausreichend beachtet? Oder waren sie Ihnen gar nicht bewusst?

Ich möchte Ihnen am Ende dieses Kapitels sehr ans Herz legen, diese Kriterien in Zukunft bei Ihrer beruflichen Orientierung immer zu berücksichtigen. Sicherlich reichen sie allein nicht aus, um sich daraus einen Job zu basteln – aber die schönsten und strahlendsten Joboptionen haben keinen Sinn, wenn sie nicht dem entsprechen, was Ihnen Sinn und Zufriedenheit vermittelt.

So starten und gestalten Sie Ihr Jobprojekt

Wo stehen Sie jetzt? Haben Ihnen die Vorschläge und Werkzeuge auf dem Weg zu einem neuen Job bereits geholfen? Haben Sie sich schon auf den Weg gemacht? Oder sind Sie sich noch nicht sicher, wie Sie die Arbeit an Ihrer beruflichen Neuorientierung am besten angehen und bis ins Ziel bringen können? Dann helfen Ihnen vielleicht folgende Tipps, die sich in meiner Coachingpraxis bewährt haben.

Auch wenn ich gern und oft betone, wie wichtig eine kreative Herangehensweise ist – ebenso sehr brauchen wir eine klare Arbeitsstruktur, um uns nicht zu verlaufen. Im letzten Kapitel haben wir ja schon gesehen: Ein Feuerwerk von guten Ideen bringt uns gar nichts, wenn wir es nicht verstehen, daraus auch konkrete Optionen zu machen. Sobald wir gedanklich Neuland betreten, verlieren wir schnell die Orientierung, wenn wir nicht wissen, woran genau wir gerade arbeiten wollen, welche Fragen sich uns dabei stellen und wie unser nächster und übernächster Schritt aussieht.

Angenommen, Sie wollten eine Reise um die Welt machen – dann würden Sie sich wahrscheinlich nicht einfach nur in die S-Bahn in Richtung Westen setzen, oder? Sie würden vorher ein paar Überlegungen anstellen: Wie viel Zeit und Geld haben Sie zur Verfügung? Welche Länder und Kontinente liegen auf dem Weg, und welche Verkehrsmittel bieten sich für welche Strecke an? Zu welchem Zeitpunkt wollen Sie welchen Ort erreichen? Und unterwegs würden Sie immer wieder überprüfen, ob Sie noch im Plan sind, und – wenn nötig – Änderungen vornehmen.

Sie brauchen also – auch wenn das Wort in diesem Kontext fremd klingen mag – ein gutes Projektmanagement. Denn auch die Suche nach Ihrem neuen Job ist natürlich ein Projekt, das einige Planung braucht. Sonst stehen Sie bald wie ein Weltreisender da, der sich in Alaska wiederfindet, obwohl er doch eigentlich über Chile reisen wollte.

Wenn Sie Ihr Projekt auf den Weg bringen wollen, ist es sinnvoll, vorher einige Fragen zu klären:

- Was genau ist Ihr Ziel? Was soll am Ende des Projekts stehen? Was wollen Sie erreichen?
- Wie viel Zeit haben Sie zur Verfügung? Wie sieht der Zeitplan aus? Wann wollen Sie spätestens am Ziel sein?
- Welche Schritte und Zwischenziele wird es geben?
- Woran werden Sie erkennen, dass Sie Ihr Ziel erreicht haben?
- Auf welche Ressourcen können Sie zurückgreifen? Wer und was kann Ihnen helfen?
- Mit welchen Problemen und Einschränkungen müssen Sie rechnen?
- Wie könnte ein Plan B oder C aussehen, falls Ihr Plan A nicht funktioniert?

Fragen Sie sich, was denn das alles mit Ihrer Jobsuche zu tun hat? Ganz einfach: Wenn Sie nicht einfach nur Ihre jetzige Tätigkeit in ein anderes Unternehmen verlagern, sondern qualitativ etwas verändern wollen, stehen Sie vor einem komplexen Prozess. Natürlich können Sie sich auch hier und da einmal umschauen und gelegentlich einen Blick in die Stellenanzeigen werfen – aber die Wahrscheinlichkeit, dass sich so wirkliche Veränderungen ergeben, ist eher klein. Wenn Sie Ihr Anliegen ernst nehmen (und ich hoffe, Sie tun das!), sollten Sie lieber gleich anerkennen, dass es mehr von Ihnen verlangt wird.

Bevor sie zu mir ins Coaching kommen, versuchen es viele Menschen lange auf die unverbindliche Weise – schauen mal links und rechts, grübeln und träumen viel, aber verfolgen dabei überhaupt keinen Plan. Weil Erfolge meist ausbleiben, sind sie natürlich frustriert. Ich versuche sie dann zu überzeugen – so wie ich jetzt versuche, *Sie* zu überzeugen –, die Sache strukturierter anzugehen. Und das nennen wir: ein Projekt.

Ihr Arbeitsplan

Haben Sie bis hierher hauptsächlich gelesen (und sich mit dem Tun eher zurückgehalten)? Wenn Sie die Arbeit an Ihrer beruflichen Neuorientierung jetzt systematisch angehen wollen, möchte ich Ihnen folgende Arbeitsstruktur vorschlagen:

1. Orientierung: Schauen Sie sich die »Acht Schritte auf dem Weg zum neuen Job« (Seite 52) noch einmal sehr genau an. In welcher Phase befinden Sie sich gerade? Was haben Sie bereits entschieden und geklärt? Auf welche Fragen haben Sie noch keine Antwort? Welche Stolpersteine sind Ihnen im Weg?

2. Projektplanung & Commitment: Nutzen Sie die Vorschläge dieses Kapitels für Ihre Planung. Erstellen Sie einen Arbeits- und Zeitplan so detailliert es Ihnen heute möglich ist, und halten Sie ihn schriftlich/bildlich fest. Verwenden Sie dafür die s.m.a.r.t.-Formel (Seite 208). Je stärker Ihr Commitment ist, desto größer ist die Wahrscheinlichkeit, dass Sie Ihr Projekt bis zum Ende durchhalten. Deshalb empfehle ich Ihnen – auch wenn es vielleicht merkwürdig klingt – einen Vertrag mit sich selbst zu schließen, in dem Sie festhalten, was Sie genau bis wann und mit welchem Ziel tun werden.

3. Fähigkeiten & Interessen: Erstellen Sie Ihr Kompetenz- und Ihr Interessenprofil mithilfe der Werkzeuge, die ich Ihnen erklärt habe (Seite 178 und 187).

4. Visionen: Beschäftigen Sie sich (wenn Sie es noch nicht getan haben) mit Ihrer beruflichen Vision, wie ich es in diesem Teil (Seite 161) beschrieben habe. Leiten Sie daraus ab, was für Ihr Jobprojekt heute und in der nahen Zukunft von Bedeutung ist.

5. Ideensammlung & Konkretisierung: Lassen Sie sich jetzt von Ihren Kompetenzen, Interessen und Visionen inspirieren, sammeln Sie Ideen und leiten Sie daraus mögliche Jobprojekte ab. Nutzen Sie dabei unbedingt die Kreativitätswerkzeuge, die ich Ihnen vorgestellt habe (Seite 156). Im Coaching haben sich folgende vier Schritte bewährt – nehmen Sie sich mindestens einen Termin für jeden Schritt:

- Assoziieren Sie frei zu den Charts Ihrer Kompetenzen, Interessen und Visionen. Schreiben Sie alles auf, das Ihnen dazu einfällt – es muss noch nichts mit Ihrem zukünftigen Job zu tun haben. Verwenden Sie dafür die Mindmapping-Technik.
- Suchen Sie jetzt in Ihren Ergebnissen des ersten Schritts nach möglichen beruflichen Ideen. Extrahieren Sie alles, was auch nur im Entferntesten für Sie relevant sein könnte! Widmen Sie sich dann nacheinander jedem dieser Punkte, und sammeln Sie alles, was Ihnen dazu einfällt.
- Entscheiden Sie sich, mit welchen dieser Ideen Sie weiterarbeiten wollen. Was hat in Ihren Augen möglicherweise das Potenzial für Ihren neuen Job? Damit definieren Sie jetzt, welche Jobprojekte Sie weiterverfolgen wollen.
- Bearbeiten Sie jedes Ihrer Jobprojekte nacheinander – am besten in der Reihenfolge Ihrer Interessen: Definieren Sie so genau wie möglich, wie jeder Job aussehen könnte. Recherchieren Sie dazu alle verfügbaren Informationen. Treten Sie in Kontakt mit Menschen und Organisationen, die Sie beraten und Ihnen weiterhelfen können. Sammeln Sie noch offene Fragen. Beschäftigen Sie sich auch mit allen potenziellen Problemen und Lösungswegen – fragen Sie sich, wer Ihnen Hilfestellung geben könnte. In diesem Arbeitsschritt sollten Sie alle notwendigen Informationen zu jedem Ihrer Jobprojekte sammeln, um die Entscheidung optimal vorzubereiten.

6. Zielkriterien: Gehen Sie jetzt noch einmal das Kapitel über Ziele durch (Seite 207): Erarbeiten Sie die Liste Ihrer beruflichen Zufriedenheitskriterien, und untersuchen Sie, inwieweit Ihre Jobprojekte Ihren beruflichen Zielkriterien entsprechen.

7. Entscheidung: Stellen Sie sich Ihrer Entscheidung erst dann, wenn Sie Ihr Möglichstes getan haben, um stimmige Jobprojekte zu entwickeln und alle relevanten Informationen zu ihrer Realisierung zu sammeln. Versuchen Sie bitte nicht, verfrüht eine Entscheidung treffen zu wollen, vielleicht weil Sie das Gefühl haben, keine Zeit mehr zu haben! Beziehen Sie andere Menschen in Ihren Entscheidungsprozess ein. Die Phase der Entscheidung kann manchmal Wochen oder sogar Monate dauern.

Während des ganzen Projekts sollten Sie Ihre Bedenkenliste nutzen, wenn Sie innere Widerstände spüren. Widmen Sie sich Ihrer Ich-Bühne, wenn Sie Anzeichen einer möglichen inneren Blockade spüren (Seite 200).

Ihr Projektzeitplan

»Wir haben wenig Zeit, lasst uns langsam vorangehen.«

Ruth Cohn

Ich frage Klienten, die sich auf die Suche nach einem neuen Job begeben, immer, wann sie ihr Ziel erreicht haben wollen. Die beiden häufigsten Antworten sind: »Ich habe keine Zeit mehr! In zwei oder drei Wochen muss ich eine Entscheidung treffen« oder »Wie kann ich das sagen? Ich habe doch keine Ahnung, welcher Zeitpunkt realistisch ist«.

Wenn jemand sehr unzufrieden ist und schon lange ohne Ergebnis über berufliche Veränderungen nachdenkt, kann ich seine Ungeduld verstehen und seinen Drang, möglichst sofort eine Entscheidung zu treffen. Wenn er sich aber heute endlich Unterstützung holt und konstruktiver als bisher vorgehen möchte, wäre es doch dumm, sich ausgerechnet jetzt die Daumenschrauben anzulegen! Denn gerade, weil diese strukturierte Vorgehensweise für die meisten Menschen ungewohnt ist, brauchen sie ausreichend Zeit.

Selbstverständlich kann es geschehen, dass jemand sehr schnell, vielleicht schon durch das Lesen dieses Buches, auf eine richtig gute Jobidee kommt. Das ist natürlich toll – aber wohl eher die Ausnahme. Meistens dauert so ein intensiver Suchprozess, wie ich ihn im Coaching anleite, mehrere Monate. Verspüren Sie auch den inneren Druck, dass möglichst sofort etwas geschehen muss? Dann bedenken Sie doch bitte, dass Sie den Job, der wirklich zu Ihnen passt und der Sie erfüllt, wahrscheinlich viele Jahre ausüben werden. Ist es dafür nicht sinnvoll, sich heute die Zeit zu nehmen, die es braucht?

Menschen geraten immer wieder in dieselben unbefriedigenden beruflichen Situationen, weil sie sich zu schnell entschieden haben. Und leider haben viele die Neigung, diesen Fehler immer wieder zu begehen – weil sie ganz schnell eine Veränderung wollen. Wenn Ihr Ziel ist, eine grundlegende Entscheidung über Ihren weiteren beruflichen Weg zu treffen, und wenn Sie bei der Lektüre dieses Buches gemerkt haben, dass dafür noch einige Aufgaben zu erledigen sind: Nehmen Sie sich bitte mindestens drei Monate Zeit für dieses Projekt.

Vielleicht denken Sie aber auch, dass Sie erst einmal loslegen können und es vielleicht ja doch schneller geht? Diese Herangehensweise hat einen Haken: Ihre Ungeduld wird sich nämlich oft und gern bei Ihnen melden und von Ihnen fordern, doch endlich eine Entscheidung zu treffen. Und dieser permanente Druck wäre nicht sehr konstruktiv! Wenn Sie sich aber auf einen Entscheidungszeitpunkt festlegen, können Sie Ihre Ungeduld leicht vertrösten, weil dieser Schritt erst am Tag X ansteht. Glauben Sie mir: Auf diese Weise wirkt ein Zeitplan mit einem definierten Zieldatum sehr entlastend.

Folgende Punkte sollten Sie bei Ihrem Projektzeitplan berücksichtigen:

- Visualisieren Sie Ihren Zeitplan. Hilfreich ist eine Tafel oder ein Whiteboard, sodass Sie Veränderungen leicht vornehmen können. Oder verwenden Sie kleine Karten auf einer Pinnwand, die Sie schnell umstecken können. Wichtig ist, dass der Plan gut sichtbar ist und Sie Ihr Projekt wirklich nicht »aus den Augen« verlieren können. Er soll Ihnen und dem Projekt schließlich Struktur und mentale Orientierung geben.
- Tragen Sie als – vorläufigen – Endpunkt den Tag Ihrer Entscheidung ein. Alle vier Wochen sollten Sie sich einen Kontrolltermin vermerken, an dem Sie den Stand Ihres Projekts überprüfen.

- Überlegen Sie, welche Arbeitsphasen wie viel Zeit brauchen könnten, und tragen Sie diese in den Plan ein – auch wenn das nur auf ungefähren Schätzungen beruht.
- Selbstverständlich können alle Eintragungen und Termine verändert werden, wenn es Ihnen notwendig erscheint. Wichtig ist nur, dass der Plan immer auf dem neusten Stand ist – sonst nehmen Sie ihn nicht mehr ernst, und er verliert seine Funktion.
- Tragen Sie auch gern kleine Termine und Vorhaben ein – denn je mehr Punkte Sie erreichen und abhaken können, desto größer wird Ihre Motivation sein.

Schließlich bleibt noch die wichtige Frage: Wie viel Zeit wollen und können Sie in einer normalen Arbeitswoche für Ihr Projekt investieren? Sie sollten mindestens einen, besser zwei feste Projekttermine von einer oder mehr Stunden pro Woche einplanen, an denen Sie ungestört dieser Arbeit nachgehen können. Je weniger Zeit Sie wöchentlich haben, desto länger wird das Projekt wahrscheinlich dauern – und desto größer wird das Risiko, dass Sie die Lust oder den Faden verlieren.

Können Sie sich unmöglich vorstellen, so viel Zeit zur Verfügung zu haben? Dann sollten Sie sich ehrlich fragen, welche Priorität Ihr Neuorientierungsprojekt für Sie hat. Ich erlebe leider nicht selten, dass Menschen mit großer Entschlossenheit ihr Projekt beginnen, dann aber kaum Zeit dafür finden, weil es in ihrer Prioritätenliste weit unten steht. Bei ihnen kommen erst einmal alle beruflichen Verpflichtungen inklusive Überstunden und informeller Jobveranstaltungen. Dann sind Familie, Partner, Freunde und andere soziale Verpflichtungen dran. Und natürlich müssen auch Erholung und Hobbys sein. Für das Projekt Neuorientierung bleiben nur die Zeit- und Energiereste, die am Ende noch übrig sind – und die reichen natürlich nicht aus, um wirklich konstruktiv zu sein.

Welche Priorität Sie Ihren verschiedenen Verpflichtungen und Tätigkeiten einräumen, liegt selbstverständlich in Ihrer Hand. Natürlich muss Ihr neues Projekt nicht über allem und jedem stehen – aber bitte auch nicht ganz hinten! Am besten, Sie beschäftigen sich schon jetzt mit der Frage, ob und wie Sie ausreichend Zeit dafür gewährleisten können. Was kann und muss womöglich dafür zurücktreten?

Oder aber: Wenn Ihr Leben sowieso gerade zu 120 Prozent überbucht ist, sollten Sie ganz ehrlich darüber nachdenken, Ihr Projekt vielleicht erst in einigen Monaten zu beginnen. Besser, Sie verschieben es auf weniger turbulente Zeiten, als sich das sichere Frusterlebnis zu schaffen!

Risiken und Nebenwirkungen

Sobald wir uns bewegen, riskieren wir immer, dass etwas schiefläuft. Die Strategie des Festhaltens an toten Pferden basiert ja auf der Vorstellung, dass es grundsätzlich besser ist, am vertrauten Status quo festzuhalten, als die Risiken der Veränderung in Kauf zu nehmen. Die Folgen haben wir ausreichend beleuchtet.

Allerdings wäre es auch ganz falsch, potenzielle Risiken zu verleugnen! Natürlich kann es sein, dass Sie sich sehr bemühen herauszufinden, was Sie beruflich wirklich tun wollen – und dass Sie dann den passenden Job nicht finden oder nicht bekommen. Es ist möglich, dass Sie sich diesem Projekt mit Leidenschaft widmen – und am Ende wissen Sie trotzdem nicht, was Sie am liebsten tun wollen. Vielleicht fehlt Ihnen am Ende der Mut, Ihren mühevoll entworfenen Plan auch umzusetzen. Oder Ihre berufliche Veränderung führt zu Konflikten in Ihrem Umfeld, die Sie nicht erwartet haben. Möglicherweise erweist sich Ihr Traumjob letztlich als viel weniger attraktiv, als Sie es sich heute träumen lassen. Kein Mensch kann Ihnen garantieren, dass es läuft wie aus dem Lehrbuch der beruflichen Neuorientierung und dass am Ende alles perfekt wird!

Aber sollten Sie deshalb um jeden Preis an Ihrem toten Pferd festhalten? Der Preis ist höchstwahrscheinlich zu hoch! Viel besser ist es, Risiken so weit wie möglich in die Planung einzubeziehen und ihnen selbstbewusst zu begegnen. Ein gutes Risikomanagement gehört zu jedem Veränderungsplan. Außerdem wirken Risiken, denen wir ins

Auge sehen, in der Regel viel weniger bedrohlich als solche, die wir versuchen, zu ignorieren oder kleinzureden. Werfen wir also lieber beim Projektstart einen Blick auf die potenziellen Risiken, als insgeheim dafür zu beten und zu bibbern, dass nur alles gut gehen möge.

So gehen Sie mit Risiken konstruktiv um

Beschäftigen Sie sich als Teil Ihrer Projektplanung unbedingt auch mit der Frage: Was könnte alles schiefgehen?

Überlegen Sie in Ruhe, was an Ihrem Berufsfindungs-Projekt möglicherweise anders laufen könnte, als Sie heute denken. Ihnen kommen keine guten Ideen? Sie haben viel zu wenig Zeit? Sie erledigen nicht, was Sie sich vornehmen? Menschen unterstützen Sie nicht so, wie Sie es heute hoffen? Erstellen Sie bitte eine Liste aller nur denkbaren Risiken. Gehen Sie dann Punkt für Punkt durch, und überlegen Sie für jeden mindestens *eine* mögliche Strategie, damit umzugehen. Vergessen Sie dabei nicht, dass Sie sich im Notfall auch Hilfe von anderen Menschen und Institutionen holen können!

Und so könnte Ihr neues Pferd aussehen

Wenn wir uns die innere Freiheit nehmen, über alle möglichen Wege nachzudenken, können wir auf großartige Ideen kommen. Ich empfehle jedem unzufriedenen Menschen, sich auch an richtig große Lösungen heranzutrauen. Bienenzüchter in Südamerika? Berater der Bundeskanzlerin? Designer einer eigenen Modemarke? Oder kündigen und auf eine unbefristete Weltreise gehen? Denken Sie ruhig einmal in größeren Maßstäben – think big!

Es gibt Menschen, die den kompletten Neustart wagen und tatsächlich eine ganz große Idee verwirklichen. So hat sich meine Klientin Marion, wie Sie gesehen haben, ja tatsächlich getraut, ihren Traum vom Guesthouse in Thailand wahrzumachen! So großartig das sein mag – nicht für jeden und für jede Lebenssituation ist die große, außergewöhnliche Lösung auch die richtige. Nicht jeder von uns ist dafür geschaffen, das Rad neu zu erfinden oder ein Leben voller Risiken und täglicher Abenteuer zu führen. Auch wenn viele von uns einen »Inneren Abenteurer und Forscher« in sich tragen, muss der nicht unbedingt das Kommando über unser Leben haben.

Das Ziel beruflicher Neuorientierung kann ja nicht sein, dass wir alle ab sofort nur noch selbstständig, kreativ, sozial und nachhaltig arbeiten. »Entweder den Traumjob oder ich rühre mich nicht vom Fleck?« Dann würden die meisten Menschen wohl eher auf ihrem toten Pferd sitzen bleiben. Mit meiner Arbeit möchte ich dazu beitragen, dass Menschen über ihren Tellerrand schauen, sich trauen, möglichst viele Optionen für sich zu sehen und zu entwickeln – und dann zu entscheiden, was am besten zu ihnen und ihrer derzeitigen Situation passt. Wenn Sie sich erlauben, auch die ganz große Idee zu denken, können Sie viel daraus über Ihre Wünsche lernen und dann womöglich die kleinere Version in die Tat umsetzen. Glauben Sie nicht, dass Sie nur glücklich werden können, wenn Sie Ihr (Berufs-)Leben komplett umkrempeln!

Wie viel Veränderung soll es denn sein?

Am Ende Ihres Projekts stehen Sie möglicherweise vor der Frage, wie viel Veränderung Sie realisieren wollen und können. Als Denkanregung möchte ich Ihnen zeigen, für welche großen und kleinen Lösungen sich Menschen in meiner Coachingpraxis entschieden haben.

»Ich bleibe, wo ich bin.«

Auch wenn es vielleicht aussieht wie eine Niederlage – möglicherweise ist es die momentan beste Entscheidung. Es gibt vernünftige Gründe, auch einen ungeliebten Job heute nicht zu kündigen, zum Beispiel, wenn ich schon zu viele andere Baustellen habe. Das heißt natürlich nicht, dass ich damit einen Wechsel für immer ausschließe! Ich sollte mir deshalb einen Tag im Kalender eintragen – vielleicht in einem halben oder einem Jahr? –, an dem ich erneut prüfe, wie es weitergehen soll. Also: Jobwechsel auf Wiedervorlage.

Was ich mir durch mein Projekt »Neuorientierung« erarbeitet habe, war ganz sicher nicht umsonst. Ich kann nämlich meine Erkenntnisse durchaus nutzen, indem ich überlege, auf welche Weise sich meine heutige Arbeit angenehmer oder interessanter gestalten lässt. Vielleicht kann ich zusätzliche Verantwortung oder andere Aufgabenfelder übernehmen, mich fortbilden oder auf andere Weise engagieren? Finde ich neue Prioritäten, oder kann ich eine andere Einstellung zu meiner Arbeit entwickeln?

»Ich verändere meine Work-Life-Balance.«

Gerade wenn ich mich chronisch überlastet fühle, würde ein Jobwechsel mich heute möglicherweise überfordern. Dann könnte eine befristete Lösung sein, an der Schraube meiner Work-Life-Balance zu drehen und damit für Entlastung zu sorgen: Ich schenke meiner Gesundheit und meinem sozialen Umfeld mehr Aufmerksamkeit. Nicht mehr mein Job hat automatisch die höchste Priorität, sondern mein Privatleben ist ein mindestens ebenbürtiger Konkurrent! Vielleicht vereinfache ich mein Leben mit all seinen Verpflichtungen – das neudeutsche Zauberwort dafür lautet: Downshifting. Obwohl in vielen Unternehmen allein der Gedanke daran als verwerflich gilt: Ich kann mir auch überlegen, meinen Job in Teilzeit weiterzuführen.

Vielleicht verwirkliche ich die Erkenntnisse aus meinem Projekt für Tätigkeiten außerhalb meines Jobs? Möglicherweise schaffe ich damit heute eine Grundlage für eine spätere berufliche Entwicklung.

»Ich mache meinen Job weiter. Aber woanders!«

Die Arbeit an meinem Projekt hat mir gezeigt, dass meine Tätigkeit immer noch die richtige für mich ist. Aber mein Unternehmen, meine Abteilung oder die Branche stimmen für mich nicht mehr. Also geht es jetzt darum, einen Platz zu finden, an dem mir mein Job wieder Spaß machen kann. Möglicherweise ist eine Arbeit, die mir im derzeitigen Kontext sinnlos oder sogar schädlich erscheint, in einem anderen Umfeld sehr sinnvoll und nachhaltig.

Ob ich Buchhalter in einem Rüstungskonzern oder in einem Unternehmen für regenerative Energien bin, kann für meine Arbeitszufriedenheit einen riesigen Unterschied machen! Vielleicht pflegt eine andere Branche eine Arbeitskultur, in der ich aufleben kann? Könnte es mir einfach mehr Spaß machen, in einem kreativen Umfeld zu arbeiten?

»Ich motiviere mich durch Job-Tuning.«

Vielleicht stelle ich fest, dass meine Arbeit, wie sie heute aussieht, definitiv ein totes Pferd ist – aber ich will nicht etwas ganz Neues anfangen, weil ich Angst davor habe oder es mir absolut nicht zutraue. Dann ist es besser, ich drehe an der kleinen Schraube, als zu bleiben, wo und was ich bin. Wie kann ich also aus meinem alten Job noch ein Maximum an Motivation und Spaß herausholen?

Es reicht nicht, dieselbe Arbeit woanders zu machen. Also muss ich schauen, welche Veränderungen mir machbar erscheinen: Ein anderer Kundenkreis? Ein anderes Produkt oder eine andere Leistung? Vom Konzern in den kleinen Familienbetrieb oder umgekehrt? Eine andere Stadt oder gar ein anderes Land? Eine andere Tätigkeit in derselben Branche? Kann ich die Seite wechseln – beispielsweise vom Verkauf zum Einkauf oder zu einem Unternehmen, das jetzt noch mein Kunde ist? Auch Job-Tuning braucht Mut – denn es liegt an mir, wie weit ich mich traue, mich von meiner derzeitigen Tätigkeit zu entfernen.

»Ich mache mich selbstständig.«

Meine Arbeit liegt mir im Prinzip, und sie macht mir immer noch Spaß, aber ich kann in den Strukturen meines Jobs nicht mehr leben? Dann ist eine Selbstständigkeit möglicherweise eine echte Alternative! Wenn ich in meinem jetzigen Job ein alter Hase bin, kenne ich wahrscheinlich den Markt sehr gut, habe schon viele Verbindungen und kann einschätzen, ob und wie ich selbstständig tätig sein kann. Vielleicht kann ich schon Kunden gewinnen, bevor ich den großen Schritt mache? Dann ist das Wasser, in das ich springe, nicht ganz so kalt.

Muss ich wirklich ganz allein mein Ding machen? Oder kann ich mich mit Partnern zusammentun? Gibt es Netzwerke, die mir helfen können? Kann ich projektbezogen arbeiten und mir dafür jeweils Mitstreiter ins Boot holen? Natürlich ist nicht jeder Mensch für die Selbstständigkeit geschaffen – ob ich mich auf Dauer darauf einlassen will und kann, sollte ich vorher sehr genau prüfen.

»Das ganz neue Pferd – ich wage den Totalumstieg!«

Ja, manchmal hilft kein Tuning und kein Arbeitgeberwechsel mehr – dann muss es ein ganz neuer Job sein! Wenn ich ein grundsätzliches Problem mit meiner Arbeit habe und davon überzeugt bin, dass es so bleiben und etwas Ähnliches mich auch nicht glücklich machen wird, habe ich kaum eine andere Wahl. Leichter ist es natürlich, wenn meine Motivation positiv gepolt ist – wenn mich also mein Wunschjob viel stärker anzieht als meine jetzige Tätigkeit mich abstößt.

Für den Totalumstieg sollte ich mir auf jeden Fall ausreichend Zeit lassen und sehr besonnen vorgehen. Die Werkzeuge dieses Buches sind auf jeden Fall dafür eine Hilfe. Ich sollte mir auch überlegen, ob ich die professionelle Hilfe eines Coaches oder einer Gründungsberatung in Anspruch nehme.

»Und manchmal muss es erst einmal eine Auszeit sein.«

Meine Batterien sind so gut wie leer? Mein Körper und/oder meine Psyche sind dem Zusammenbruch nah? Der Burnout lässt wohl nicht mehr lange auf sich warten? Oder mein Leben ist völlig aus den Fugen geraten? Ich weiß überhaupt nicht, was und wohin ich will?

Dann kommt möglicherweise keiner der genannten Wege für mich infrage. Denn ich kann weder weitermachen wie bisher, noch habe ich die Energie und den freien Kopf, über Alternativen nachzudenken. Was ich jetzt brauche, sind Abstand und Ruhe! Das kann ein längerer Urlaub sein – eine oder zwei Wochen Wellness werden wahrscheinlich nicht ausreichen. Wenn ich kurz vor dem Burnout bin, kommt nur noch eine Krankschreibung infrage. Und dann gibt es noch die Möglichkeiten der Auszeit/des Sabbaticals, also des unbezahlten Urlaubs für mindestens drei Monate, oder der Kündigung ohne unmittelbaren Nachfolgejob. Dies sind natürlich große Maßnahmen, die gut überlegt werden wollen – aber manchmal gibt es dazu keine Alternative, wenn der Stress mein Leben ernsthaft gefährdet.

Der Weg der kleinen Schritte

»Wege entstehen dadurch, dass man sie geht.«

Franz Kafka

Egal ob Sie Ihr berufliches Leben total umkrempeln oder nur leicht modifizieren möchten – wichtig ist, dass Sie auch die großen Wege in kleinen Schritten bewältigen. Wenn die Ziele zu groß und die Etappen dahin zu lang sind, wächst die Gefahr des Scheiterns. Und dann ist es fraglich, ob Ihre Motivation ausreicht, trotzdem weiterzugehen. Viel klüger ist es, in kleineren Etappen zu denken und zu gehen. Denn kleine Schritte, die wir wirklich gehen, ermutigen uns und stärken unser Selbstwertgefühl. Dann fällt es uns auch leichter, einmal eine längere Wegstrecke zu wagen.

Und ob wir es schaffen, uns innerlich oder äußerlich nachhaltig zu verändern, liegt nicht an der Großartigkeit unserer Ziele – viel wichtiger ist es, ob wir sie uns zu eigen machen können.

Wie geht es weiter?

Und wie gehen Sie weiter?

Grundlegende Veränderungen sind selten leicht – und wenn wir unserer Karriere eine neue Richtung geben wollen, ist dieser Prozess nie ein Spaziergang. Vielleicht kommen Sie nicht so schnell und leichtfüßig voran, wie Sie es gern hätten. Und bestimmt stolpern Sie immer mal wieder über Zweifel am Sinn und Ziel Ihres Weges. Möglicherweise wartet am Ende kein »Job-Rennpferd« auf Sie. Aber glauben Sie mir: Wenn Sie sich ernsthaft und mit ausreichend Zeit Ihrer beruflichen Neuorientierung widmen, werden Sie Ihre berufliche Situation ganz bestimmt verbessern und eine neue Perspektive auf ihr (Arbeits-) Leben erreichen.

Ich wünsche Ihnen Ausdauer und Mut bei der Verfolgung Ihrer Träume, Wünsche und Ziele und dazu Geduld mit sich selbst – und auch Ihren inneren Widersachern.

Tom Diesbrock

PS: Haben Sie Fragen oder Anregungen, suchen Sie weitere Informationen? Schauen Sie doch einmal vorbei: www.diesbrock.de

Dank

Bei der Realisierung dieses Projekts haben mir viele Menschen auf ganz unterschiedliche Weise geholfen. An erster Stelle und ganz besonders möchte ich »meinen« Lektorinnen beim Campus Verlag Christiane Meyer und Birga Andel danken für Ihre Unterstützung und immer konstruktiven Feedbacks sowie Oliver Weiss für seine tollen Illustrationen.

Für all die Tipps, Gespräche, Kritik, Ermutigung und Hilfestellungen geht mein großer Dank (alphabetisch) an:
Carsten Alex, Hanne Bergen, Gabriele Busch, Leni Diesbrock, Sabine Franz, Alk Friedrichsen, Kerstin Hof, Svenja Hofert, Claudia Kirsch, Mechthild Klein, Heidi Rieger, Renate Sander-Schmidt, Ben Stelzer, Astrid Wahl und natürlich Paul.